中国循环经济发展报告 (2018)

主编／中国循环经济协会

REPORT ON THE DEVELOPMENT OF
CIRCULAR ECONOMY IN CHINA (2018)

社会科学文献出版社
SOCIAL SCIENCES ACADEMIC PRESS (CHINA)

中国循环经济发展报告（2018）
编　委　会

顾　　问：赵家荣

主　　任：祝兴祥

副 主 任：赵　凯

委　　员：李边卓　原庆丹　齐建国　郭占强　管世翾
　　　　　魏玉梅

特约专家：（排名不分先后）

　　　　　钱　易　金　涌　左铁镛　徐滨士　陈德敏
　　　　　季昆森　周宏春　齐建国　李爱仙　赵旭东
　　　　　徐海云　朱黎阳　毕于运　许开华

主　　编：原庆丹

副 主 编：刘君霞　王永明　王秀英

编 写 组：（排名不分先后）

　　　　　郭占强　管世翾　　刘君霞　王永明　王秀英
　　　　　范莹莹　端木祥慈　罗恩华　吕征宇　牛旭东
　　　　　李山梅　张　敏　　张　凯　陈庆帅　马金津
　　　　　李鑫歌　顾明明　　何心刚　侯利佳　马淑杰
　　　　　董　磊　陈　臻　　顾定槐

目　录

下篇
产业发展

专题报告

典型案例

附　　录

前　言

　　改革开放 40 年来，我国经济和社会发展取得了举世瞩目的成就，经济持续快速增长，经济增速在全球范围内名列前茅。2017 年我国国内生产总值占世界总量的 15%，经济规模稳居世界第二位，对世界经济增长的贡献不断提高。然而在经济高速发展的同时，资源环境压力并未缓解，垃圾围城、雾霾频发、塑料污染等问题的存在，引起人们对自身生产及生活方式的深刻反思，发展循环经济逐渐成为人们的普遍共识。近年来，我国政府高度重视循环经济发展，在相关法规、政策的推动下，循环经济发展在工业、农业和服务业领域均取得了显著的成效。

　　为全面反映 2017 年我国循环经济发展状况，本报告在前期年度报告的基础上，继续统计整理国内相关数据，共分四个篇章。其中为纪念改革开放 40 周年，我们在本报告中设置了"中国循环经济四十年"篇章，邀请了钱易、金涌、左铁镛、齐建国、周宏春、陈德敏、李爱仙、季昆森、赵旭东、徐海云、许开华等业内权威人士，从循环经济发展的亲历者和推动者的角度，围绕"循环经济与改革开放"这一主题，分析我国人才教育对循环经济发展的支撑作用，总结梳理循环经济标准化发展的成效，总结回顾我国发展循环经济、大力推行生态文明建设所做的大量工作和取得的成就。"产业发展"主要梳理了矿产资源、农林废弃物等资源的产生和利用状况。"专题报告"针对塑料污染、废旧手机回收、生物质热解等社会广泛关注的问题，我们进行了深入的研究，在实地调研、专家访谈及对国内外处理措施、技术收集的基础上，提出了一些对策建议；还对国家发展改革委会同有关部门批复的"城市矿产"示范基地，循环化改造试点园区，餐厨资源化利用，无害化处理试点城市建设的验收、撤销情况，资源循环利用基地等进行了梳理分析，以期为相关部门提供决策参考。同时还阐述了 2017 年循环经济领域生的国际大事。"典型案例"宣传推广浙江、上海典型地方，山西交城经济开发区、湖北老河口市资源循环利用基地、辽宁盘锦辽东湾新区典型园区、山东琦泉集团有限公司、常州汉科汽车科技有限公司、江苏新长江实业集团有限公司典型循环经济工作的先进经验，详述典型循环经济工作取得的进展。

需要说明的是，为了保证数据的可靠性，本报告中数据来自国家统计局公开数据、相关部委公开发布的数据、行业协会统计数据及公开发表的文献资料。由于个别数据无法直接获得，我们依据经验数据参数和典型案例推算进行了估算。

报告的编制得到了国家发展改革委、工信部、生态环境部、住建部、科技部等有关部门的大力支持，也得到了权威专家及相关协会的无私帮助，在此深表感谢！

由于编者水平有限，书中难免存在不足，敬请批评指正。

编者

二〇一九年四月

上篇
中国循环经济四十年

循环经济与改革开放40年[*]

接到中国循环经济协会发来的约稿函，希望我能围绕"循环经济与改革开放"主题谈谈自己的体会，我顿时觉得中国循环经济协会说出了我的心里话。在庆祝改革开放40年取得巨大成就的大好时光，我想的最多的也正是中国发展循环经济、大力推行生态文明建设所做的大量工作和取得的成就，我很愿意与大家交流、分享和讨论。

1978年5月，一篇题为《实践是检验真理的唯一标准》的文章掀起了席卷中国的真理标准大讨论，成为一支撬动改革开放的哲学杠杆。1978年12月，党召开了具有重大历史意义的十一届三中全会，做出把党和国家工作中心转移到经济建设上来和实行改革开放的伟大决策，开启了改革开放历史新时期，也由此开始了建设中国特色社会主义的新征程。40年的不断探索，40年的努力奋斗，40年的伟大实践，才有了今天的辉煌成就，我们的国家、我们的党、我们的人民都发生了巨大的变化，中国经济高速增长，社会主义民主政治展现出旺盛的生命力，中国特色社会主义文化建设繁荣发展，人民生活不断改善，和谐社会建设成效显著，国际影响力日益提升。40年的实践证明，改革开放是发展中国特色社会主义、实现中华民族伟大复兴的必由之路。

在庆祝中国改革开放40年所取得的伟大成就时，我很愿意结合自己的经历，对中国发展循环经济的进程、成果做一回顾，也对目前存在的不足和应该努力的方向谈一些想法。

一　我曾经参与的两件工作

改革开放以来，中国先是在20世纪70年代初期注意到了西方推行清洁

———————————
* 钱易，清华大学环境学院。

生产的重要意义，认识到通过改变工业生产的工艺技术，在源头减少资源的消耗和污染的排放，将会兼收环保和经济的双赢。接着，在 20 世纪 90 年代又接受了循环经济的理念，认识到必须发展循环经济才能从高投入、低产出、高排放的发展模式改变到低投入、高产出、低排放的发展模式，为实现可持续发展的目标做出贡献。

这个过程中我先后参加了两项很有意义的工作，一是 1992 年成立的中国环境与发展国际合作委员会的工作，二是制定清洁生产促进法和循环经济促进法的工作，这两项工作都对我国循环经济的发展发挥了重要的作用，也使我受益匪浅。

1. 中国环境与发展国际合作委员会

中国环境与发展国际合作委员会（以下简称国合会）于 1992 年由中国政府批准成立，是一个由国内外环境与发展领域高层人士与专家组成的非营利的国际性高级咨询机构，主要任务是交流、传播国际环发领域内的成功经验，对中国环发领域内的重大问题进行研究，向中国政府领导层与各级决策者提供前瞻性、战略性、预警性的政策建议，支持促进中国实施可持续发展战略，建设资源节约型、环境友好型社会。国合会主席由国务院领导同志担任。根据需要，国合会下设若干工作组（2002 年后改名为课题组）。清洁生产工作组是 1997 年成立的，2002 年根据研究内容的发展成立了循环经济课题组。共有 20 余位中外专家参与了这两个组的工作。

关于清洁生产，工作组进行的工作有：促进清洁生产纳入了国家政策体系，促进《中国清洁生产促进法》的制定和颁布，在城市和区域层次开展清洁生产示范试点工作，在政府部门的技术和管理层面上推行清洁生产，开发用于清洁生产环境效益分析的工具和方法论，开展清洁生产教育培训和信息交流活动，出版和传播清洁生产成果等。

关于循环经济，工作组进行的工作有：对辽宁、上海、贵阳进行了调研，赴日本进行了两次访问学习，总结了国内外循环经济的经验，召开了五次循环经济研讨会，参与了江苏省和贵阳市循环经济规划。循环经济工作组得出的主要结论有：现有的经济发展模式不可持续，亟待转变；推行循环经济是实现全面建成小康社会的内在要求和重要途径；推行循环经济是符合我国国情，走新型工业化道路的具体行动；贯彻清洁生产促进法，大力推进清洁生产，是我国发展循环经济的重要措施；推行循环经济是一件综合性十分强的工作，需要有各部门、各行业的合作与协调。

循环经济课题组提出的政策建议都已被采纳，包括：由国家发展和改革委员会牵头组织有关政府部门制定发展循环经济的战略目标和总体规划；通过立法手段促进循环经济的发展；建立资源能源利用的综合数据统计收集体系和评价指标体系；推进政府绿色采购制度，促进绿色消费；加强科技进步和基础研究支持力度，促进循环经济技术创新等。

政府采取的相应行动有：2004 年，国家中长期科技发展规划纳入循环经济；2005 年，国务院发布了《关于加快发展循环经济的若干意见》（国发 2005－22 号）；2008 年，《中华人民共和国循环经济促进法》出台；2011 年，《中华人民共和国国民经济和社会发展第十二个五年规划纲要》提出资源产出率发展目标。

在国家相关部门的正确领导下，我国循环经济的发展走上了正确的方向，进行了很多有益的工作，取得了显著的成果，为缓解我国人均资源短缺、环境污染严重的矛盾做出了不可低估的贡献。

2. 清洁生产与循环经济立法

全国人大环境与资源保护委员会为促进清洁生产，提高资源利用效率，减少和避免污染物的产生，保护和改善环境，保障人体健康，促进经济与社会的可持续发展，制定了《中华人民共和国清洁生产促进法》。《中华人民共和国清洁生产促进法》经 2002 年 6 月 29 日九届全国人大常委会第 28 次会议通过，分总则、清洁生产的推行、清洁生产的实施、鼓励措施、法律责任、附则 6 章 40 条，并于 2012 年 2 月 29 日由十一届全国人大常委会第 25 次会议进行了修正，自 2012 年 7 月 1 日起施行。

早在 2005 年 7 月 2 日，国务院就发布了《关于加快发展循环经济的若干意见》。2008 年 8 月 29 日《中华人民共和国循环经济促进法》由中华人民共和国第十一届全国人民代表大会常务委员会第四次会议通过，自 2009 年 1 月 1 日起施行。《中华人民共和国循环经济促进法》分总则、基本管理制度、减量化、再利用和资源化、激励措施、法律责任和附则共 7 章 59 条。中国成为世界上第三个制定有关循环经济法律的国家。至今，循环经济已经有序地发展了十余年。2012 年 3 月 21 日，国家发改委和财政部又发布了《国家发展改革委、财政部关于推进园区循环化改造的意见》，2013 年 1 月 23 日国务院又发布了《国务院关于印发循环经济发展战略及近期行动计划的通知》。

记得在制定和讨论《清洁生产促进法》和《循环经济促进法》的过

程中，曾经出现过一些不同意见的碰撞，全国人大环境与资源委员会起草的法律名称原是《清洁生产法》与《循环经济法》，法律中条文也多是要求严格执行的。但在送交国务院有关部门审查法律初稿的过程中，有人建议修改法律名称为《清洁生产促进法》和《循环经济促进法》，显然是减轻了法律的指导地位和执行力度。在经过几番讨论无效后，全国人大环境与资源保护委员会开会决定，为了保证这两部法律能够出台，只能采取退一步的策略，同意在法律名称中加上"促进"二字。至今我仍希望，在修改这两部法律的过程中，能够删去"促进"二字，提高法律的地位和强度。

二　我受益匪浅的两个理念

从事有关循环经济发展工作的二十多年来，阅看文献、访问考察、参加会议等活动，都使我学习到了大量知识、观点、理论和经验，很愿意和大家分享的有两个观念，我认为这是对发展循环经济十分有益的两个观念。

1. 生命周期分析思想及方法

在20世纪70年代开始发展、90年代趋于成熟的《工业生态学》中，提倡对工业产品进行"生命周期分析"，即分析并管理好工业产品从资源开采、加工制造、市场推销、消费者使用到最终淘汰废弃的整个生命周期的各个阶段，努力做到节约资源消耗，减少污染排放，达到经济发展、环境保护双赢的目的。

最早的时候，人们对生命周期分析的简称是"从摇篮到坟墓"，这是对人的生命周期的形象化表述。但20多年前，这个简称被改变为"从摇篮到摇篮"了。显然人的生命周期还不可能适应这样的改变，但工业生态学的专家们认为工业产品完全可以发生这样的改变，也就是说，所有必须更新换代的工业废弃品，不应该扔进垃圾堆，而应该回收利用，成为再生资源。

至少有三条路可以把废弃的工业产品从坟墓提到摇篮里来，一是建立一些二手品市场，以合适的价格出售这些产品，例如旧的手机，还有使用的功能，肯定会有市场；二是西方发明的一种新的工艺技术，即再制造，就是说在生产新的机械产品的时候，应尽可能使用废旧产品里面的零部件，这些零部件还没过时，也没有损坏，可以再次使用；三是可以把废弃淘汰的产品完全分解成材料，金属材料，金银铜铁锡等，还有非金属材料，如塑料、玻璃、木材、纺织品等，都可以再次利用于新产品的制造。将生命周期分析的简称"从摇篮到坟墓"转变为"从摇篮到摇篮"，是一个非常大的飞跃，这正是对循环经济的生动描绘，应该要大力实施。

2. 环境影响控制方程

西方在 20 世纪 80 年代就提出了环境影响控制方程和生态效率的观念。环境影响控制方程是：

$$I = PAT$$

其中：I 是环境影响，即污染物排放量，或者是资源消耗量；P 是人口数；A 是人均 GDP；T 是单位 GDP 所产生的环境影响。

由公式可见，减少人口或减少人均 GDP 虽然可以减少环境影响，但并不可行，要减少环境影响，即资源消耗量和污染物排放量，唯一可接受的方法就是减小单位 GDP 的环境影响 T，1/T 被定义为 E，即生态效率，即消耗单位量资源（或资源）能够支持的 GDP 的增长量。所以，环境影响控制方程的最后结论是要减小总的环境影响，唯一的出路就是要提高生态效率。有两个例子可以生动地说明提高生态效率的重要性，见图 1、图 2。

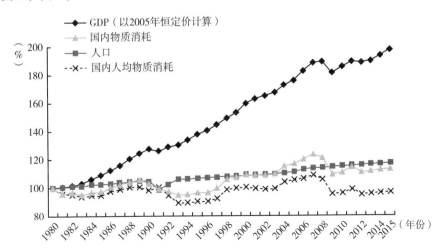

图 1 欧洲人口、GDP、国内物质消耗和国内人均物质消耗的变化

资料来源：Global Material Flows Database. Available at www.materialflows.net。

图 1 是欧洲人口、GDP、国内物质消耗和国内人均物质消耗情况在
1980～2015 年的变化情况。由图 1 可见，这 35 年间，欧洲的国内生产总
值 GDP 增加了将近 100%，资源消耗只增加了约 13%。主要是因为资源
利用效率不断上升。可见欧盟是通过科技发展提高了资源利用效率，减少
了资源消耗，保持了 GDP 的增长，这就是"减物质化"，正是发展循环经
济的目标。

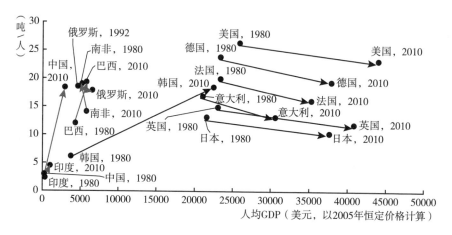

图 2　从世界各国比较看提高生态效率的潜力（1980～2010 年）

资料来源：Global Material Flows Database. Available at www. materialflows. net。

图 2 的横坐标是人均 GDP，纵坐标是人均资源消耗，这张图总结了不同
国家经济增长与资源投入的情况。

首先是美国。美国的人均 GDP 在 1980 年就超过了 25000 美元的水平，
而中国的人均 GDP 在 2010 年才接近 3000 美元，远远不及美国 30 年前的水
平。所以，美国的第一个特点就是非常富裕。第二个特点是美国的人均资源
消耗非常高。但是第三个特点我们一定要看到，美国的这条线是下降的，斜
率是负值，说明随着人均 GDP 的增长，美国人均资源消耗已经在减少，已
经出现了减物质化的趋势，这是应该予以肯定的。

再看德国和日本。这两个国家的第一个特点与美国接近，但日本的人均
资源消耗量要远远低于美国和德国，德国的减物质化趋势非常快，说明德国
和日本非常重视废品回收和循环经济。事实上，德国是全世界第一个国家制
定《循环经济与废物管理法》的，日本则将 2000 年定义成"循环经济元
年"，在同一年出台《循环型社会促进基本法》和多部配套法律。英国和法

国也差不多是类似情况。

韩国在 OECD 国家中是相对特殊的一类增长模式，在人均 GDP 高速增长的同时，人均物质资源输入也不断增长。目前，人均物质资源输入量基本与我国平齐。

再来看中国。中国三个特点跟德国正好相反，第一，人均 GDP 很低，1999 年以前还不到 1000 美元，到 2010 年后中国的人均 GDP 才到了接近 3000 美元的水平，目前已经接近 1 万美元；第二，中国 1980 年人均资源消耗很低，说明当时中国人过的是穷日子；第三，中国非但没有减物质化，相反这条线在直线往上涨，斜率差不多要到 90 度，这样的趋势要不要改变？一定要改变，如果中国维持这个趋势的话，我们还有没有可能达到美国和德国的人均 GDP？我们那个时候资源又要消耗多少？这两张图告诉我们，假如我们能够学习欧洲的减物质化，学习英国和日本的节约资源，中国也可以找到一个路，能够在较少的资源消耗，较少污染排放的同时得到较快的经济发展。

三 建议要大力推进的两项工作

改革开放 40 年使中国发生了翻天覆地的变化，其中就包括我国推行循环经济发展取得的成绩。在庆祝这些巨大变化和卓越成就的同时，我们都不会忘记，中国的改革开放还在路上，循环经济还要发展。我很愿意提出我认为中国应大力推进的两项工作，相信这两项工作会对实现全面小康社会建成和第一个一百年的奋斗目标发挥很大的作用。

1. 生态工业园区建设

我国十八大、十九大都强调了发展绿色产业的重要性，包括工业、农业、交通、能源、建筑、旅游、服务业等。改革开放以来，我国建设了很多工业园区，也一定要注意推进工业园区的生态化。生态工业园区的特点是：园区里所有工业企业都应该积极推行清洁生产；园区中不同的工业企业之间要实现废物交换与利用，形成共生代谢的关系；不同工业企业之间的物质资源和能源要实现梯级利用；基础设施要共享，尤其是环境基础设施。

世界上第一个生态工业园区，是在丹麦的卡伦堡建成的，如图 3 所示。丹麦是一个小小的国家，在 20 世纪 70 年代就开始了生态工业园区的建设，到目前，该共生体系仍在不断完善中。由图3可见，燃煤电厂排放的粉煤灰被利用作为水泥厂的原料生产水泥，排放的硫酸钙则建了一个石膏板厂。燃煤电厂的三种废料供给了三个厂做原料，建立了产业共生代谢的关系，节约了自然资源，减少了污染物排放。燃煤电厂蒸汽特别多，送给各个厂用，再送给居民供热，能源充分利用，这就是一个非常好的生态工业园区。

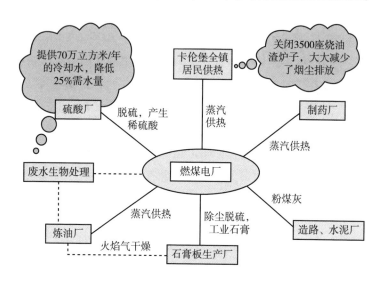

图3　丹麦的卡伦堡生态工业园

　　中国现在也有了一些成功的例子，例如宁波经济技术开发区，如图4所示。宁波经济技术开发区于2012年获批成为国家园区循环化改造示范试点，获得"国家循环经济工作先进单位"称号。自"十五"以来，宁波经济技术开发区着眼于提高上下游企业的关联度，进一步健全和巩固循环经济产业体系，围绕能源、石化、钢铁等支柱产业，着力引进补链企业，形成了石化－塑料－模具－汽车零部件－汽车整车，铁矿石－钢铁－金属制品－装备产业，电厂－粉煤灰、脱硫石膏－水泥、新型墙材，废纸造纸－污泥焚烧余热发电－污水处理－中水回用－节能建材等多条循环产业链，使全区的产业链、产品链和废物链逐步完善，整体提升产业发展层次。同时，能源、水与固废循环生态基础设施渐趋完善，三大基础设施链网结构显现，在重要资源和废弃物的循环利用领域取得了突破性进展，形成开放式的"区域大循环"体系。

　　我国目前已经是世界工厂，已经形成了以工业园区为载体的工业发展体系。根据国家发改委等部门联合发布的目录，2018年我国国家级开发区有

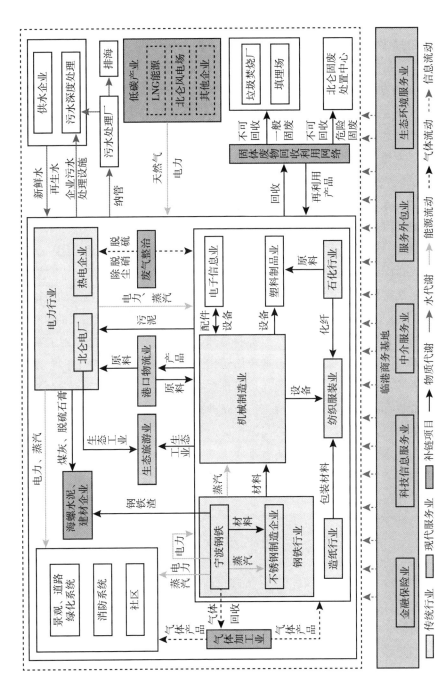

图 4　宁波经济技术开发区的循环共生产业体系

552 家，省级开发区有 1991 家。在大力推行生态文明建设的新形势下，大力推进生态工业园区的建设是一件十分重要的工作，一定可以为减少资源消耗和污染排放做出很大的贡献。希望有关部门和省市领导能够协力推动此项工作。

2. 城市矿山的开发利用

第二项工作是城市矿山的开发利用，包括工业废弃物的回收利用和城市垃圾的回收利用。如前所述，废弃物就是宝藏，对城市垃圾堆进行减量化、循环化、资源化，使其中的资源得到充分的利用，在一些西方国家已经实现并取得了极大收益，我国也有一些城市取得了不少成绩。但在大多数城市还是没有得到推广使用，垃圾包围城市、垃圾污染环境的现象还是屡见不鲜，应该引起高度的重视并尽快着手解决。

应该大力推行在西方取得成功的一项制度，"生产者责任延伸制度"，即指生产工业产品的企业有责任回收利用废弃的工业产品，利用再制造和其他工艺技术使废弃的工业产品中的零部件和材料得到再利用，减少资源的消耗和污染的排放。这个制度在西方很多国家已经推行近二十年，取得了很大的成功。

城市垃圾的回收利用必须从分类收集开始，我国不同省市已经做了不少试验，取得了一些经验，但离普遍应用还相距甚远。在这个问题上，应该特别重视管理部门、回收处理部门与垃圾排放者的协调和合作，应该建立有效的管理制度和不同人群的行为规范，应发展高效的回收利用技术，应大力开展宣传教育，动员人人关注并参与城市矿山的开发利用。

农村废料和垃圾的回收利用也是应该重视的大事，采取的方式和技术应具有农村特点，特别应重视各种生物质废料的利用和在农业生产中发挥作用的回收利用技术。

四 结语

改革开放 40 年，中国取得了举世瞩目的伟大成就，习近平主席曾指出，要客观地看待改革发展中面临的矛盾和困难，坚定不移地将改革进行到底。本文重点谈了中国在循环经济发展方面所做的一些工作、取得的成就和存在的问题，并对今后的努力方向提出了一些建议。限于知识和工作范围，不可能涉及循环经济的所有方面，相信循环经济协会和其他专家会有更多总结分析和真知灼见。希望我们共同努力，在建设美丽中国的征途中更上一层楼。

漫谈循环经济[*]

对社会可持续发展的科学思考萌发于 20 世纪 60 年代，当时由于凯恩斯赤字财政政策刺激了世界经济发展迅速，同时出现"人口爆炸"，出现人类社会发展与地球自然容量的不协调。1960 年 R. Carson 发表《寂静的春天》一文，从直观感性上描述了无节制地开发自然的可悲后果。1968年罗马未来学俱乐部成立，并发表了《增长的极限》（1972），《人类处于转折点》（1974），《超越浪费时代》（1977）等系列报告，根据人口、经济、资源、粮食和环境污染五个基本要素建立了世界系统发展动力学模型，首次对人类未来进行定量分析。但是，由于人类社会系统的复杂性和认识水平的片面性，所预测的悲观结论和所提出的"零增长"及"有机增长"协调控制机制，抑制经济增长的建议，其可行性立即引起质疑和长期争论。

到 20 世纪末，自然生态学者提出了向自然生态规律学习，建立社会"生态经济"模式的思想，即自然生态系统已存在了数十亿年，由于各种物质元素在植物（生产者）、动物（消费者）和细菌（分解者）之间循环利用，而循环的驱动仅依靠能量密度很稀薄的太阳能即可，没有资源短缺和环境污染问题，致使自然生态系统可以生生不息、繁荣昌盛。

传统工业经济发展模式是以追求生产效率最大化为目标，市场消费为导向，实现利益最大化的单向经济模式，即从对原生矿物和化石能源开采，到初级产品和高级产品的加工制造，经市场消费，最后成为垃圾而被弃置。这种单向经济模式必然使社会生产成为最大的资源耗用者和最大的污染制造者，使人类社会发展难以持续。因此资源反复利用的"循环经济"的理念应运而生。

* 金涌、胡山鹰、陈定江、朱兵，清华大学化学工程系，清华大学循环经济研究院。

循环经济思想的萌芽产生于 20 世纪 60 ~ 70 年代。当时，外太空旅行已成为公众热门话题。美国经济学家鲍尔丁（K. E. Boulding）在《即将到来的宇宙飞船地球经济学》（1966）一文中提出"宇宙飞船理论"，设想地球就像在太空中飞行的宇宙飞船，在地球上生存的人类都类似乘坐飞船的旅客。资源的有限性制约着飞船上旅客的生存。宇宙飞船的延续有赖于资源的循环利用。由于人类对地球资源消耗速度和对生态系统破坏速度已远远高于其恢复能力，地球上人类也存在宇宙飞船中同样的问题。

"循环经济"（Circular Economy）一词是英国环境经济学家佩斯（D. Pearce）和特诺（R. K. Turner）在其《自然资源与环境经济学》（Economics of Natural Resources and the Environment，Harvest Wheatsheaf 1990）一书中首先采用，开始并没有得到广泛重视。

随着世界上经济发展与资源、能源、环境污染问题的矛盾日益尖锐，社会可持续发展问题受到普遍重视，使"循环经济"的内涵也逐渐完善和发展，最终上升为国家层次的发展模式。

循环经济是以自然生态循环为学习榜样而引申形成的。由于在自然生态中，生产者（植物）—消费者（动物）—分解者（微生物）并存，并构成一个资源循环利用链，因而使数十亿年自然界繁荣昌盛。循环经济要求改变传统工业社会"资源开采→生产加工→产品消费→废物排弃"的单向资源利用模式，转向以"资源加工（生产者）、产品消费（消费者）、资源再生（分解者）"的循环利用模式，使人类社会发展永续；进而提出资源消耗的减量化（Reduce）、再利用（Reuse）和资源再生（Recycle）的"3R"理念，并成为其技术经济范式的表征。经过十多年人们在实践中不断探索发现：要实现循环经济发展模式，其涉及的问题要复杂得多，困难也大得多，从而提出了循环经济的内涵的界定问题。

在如传统经济学中被忽视的自然资源（水、空气、矿物等）的藏量和品质、环境容量（如污染自然消纳等）、舒适性资源（如温室效应、沙尘暴等）、自维持资源（生物多样性等）的消耗、保护和恢复，当然应该纳入循环经济学领域。但是在传统经济学中，涉及自然环境的资源被看成一个"公共物品"，在研究中被边缘化了，被无偿使用。

循环经济的根本出发点和基石是，认为在当今社会可持续发展中，主要障碍是资源、能源、环境容量的有限性和人类社会需求增长的持续性。事实证明，自然生态一旦被过度消耗和破坏，它们的恢复可能需要付出千百万倍的代价（如湖泊污染等问题），需要数亿年的时间（如物种的灭绝等），这是人类无法承受的。

循环经济学理论的难点在于：首先是环境价值的定量计量问题，如何在自然环境在被利用、消耗时，给出恰当的可交换测度。尽管环境价值表现出一种跨时域、跨空域的超越性，但它们的计量是否也应遵循以下原则：（1）货币一致化；（2）直接或间接以市场价值计量；（3）不同类型价值分量的可叠加性以及环境价值的定量，其计量值又如何随人口水平、科技水平、生产水平而改变。这些问题都没有形成可被科技界、环境界和经济界共同接受的理念。因此，它无法应用于各行业间生产链与服务链的连接，也无法协调生产与消费的关系，以及地区间和国际间的贸易关系。

其次是环境价值介入后，市场经济的机制问题。现代国家经济最有效的运行模式已被证实为："政府—市场—社会"三者的有机结合和协调，即宏观调控下的市场（Regularized Market）经济。循环经济体系的模式，当然更难以依靠市场经济自然协调产生，政府和社会如何才能有效、有力地发挥作用？因此，循环经济学理论平台的形成需要有新的突破。构建循环经济的工程实践平台的难点在于科技发展水平的制约：这是因为循环经济的建筑基石是资源的高效利用、重复利用和循环利用；能源优化利用和能源载体（如碳、氢等）的可再生利用；以及环境污染的源头防止。这就要求我们以利润和效率最大化，资源、能源消耗和环境污染最小化为四个目标函数，去重新审视迄今为止人类社会所有生产环节与消费环节，并加以改造。依靠现有的科技发展水平是远远难以全面完成的，这应该是可持续发展的最根本的难题。推动科技水平的全面发展是关键，特别对于我国这样一个发展中国家，更不应该忽视基础加工业的科技进步。

最后是生态伦理教育、道德平台的建设问题。由于生态破坏容易而生态恢复难，只有使生态破坏者从法律、伦理道德方面付出高昂代价，使之平衡，才能逐步形成一个自觉的生态意识。所以，生态教育、生态规范和法律建设的逐步完善也是十分重要的。

改革开放以来，我国社会和经济发展取得了举世瞩目的成就，但到了21世纪初，我国经济增长付出的资源和环境代价过大的问题越发凸显。如何学习借鉴物质循环的自然生态系统的发展规律，改造传统的线性经济系统，寻求可持续发展成为学术界热门议题。2002年198次香山科学会议首次聚集了数十位专家与院士，从多学科、多视角探讨了资源利用生态化和生态工业系统的理念范畴、科学规律和技术内涵。中央领导及有关部门则从战略全局的高度，及时发出了"建设资源节约型的经济发展模式，努力发展循环经济"的号召。国家环保局（现生态环境部）也提出了环保需要推进污染源头防止和建设生态经济示范园区的政策。全社会的响应使循环经济社会建设成为全民共识。2004年国家发展和改革委员会召开了第一届国家循环经济工作会议，提出贯彻党的十六大和十六届三中全会精神，以科学发展观为指导，以优化资源利用方式，提高资源生产率和降低废弃物排放，实现人与自然和谐发展，走有中国特色的新型工业化道路。2008年我国颁布了《中华人民共和国循环经济促进法》，并于2009年开始实施。从"十一五"开始，到"十二五""十三五"期间，我国开展了一系列循环经济试点和示范工程，取得了显著的成效和巨大的进步。

党的十七大开始提出"在全面建设小康社会目标的基础上对国家发展提出新要求，建设生态文明"，十八大进一步强调"把生态文明建设放在突出地位，贯穿到经济、政治、文化、社会建设的各方面"，提出"五位一体"的总体布局；十九大又上升为"加快生态文明体制改革，建设美丽中国。建设生态文明是中华民族永续发展的千年大计"。随着生态文明建设的重要性不断提升，近年来关于生态文明的研究十分活跃。"自然"与"文明"的关系，在历史上发展是起自"崇拜自然的原始文明"，经过"依赖自然的农业文明"和"征服自然的工业文明"，正在转化为"效法自然的生态文明"，是当前地球自然生态条件下人类文明发展的必然道路。西方主流文化习惯强调与自然的竞争和索取。文艺复兴运动后，形成大规模利用自然资源追求利润和效率最大化的思想，工业社会的迅速扩张，造成今天严重局面。而东方传统的宇宙观主张"天人合一"，"道法自然"等，这与当前倡导的生态文明更为接近。

生态文明与循环经济关系密切，生态文明的建设涵盖循环经济，有更深层次的内涵，更广泛的命题要求从"人与自然的关系"，"人与人的关系"两个哲学概念去研究。但生态文明建设在产业实践中最重要的抓手，正是循环经济，对我国的和谐发展，具有重要意义。

从1998年国内学者借鉴德国循环经济法将循环经济概念引入国内算起，至今我国的循环经济发展已有20年，在理论探索和实践创新两方面做了大量的工作，逐渐走出了一条有中国特色的循环经济发展之路，为全世界发展中国家的社会经济进步提供了有益的借鉴。

循环经济及其人才教育
发展回顾与展望[*]

改革开放 40 年来，我国政府持续重视可持续发展理念的贯彻落实，从线性发展到末端治理，从清洁生产过程管控到循环经济全生命周期管理变革，一直在探索一条人与自然和谐共生共荣的发展之路。笔者作为材料冶金与循环经济研究领域的一名老兵，借此机会简要回顾国内外可持续发展与循环经济的推进历程，分析我国人才教育对循环经济发展的支撑作用，结合发达国家循环经济理念传播与教育实践，展望我国循环经济及其人才教育的发展前景。

一 可持续发展理念提出的主要历程回顾

工业文明三百余年以来，在创造了前所未有物质文明的同时，自然资源与生态环境也遭到了破坏，并引起了人类的警觉与反思。20 世纪 60 ~ 70 年代，卡逊的《寂静的春天》、罗马俱乐部的《增长的极限》、沃德的《只有一个地球》等著作，均在不同程度、不同层面上反映了线性经济模式存在的弊端，不断激发人类重新审视人与自然的关系，推动了全球环境运动兴起和可持续发展理念的提出。

1972 年，联合国在瑞典斯德哥尔摩召开了全球第一届"人类与环境会议"，成立了"世界环境与发展委员会"，倡导各国应关注社会经济发展对生态环境造成的破坏。1987 年，时任挪威首相的布伦特兰夫人在第 42 届联大上发表了《我们共同的未来》报告，第一次提出了可持续发展理念："既

满足当代人的需求又不损害后代人满足其需求能力"，并以此为主题对人类共同关心的环境与发展问题进行了全面论述。1992 年，联合国召开"环境与发展大会"，通过了《里约热内卢环境与发展宣言》《21 世纪议程》两个纲领性文件，标志着各国首脑对可持续发展达成共识。中国代表团出席了该次会议，承诺中国政府将按照可持续发展理念指导社会经济活动。1993 年，第二次全国工业污染防治工作会议中明确提出，工业污染防治必须从单纯的末端治理向全过程控制转变，实行清洁生产的要求。1994 年，我国顺应世界可持续发展的潮流，颁布了《中国 21 世纪议程 – 中国 21 世纪人口、环境与发展白皮书》，要求各级政府和部门将其作为制订国民经济和社会发展计划的指导性文件。

在全球环境运动思潮和可持续发展理念贯彻过程中，如何形成有效解决资源环境问题的实践途径，引起学术界的极大关注。1966 年，美国制度经济学家博尔丁发表了《未来宇宙飞船地球经济学》论文，提出了"宇宙飞船理论"，强调政府应构建一种既不会使资源枯竭，又不会造成环境污染和生态破坏，能循环利用各种物质的"循环式"经济制度。1990 年，英国环境经济学家大皮尔斯和图奈在其著作《自然资源与环境经济学》中第一次使用了"循环经济"一词。此后，循环经济的相关研究得到了较快发展，如斯塔赫提出了功能性服务经济理论、戴利提出了稳态经济的思想、麦克唐纳等提出了"从摇篮到摇篮"的生态设计理念、格雷德尔等提出了工业生态学等，均有力促进了循环经济理论与实践在全球范围内的发展与繁荣。

二 我国循环经济发展的主要脉络梳理

自 20 世纪 90 年代以来，我国资源短缺、环境污染、生态退化的形势开始逐渐显现，在可持续发展理念的引导下，一批学者分别从不同视角对我国传统发展模式进行反思与改进探索。笔者 1996 年在韩国首尔举办的"先进材料与可持续发展"国际会议上，用大量数据和事实论述了"材料既是现代文明的物质基础，又是资源、能源的消耗者和环境污染的主要责任者"的观点，提出应高度重视材料的全生命周期环境影响评价，并着手开展我国主要材料行业该方面的系列研究。2003 年，《中国 21 世纪初可持续发展行动纲要》颁布，提出了 21 世纪初我国实施可持续发展的目标、基本原则、重点领域及保障措施；2004 年，国家发展改革委组织召开全国循环经济工作会议，将循环经济列为政府投资的重点领域，要求加大循环经济发展的资金支持；2005 年，《国务院关于加快发展循环经济的若干意见》等一系列文件陆续出台，标志着我国开启循环经济发展的新征程。

在 2005~2015 年的十年间，我国循环经济工作重心逐渐由理念探索向实践操作层面转变，通过部署系列循环经济重大工程，有效推动了我国循环经济产业化、规模化发展。曾记得 2005 年 7 月 11 日，笔者参加国家"十一五"规划座谈会，汇报交流了钢铁和水泥行业如何发展循环经济以及加快建设静脉产业等问题，呼吁循环经济应以优化资源利用方式为核心，以技术创新和制度创新为抓手，加快科技创新能力和政策保障体系建设。2006 年，《国家"十一五"规划纲要》中择取钢铁、有色等十一个行业作为循环经济发展的重要领域；2008 年，《中国循环经济促进法》正式颁布实施，标志着我国循环经济进入了法制化发展进程。2010 年，《国家"十二五"规划纲要》要求组织实施循环经济"十百千示范"行动。截至目前，全国已建成六批城市矿产示范基地、两批国家级循环经济示范市（县）、五批餐厨废弃物资源化利用和无害化处理试点城市、五批国家级循环经济教育示范基地，以及对六批产业园区实施了循环化改造工程，基本搭建了我国循环经济发展的四梁八柱。

党的十八大报告提出了社会主义现代化建设"五位一体"的总体布局，对如何进一步发挥循环经济作用以支撑生态文明建设，提出了更高要求。2017 年，国家发展改革委等十四部委联合出台《循环发展引领行动》，要求强化制度和政策供给，加强科技、机制和模式等跨领域的联合创新，推动我国循环发展再上新的台阶。随后，《生产者责任延伸制度推行方案》颁布，要求通过开展产品生态设计、使用再生原料、规范回收利用、加强信息公开等，推动资源环境责任落实和效益水平提升；"十三五"固废资源化重点专项实施方案论证通过，希望通过源头减量－智能分选－清洁利用－高效转化－精深加工－精准管控的技术链条全方位创新，引领我国固废资源化产业化绿色化发展。此外，互联网催生循环发展新动能不断涌现，如分享经济在交通出行、房屋住宿、知识技能、生活服务等诸多领域均得到较快发展，2017 年市场交易额约 5 万亿元，同比增长接近 50%，并呈持续发展态势。

三　国内外循环经济相关人才教育发展的简要分析

我国政府历来重视发挥人才教育对可持续理念贯彻和循环经济发展的支撑作用。1994 年，《中国 21 世纪议程 – 中国 21 世纪人口、环境与发展白皮书》明确要求高等教育、基础教育贯彻可持续发展理念，提出了跨学科培养复合型环境保护高级人才的思路，由原国家教委科技司组织落实和推进。可持续发展理念逐渐引入我国环境、材料、冶金、化工等相关学科教育体系之中，如清华大学、南开大学、同济大学、北京工业大学、中科院过程工程研究所、中国环科院、北京矿冶院等高校及科研院所相继依托自身学科基础，成立了可持续发展、产业生态、循环经济等教研机构，开展了若干专业课程教育工作。随着循环经济发展的不断深入，跨学科、复合型人才需求日趋强烈，激发一批高校开拓建设循环经济相关交叉学科，如 2008 年，北京工业大学依托材料、环境、经管等学科，创建资源环境与循环经济交叉学科，并成为北京市重点学科，随后获批开展交叉专业（工学、经济学）硕士、博士人才培养；2010 年，南开大学、东北大学、北京工业大学等十所高校获批设立资源循环科学与工程本科专业，课程内容涵盖生态环境、材料冶金、化学化工、经济管理等多学科知识的交叉与融合，迄今全国已有 30 多所高校设立了该专业。

近年来循环经济社会教育也得到了蓬勃发展。中国政府陆续推出了循环经济教育示范基地、生态文明教育基地建设工程，开展了形式多样的循环经济教育和知识普及活动，为提升全社会对循环经济的感性认识和参与程度发挥了重要作用。有关行业协会和学会也在循环经济社会教育中做出了积极贡献。2013 年，中国循环经济协会正式成立，深化完善了政府、企业、高等院校、科研院所之间的交流网络，大大拓展了我国循环经济人才交流、国际传播等方面的合作空间；中国生态经济学会、中国自然资源学会、中国环境科学学会、中国材料研究学会、中国高等教育学会等一批一级学会、协会先后设置了循环经济相关的二级分会，通过开展系列学术活动，有力促进了循环经济人才交流与教研合作。此外，上千册相关书籍的编著出版也为循环经济教育发挥了重要推动作用，如《循环经济学》《领导干部循环经济知识读本》《循环经济研究丛书》等。

发达国家循环经济理念传播与教育实践涉及课程教育、学科交叉、社会教育等多方面。如美国耶鲁大学、密歇根大学，加拿大多伦多大学、瑞尔森大学等，欧洲剑桥大学、奥尔堡大学，澳洲麦考瑞大学、悉尼科技大学等均设置了自然资源与环境、环境与资源经济、可持续发展等相关课程。如耶鲁大学成立工业生态学研究中心，创办了 Journal of Industrial Ecology 期刊，推动成立国际工业生态学会。剑桥大学成立环境相关交叉学科综合教学委员会，有重点地资助交叉学科领域的课题研究，并向所有专业学生开设通识课程。美国罗彻斯特理工学院成立了 Golisano 可持续发展研究院，采用材料学、生态学、经济学、数学等跨学科研究方式，通过本科、硕士、博士相互配合的形式，提升了循环经济研究的广度和深度。美国密歇根理工大学成立了可持续未来研究院，吸纳资源环境、经济管理等多个院系教授和研究人员共同参与，协同培养可持续发展交叉学科人才。

发达国家政府及非政府组织通过开展相关研究与实践活动，有力带动了循环经济理念传播与贯彻。1988 年，Resources Conservation and Recycling 期刊出版发行，为加快循环经济研究成果、学术前沿信息的传播发挥了积极作用。2010 年，艾伦·麦克阿瑟基金会成立，会聚了一批专家、学者和企业家，通过撰写发布系列研究报告，不断挖掘循环经济潜在商业价值，推动了循环经济理念在企业圈层的推广实践。2014 年，达沃斯世界经济论坛专门设立了循环经济全球议程理事会，进一步提升了循环经济典型案例和模式的全球推广力度，如中国循环经济协会荣获"全球循环经济政府、城市及地区奖"、格林美公司荣获"全球循环经济奖"等。同年，欧盟启动地平线2020 计划，设立了循环经济专项研究资金，力图通过专题研究进一步提升欧盟的国际竞争能力。2018 年，罗马俱乐部成立 50 周年，出版了著作《翻转极限》，再一次呼吁人类更加合理地解决气候变化、人口增长、金融危机、农业发展、环境变化等发展难题。

综观国内外该方面发展情况，鉴于基本国情和发展阶段不同，我国循环经济及其人才教育发展，部分借鉴了发达国家若干经验做法，更重要的是走出了一条具有中国特色的发展道路，并引起发达国家政府、企业和学术界的广泛关注。2016 年，Nature 期刊发表了《来自中国的循环经济经验》一文，认为中国政府在循环经济发展中发挥了重要的推动作用，引起全球推动循环经济升级发展的新一轮实践热潮，也预示着国内外循环经济人才教育具有持续发展的较大空间。

四 我国循环经济及其人才教育发展的前景展望

回顾我国循环经济的发展历程，走过了一条以优化资源利用和配置方式为核心，以制度创新、科技创新、模式创新为动力，以政府推动、市场主导、科教支撑、社会参与为运行机制的特色发展之路，初步建立了融合中西的循环经济理论和实践体系，逐渐形成了立足时代、放眼世界、面向未来的绿色低碳循环发展新境界。面向新时代发展需求，循环经济及其人才教育仍然任重道远，笔者建议主要可从以下三个方面加以思考和展望，以期供大家参考：

其一，新时代发展需求引领循环经济资源要素持续变迁。每个时代的发展需求总是对应着与之相适应、可利用的资源要素。据预测，城市矿产将成为 21 世纪后半叶的主要矿产资源，尤其是绿色化、高质量的资源循环利用可推动矿产资源向多生命周期转变，大幅提升资源可持续利用能力和节能减排效益。虚拟资源的多方面作用逐渐得到挖掘，如人才、数据、创新、文化等资源要素不断强化，呈现减物质化特征，并催生大数据产业、文化产业等兴起，大幅降低生产生活对实物资源的依赖。优美的生态环境已成为发展的资源要素之一，"绿水青山就是金山银山"的发展理念正在变成现实；经济发展与生态环境由"两难"到"双赢"的保障机制正在不断完善；排污权交易市场、跨区域生态补偿等手段应用正在不断丰富；绿色产业规模和绿色消费领域正在不断拓展。

其二，跨维度创新驱动促进循环经济发展水平不断提升。随着我国循环经济发展广度和深度的不断延伸，技术、制度、商业模式等跨维度的创新驱动越发成为提升循环经济发展水平的核心动力。全球材料、能源、信息、生物等高科技领域日新月异，资源环境问题的复杂性、循环经济的交叉性迫切呼唤多元化、智能化、绿色化技术的融合发展与关键突破。在《生态文明体制改革总体方案》的框架下，亟须创新循环经济制度设计，健全相应法规、标准、政策等制度体系，厘清政府与市场的关系，明确政府、企业、个人、社会团体等多利益相关者的责任义务，建立推进循环经济发展的长效机制。信息技术与循环经济的融合发展带动一批新兴商业模式创新应用，如分享经济通过挖掘多种社会闲置资源价值与创新高效耦合配置方式，开辟了循环经济发展的若干蓝海领域，同时也体现了中国发展体量的巨大优势，预示着未来发展的独特潜力。

其三，多层次人才教育支撑循环经济理念文化逐步生根。循环经济理念文化是其得以长久发展的内在源泉，需要形成涵盖基础教育、高等教育和社会教育等多层次的循环经济教育体系。基础教育需要加强循环经济相关教材编著与课程设计，开展课堂案例讲解、实践活动参与等形式多样的中小学教育活动，寓教于乐，引导中小学生植根循环文化。高等教育应广泛开展循环经济相关的公共通识课程；鼓励发展循环经济和生态文明相关交叉学科，推动理工、人文、经管融合发展，在培养复合型创新人才方面发挥各自特色。社会教育方面，应将循环经济知识传播纳入国家慕课系统，通过移动互联网对公众开放，形成传播循环文化的良好氛围；在领导干部培训中设立循环经济专题，引导干部自觉关注；将若干循环发展指标纳入相关企业绿色信用采集系统，强化企业环境责任；加强循环经济国际交流与合作，针对"一带一路"沿线国家和地区开展循环经济专题培训，加快推进我国循环经济成果全球推广应用，在世界可持续发展进程中贡献中国智慧和力量。

新时代中国再制造产业的创新发展[*]

再制造是机电产品资源化循环利用的最佳途径之一，是推进资源节约和循环利用的重要技术支撑。中国特色再制造是 20 世纪 90 年代末期，在我国装备维修和表面工程发展的基础上逐步形成的。并经过数十年的发展，在装备再制造基础理论、关键技术、产业化应用等方面，均取得了显著的成效，促进了国家循环经济和资源节约战略的发展。

党的十九大报告指出，中国特色社会主义进入新时代，这是我国发展新的历史定位，强调要"推进绿色发展""推进资源全面节约和循环利用[①]"。"中国制造 2025"提出要"大力发展再制造产业，实施高端再制造、智能再制造、在役再制造[②]"。适应新时代中国特色社会主义发展要求，把握我国再制造的特色，总结再制造的发展成就，规划再制造的发展方向，对于推进再制造产业在新时代持续健康创新发展，是摆在我们面前的重要任务。

一 中国特色再制造的历程

1. 根植装备而生，一脉相承发展

再制造是对再制造毛坯进行专业化修复或升级改造，使其质量特性不低于原型新品水平的制造过程[③]。再制造是先进制造和绿色制造的重要组成部分。再制造的前身可追溯到维修工程，其根植于装备后半生，是保持或恢复装备战斗力、延长装备使用寿命、节约装备全寿命周期费用的重要保证。

---

[*] 徐滨士，装备再制造技术国防科技重点实验室。

[①] 习近平：《决胜全面建成小康社会，夺取新时代中国特色社会主义伟大胜利》，中国共产党第十九次全国代表大会，2017 年 10 月 18 日。

[②] 中华人民共和国国务院：《国务院关于印发〈中国制造 2025〉的通知》，http://www.gov.cn/zhengce/content/，2015 年 5 月 19 日。

[③] 中国机械工程学会：《中国机械工程技术路线图》，中国科学技术出版社，2016，第 11 页。

中国特色的再制造工程可以上溯到 20 世纪改革开放初期兴起的维修工程，在维修工程的基础上，经过了表面工程的创新发展，一脉相承而形成了今天的再制造工程。维修工程以保持装备正常服役能力为目标，常具有随机性、应急性和单件小批量的特点。再制造工程则是以实现装备高品质服役及资源节约与环境保护为综合目标，具有规范性、可靠性和批量化的特点。而表面工程着眼于装备零件的表面修复与强化，能以更少的材料投入获得更高的维修质量和效益，为实现维修的低层次目标向高层次目标的跃升，构筑了坚实的技术支撑。维修工程向再制造工程的发展，是一种目标由低向高的进化与创新发展①。

根植于装备后半生，历经维修工程、表面工程到再制造工程 40 年的发展，再制造工程已经成为装备的高品质性能恢复及升级、资源高效再利用的科学模式，在装备建设中发挥了重要作用。

2. 技术创新推动，铸就中国特色

欧美国家的再制造产业起步较早，再制造产业发展水平较高，目前已形成了较为成熟的市场环境和运作模式。但其早期的再制造是在维修的基础上直接发展而成，其再制造模式以"换件修理"和"尺寸修理"为主，存在着再制造件资源利用率较低、零件互换性不高等问题。中国的再制造则是在表面工程技术不断创新（如纳米电刷镀技术、高效能超音速等离子喷涂技术和增材再制造成形技术等）的基础上发展而来，充分发挥了表面工程的技术后发优势，形成了以"尺寸恢复"和"性能提升"为特色的再制造成形模式；以基于零件再制造前剩余寿命与再制造后延期寿命的全寿命周期理论为特色的寿命评估与预测模式；以再制造产品质量特性不低于原型新品为前提，形成了"两型社会、五六七八"的高效益特色绿色模式，即促进资源节约型和环境友好型社会发展，达到成本为新品的 50%，节能 60%、节材 70%、减排 80%②。

中国特色再制造在坦克零部件、飞机叶片等装备中的应用，不仅最大限度促进了装备既循环又经济的发展，而且能够实现废旧装备的"起死回生""修旧胜新"，具有巨大的发展潜力和生命力。

3. 不忘初心谋发展，迈向智能新时代

我国制造业面临着资源和环境的发展瓶颈，现役装备面临着延寿及性能

---

① 全国绿色制造技术标准化技术委员会：《GB/T 28619 - 2012. 再制造术语》，中国标准出版社，2012。

② 徐滨士：《绿色再制造工程及其关键技术》，《再生资源与循环经济》2009 年第 2（11）期，第 5~8 页。

提升的迫切要求，再制造的发展初心正是实现装备战斗力再生和绿色发展。基于此，我国创新发展的中国特色再制造，以废旧产品资源利用率高、再制造产品性能最优、生产资源消耗最少作为目标，成为废旧机电产品再生利用、延长装备使用寿命的高级形式，是实现循环经济"减量化、再利用、资源化"的重要途径。因此，不忘初心谋发展，将极大地促进资源节约和环境保护，为国家循环经济发展战略提供重要支撑。

习近平新时代中国特色社会主义思想强调推进绿色发展，强调走中国特色强军之路。"中国制造2025"提出要坚持创新驱动、智能转型、绿色发展。中国特色再制造作为绿色制造的典型形式，也必将向着智能化的方向创新发展，即通过互联网、物联网、云计算等新一代信息技术与再制造过程的融合，以智能化再制造技术为突破，有效缩短再制造产品生产周期，提高生产效率和质量，降低资源、能源消耗，推进再制造业的转型升级[1]。

二　中国特色再制造成绩斐然

1. 面向国家战略，大力推动了再制造产业发展

再制造作为绿色制造和先进制造的重要组成，已成为循环经济中最活跃且最能体现高技术含量的要素。中国工程院承担的《国家中长期科学与技术发展规划》第三专题"制造业发展科技问题研究"的分课题"机械装备的自修复与再制造"将发展再制造技术列入面向2020年的重点领域；中国工程院咨询报告《绿色再制造工程及其在我国应用的前景》，被国务院转发十部委参阅[2]。《中华人民共和国循环经济促进法》将再制造纳入法制化轨道，指出"国家支持企业开展机动车零部件、工程机械、机床等产品的再制造"，对国家可持续发展战略产生了积极影响；国家部委出台的《关于推进再制造产业发展的意见》《高端智能再制造行动计划》等文件，促进了国家对再制造相关政策的改革，催生了我国的再制造产业[3]。国家发展和改革委员会、工业和信息化部大力推进我国再制造产业试点工作，先后分两批选

---

① 徐滨士：《装备再制造工程的理论与技术》，国防工业出版社，2007，第7页。
② 中国机械工程学会再制造工程分会：《再制造技术路线图》，中国科学技术出版社，2016，第11页。
③ 徐滨士、史佩京、刘渤海：《再制造产业化的工程管理问题研究》，《中国表面工程》2012年第25（6）期，第107～111页。

择 150 余家企业和多家产业示范基地开展再制造试点工作，再制造产品种类涉及汽车、工程机械、矿采机械、机床、船舶和办公设备等多个行业。国家发展改革委选择湖南长沙（宁乡、浏阳）、江苏张家港、上海临港、河北河间等 4 个园区开展国家再制造产业示范基地建设；工信部先后选择重庆九龙工业园区、四川彭州航空动力产业功能区、安徽马鞍山雨山经济开发区、安徽合肥再制造产业园等 4 个园区开展再制造集聚区试点培育①。

全国再制造标准化技术委员会作为国内首家成立的再制造标委会，设计了面向全寿命周期的再制造标准体系，制定了国内首批再制造国家标准，为规范我国再制造产业正规化发展提供了技术支撑②。

在再制造基础理论研究、应用基础研究和关键技术攻关等方面，在国家自然科学基金重点项目《再制造基础理论与关键技术》、国家 973 项目《机械装备再制造的基础问题》、国家科技支撑计划《汽车零部件再制造关键技术》等首批再制造领域科研任务的带动下，创新了以再制造毛坯损伤评估和寿命预测为主体的基础理论，形成了以先进成形加工技术为支撑的关键技术，构建了再制造过程质量控制和产品质量保证体系，为确立我国在再制造研究领域的国际前沿地位做出了重要贡献③。

2. 围绕装备需求，显著提升了装备再生战斗力

再制造以恢复和提升装备战技性能为目标，围绕军队装备保障建设需求，突破了一系列关键技术瓶颈，形成了一批重大创新成果，提升了我军部队装备维修保障能力，有力支撑了老旧装备性能升级和装备跨越式发展。

我军历来重视装备维修保障工作，支持采用多种表面工程新技术修复损伤的坦克零件，并组织了大规模多批次的实车考核验证，取得了显著的维修改革成果。应用等离子喷涂技术解决了坦克薄壁磨损零件的修复难题，修复后坦克零部件的相对耐磨性比新品提高了 1.4 ~ 8.3 倍，成本仅为新品的 1/8，为坦克装甲车辆维修体制的改革奠定了基础，并在全军坦克修理单位推广应用。《解放军报》报道：再制造促进装备战斗力再生。应用电弧喷涂防腐技术和 Zn-Al-Mg-RE 电弧喷涂新材料实现了涂层的自封闭，显著提高

---

① 徐滨士、董世运、朱胜、史佩京：《再制造成形技术发展及展望》，《机械工程学报》2013 年第 48（15）期，第 96 ~ 104 页。

② 徐滨士、董丽虹：《再制造质量控制中的金属磁记忆检测技术》，国防工业出版社，2015，第 10 页。

③ 徐滨士、董世运：《激光再制造》，国防工业出版社，2016，第 3 页。

了装备钢结构的防腐性能，并广泛应用于海军舰艇和"远望"号航天测量船的钢结构防腐，将海洋环境下钢结构耐蚀寿命由平均 4～5 年延长到 15 年。增材再制造移动方舱已列为舰船保障系统，加强了远洋舰艇的维修保障能力[1]。创新应用电刷镀技术攻克了纳米颗粒在镀液中的分散及稳定悬浮难题，成功解决了战机发动机高温磨损失效的维修保障难题；通过再制造技术创新和综合运用，解决了大量装备维修保障和应急抢修难题，为延长装备服役寿命、实现装备升级换代，提供了重要技术支撑。

3. 加快人才培养，引领构建了再制造新型学科

装备再制造工程学科以装备维修需求为切入点，坚持与时俱进，不断创新，形成了站在国际学科发展前沿的优势学科地位。

依托国内首批建设的装备再制造技术国防科技重点实验室、机械产品再制造国家工程研究中心、装备表面工程国家级实验教学示范中心、全军装备表面工程重点实验室等国家和军队级科研教学平台，推动了再制造工程学科成为国内首个二级博士学科，军队"十五"至"十三五"期间重点建设学科。高水平的人才队伍和高起点的学科平台成为培养高质量人才的有力支撑，提升了人才培养质量，取得了明显效果。经过长期建设，形成了以徐滨士院士团队为代表的一批高水平国内再制造人才队伍。

依托中国循环经济协会再制造专业委员会、中国机械工程学会再制造工程分会、全国绿色制造标准化委员会等学术组织，先后组织召开了"世界再制造峰会""再制造国际论坛""世界维修大会"和"全国表面工程学术会议"等大型学术会议 40 余次，拓宽了对外学术交流渠道，提升了我国再制造的国际影响力。目前，装备再制造工程的学科体系日臻完善，为机电装备再制造人才培养提供了强有力的智力支持。

三　新时代中国特色再制造的发展方向

1. 实施高端、智能、在役再制造，推进绿色发展

（1）高端再制造

在航空、大型机床、海洋装备、工程机械和轨道交通等高端装备领域，针对航空发动机叶片、燃气轮机转子、盾构机等大型装备及零部件，开展绿

---

[1]　朱胜、姚巨坤：《再制造技术与工艺》，机械工业出版社，2011。

色再制造设计，加快研发高端再制造技术和装备，推进高端装备再制造，进一步提升再制造产品综合性能。对于依赖进口、再制造技术难度大的复杂机电装备，如工业机器人、医疗影像设备和大型高效电机等，一方面鼓励原始制造商利用自身技术优势开展再制造，另一方面支持再制造企业通过原始制造商授权的模式进行再制造，并探索原始制造商、维修企业和再制造企业联合形成联盟的合作模式。

（2）智能再制造

将互联网、物联网、大数据、云计算等新一代信息技术与再制造回收、生产、管理、服务等各环节融合，构建再制造智能物流体系，研发再制造智能生产成套技术与装备，推动形成再制造产品智能营销网络。探索基于智能传感技术的再制造产品结构健康与服役安全智能监测设备，推进再制造智能成形加工技术研发与规模化应用。在对汽车等传统再制造领域典型产品实施智能再制造的同时，进一步突破医疗影像设备和大型服务器等典型智能装备的再制造。

（3）在役再制造

对老旧和性能低下、故障频发、技术落后的在役机电装备实施性能恢复和提升再制造。针对能源、化工、冶金、电力等行业重大技术装备实施再制造，加快增材制造、特种材料、无损检测等再制造关键共性技术创新与产业化应用。结合再制造产品认定，推动盾构装备控制系统升级再制造，继续推进重型机床产品数控系统升级再制造、推进电机产品能效提升再制造，推动发动机产品排放等级提升再制造。

到2020年，通过共性关键技术和装备攻关，成果高效转化与产业化应用，示范企业、研发中心和产业集聚区建设，推动再制造产业规模达到2000亿元[①]。仅内燃机再制造产业规模达到450亿元[②]。

2. 实施复合、现场、升级性再制造，促进装备战斗力再生

（1）面向武器装备现代化，提升装备复杂机电复合系统一体化再制造能力

随着武器装备信息化水平的不断提高，我军电子类装备的广泛应用和更

---

① 工业和信息化部：《工业和信息化部关于印发〈高端智能再制造行动计划（2018～2020年）〉的通知》，http://www.miit.gov.cn，2017年11月9日。

② 中国内燃机工业协会：《内燃机再制造产业发展与技术路线》，机械工业出版社，2017。

新换代，其战损、报废和淘汰数量日益增大，利用再制造技术实现机电产品功能器件的再利用势在必行。将再制造先进技术与光电和信息技术相结合，实现电、磁、声、光等特殊功能器件和系统的再制造，进而将再制造领域由机械装备拓展至机电复合装备，从而实现复杂装备机电一体化复合再制造，满足现役老旧装备向现代化升级改造的需要，解决新装备研制周期长与作战需求变化快的现实矛盾。

（2）面向一体化联合作战，提升装备备件精确伴随保障的现场再制造能力

新的军事变革引起现代战争形式变化以及武器装备维修保障模式变革。要求装备战场维修保障灵活、准确、及时，以实现装备战斗力的快速生成、持久保持、迅速再生和大幅提高。针对重点战略方向的作战需求，开展装备现场（战场）应急抢修与伴随精确保障理论与关键技术研究，突破战损零件和装备备件智能抢修、现场增材再制造技术和装备瓶颈，实现装备作战性能快速恢复和战斗力再生，提高装备维修保障水平与能力。

（3）面向军民融合深度发展战略，提升装备整机升级性再制造能力

面向军民融合深度发展战略，开展再制造军民融合创新理论、再制造技术可靠性中试、再制造成果军地双向转移机制、军民融合再制造信息化等研究，解决面向装备全寿命维修保障的"优生优育"问题。加强创新体系和平台建设，拓展和深化装备再制造理论和技术系统研究可有效降低装备全寿命周期费用，并拓展装备寿命周期的内涵，实现装备的循环寿命周期使用。科学适时地指导老旧装备的再制造数字化和信息化升级，为装备延寿及性能或功能的提升提供支撑。

3. 瞄准优质、高效、服务，建设一流再制造工程学科

（1）开展优质再制造

坚持创新引领，促进再制造产业的快速发展，形成一批优质的再制造关键技术与工艺。在研制阶段进行再制造性设计，提高产品末端时的再制造能力，在产品末端进行再制造性评价，优化再制造工艺流程。运用信息技术、控制技术实施废旧产品再制造高效生产与管理，实现废旧产品再制造效益最大化、再制造技术先进化、再制造管理正规化和产品全寿命过程再制造保障信息资源共享，提高再制造保障系统运行效率。

（2）推动高效再制造

坚持绿色发展，再制造的高效化体现在再制造工艺全流程环节。绿色高

效深度拆解技术将显著提高再制造拆解效率和无损拆解率，高效物理清洗技术和绿色化学清洗技术将显著提高再制造清洗绿色化程度，多物理参量融合的再制造高效检测与评估技术可实现再制造毛坯的高可靠度寿命预测，复合能束能场自动化再制造成形加工装备可实现再制造生产的柔性化。随着大数据、云计算、物联网、移动互联技术的快速发展，再制造产品解决方案、生产效率将更加高效，再制造效益将实现最大化。

（3）促进再制造服务

坚持深化供给侧结构性改革，面对未来中国制造由生产型向服务型转变的发展趋势，再制造将与服务业有机融合，从而形成新的产业形态和新的再制造模式，即服务型再制造。服务型再制造将为再制造产业发展注入新的活力，打造再制造公共技术研发平台，构建再制造逆向物流和旧件回收服务体系，建立再制造公共检测平台与质量保证体系，拓展再制造外包加工体系，发展再制造信息平台与电子商务，不断探索形成再制造产品生产和销售服务的新模式，形成再制造产业发展新的增长点。

下一阶段是我国再制造业依靠科技、体制和管理创新，走绿色智能之路，调整产业结构，转变发展方式，实现再制造产业由大变强的关键时期。根据面向 2030 年再制造技术发展目标[①]（见表 1），再制造将向"优质、高效、服务"迈进，实现创新突破。

表 1　面向 2030 年的再制造技术发展目标

内容		2020 年目标	2030 年目标
典型产品或装备		实现能源装备、高端数控机床、动力机械等大型制造装备领域的产品及其零部件的再制造，形成规模化的再制造产业群	实现飞机、船舶、高速铁路等高端交通运输装备及零部件，水利、核电发电机组用汽轮机等复杂贵重装备及零部件，医疗、家用与办公等电子设备的再制造，拥有多家世界著名再制造企业及再制造集聚产业区
再制造技术目标	突破机械类装备核心部件的再制造技术方法		突破电子信息类零部件的再制造技术方法
	废旧机械产品的再制造率达 70%		废旧机械产品的再制造率达 80%
	再制造产业规模达到制造业的 5%		再制造产业规模达到制造业的 10%
	再制造就业模式占制造业的 10%		再制造就业模式占制造业的 20%

① 中国机械工程学会：《中国机械工程技术路线图》，中国科学技术出版社，2016，第 11 页。

续表

内容	2020 年目标	2030 年目标
再制造拆解与清洗技术	面向高附加值的再制造深度拆解技术	再制造自动化拆解技术与装备
	高效化学清洗材料、技术与装备	绿色清洗新材料、技术与自动化装备
	超声波、高温、喷射清洗技术与装备	生物酶清洗技术与装备
再制造损伤检测与寿命评估技术	毛坯损伤程度的物理参量提取技术	再制造毛坯剩余寿命评估技术设备
	建立特定剩余寿命预测模型	典型毛坯剩余寿命评估工艺规范
	涂层微缺陷监控技术	再制造产品服役寿命评估技术与设备
再制造先进成形与加工技术	纳米复合再制造成形技术	微纳米零部件及功能零部件
	能束能场再制造成形技术	现场快速再制造成形技术
	自动化再制造成形技术	
	三维体积损伤机械零部件的再制造成型技术	
	多工艺、多工序复合加工再制造成形技术	
	机器人自动化焊接再制造与数控铣削加工技术	
再制造系统规划设计技术	产品再制造性指标论证技术	基于多因素的再制造性论证体系
	柔性化再制造生产系统设计技术	集约化再制造生产系统设计技术
	再制造逆向物流选址规划技术	科学的再制造逆向物流归纳方法
	再制造信息管理系统研究与设计	再制造信息管理系统开发与应用

四　结语

再制造高度契合国家推进的绿色发展战略，成为实现循环经济"减量化、再利用、资源化"的重要途径。中国特色再制造是根植于装备维修工程，并经过装备表面工程的创新发展，逐渐形成并发展而来的一种高效再制造模式。经过数十年的建设发展，中国特色再制造形成了明确的国家战略和再制造产业，提升了装备战斗力，构建了再制造学科，取得了重大成就。新时代中国特色社会主义思想要求中国特色再制造秉持创新、绿色、服务的理念，构建优质、高效、智能的再制造工程体系，支撑国家循环经济发展，促进新时代装备的高效战斗力再生和绿色发展。

求实创新之路：从资源综合利用到推进循环经济[*]

中国从 1978 年至 2018 年的改革开放历程，是革故鼎新、跌宕起伏、砥砺前行、经济腾飞的四十年，是求实奋进、开拓崛起、创造辉煌、"换了人间"的四十年。抚今追昔，这归功于我们党正确的中国特色社会主义道路选择和基本路线坚持，归功于中国人民艰苦卓绝、勤劳智慧的奋斗与奉献，在人类历史长河中的"弹指一挥间"书写了彪炳史册的华彩篇章，以世界公认的"中国奇迹"为中华民族复兴伟业奠定了坚实之基。

在四十年改革开放进程中，与时俱进探索成就了一个从资源综合利用到循环经济的新兴事业，为中国的可持续发展开拓了节约利用资源、有效保护环境的成功路径，成为经济建设与社会进步中不可替代的组成部分，值得珍视，更应承续。

20 世纪 50 年代以来的资源回收利用实践，昭示了人类文明的觉醒与进步——从盲目向外在的自然界攫取资源，转变为自觉从内在的资源利用行为调整，开拓出物质资源不断再利用的智慧进程和绿色发展之路。改革开放以来的时代大潮促进了发展理念的更新，从中国资源总体短缺的现实出发，催生了数次重要决策出台，开启了相应的发展时段，趟出了一条具有中国特色的资源综合利用及循环高效利用的新路。

1985 年国务院批转原国家经委《关于开展资源综合利用若干问题的暂行规定》（国发〔1985〕117 号），明确开展资源综合利用的重要意义、目标任务及行动方式，制定了一系列鼓励开展的政策和措施。其后十年，我国主要资源综合利用规模不断扩大，技术水平不断提高，在缓解资源紧缺和增

---

* 陈德敏，重庆大学可持续发展研究院院长。

加供给、提高社会经济效益、治理与保护环境、促进经济增长方式转变等方面发挥了重要作用。其间，在原国家经贸委组织指导下，创立了中国资源综合利用协会。

1996年国务院批转印发了《国家经贸委等部门关于进一步开展资源综合利用的意见》（国发〔1996〕36号），这是当时继续指导我国综合利用的主要纲领性文件。为了进一步推进落实资源综合利用激励政策，多部委联合印发了《资源综合利用目录》作为企业政策优惠支持的依据。同年7月，国家计委主任办公会研究同意将《中华人民共和国资源综合利用法（送审稿）》正式上报国务院审查后，提交全国人大常委会审议。我有幸受聘担任起草组副组长和主要执笔人，经过历时六年多的立法调研、广泛征求国务院各部门各省市书面修改意见、多次听取专家企业家咨询论证，无数次修改内容条文，先后正式上会讨论六易其稿。因机构调整及换届等多种原因，虽然本法送审稿搁置未出台，但是为后来相关法律的制定出台打下了厚实的理论与实践根基。

2003年10月11日召开的党的十六届三中全会中提出"坚持以人为本，树立全面、协调、可持续的发展观，促进经济社会和人的全面发展"。从而确立了坚持科学发展观的重大指导思想。在这样的宏观背景下，2004年9月27日国务院召开的第一次全国循环经济工作会议全面部署发展循环经济，给予配套政策的持续支持，并对循环经济的概念给出了一个明确定义：循环经济是一种以资源的高效利用和循环利用为核心，以"减量化、再利用、资源化"为原则，以低消耗、低排放、高效率为基本特征，符合可持续发展理念的经济增长模式，是对"大量生产、大量消费、大量废弃"的传统增长模式的根本变革。进入二十一世纪，循环经济模式开始为实业界和学术界所关注；2002年5月我在北京召开的"国际环境保护大会"专题论坛上发言时第一次提出了"循环经济的核心是资源循环利用"的概念阐述，其后以此撰写发表论文，这一观点为国家领导层和宏观经济管理部门所采纳。

2005年6月27日胡锦涛同志在党中央召开的工作会议上指出："节约能源资源，走科技含量高、经济效益好、资源消耗低、环境污染少、人力资源优势得到充分发挥的路子，是坚持和落实科学发展观的必然要求，也是关系中国经济社会可持续发展全局的重大问题。"此后，国务院颁发了《国务院做好建设节约型社会重点工作通知》，对建设节约型社会进行了部署。此前两年我们团队在国内率先开展了资源节约型社会的政策与制度研究；2005年3月我们的课题研究成果《节约型社会内涵特征和实现路径》被国务院研究室整理为《国务院研究室报告》（2005年第6号），专报中央政治局和国务院领导同志参考。在2005年10月召开的中国共产党第十六届五中全会上，中央正式将建设资源节约型、环境友好型社会确定为国民经济与社会发展中长期规划的一项战略任务。

2008年9月第十一届全国人大第四次会议通过了《中华人民共和国循环经济促进法》，并于2009年1月1日起实施；《中华人民共和国循环经济促进法》发挥了促进循环经济发展，提高资源利用效率，保护和改善环境的法律保障作用。本法起草研究历时三年多，其间经全国人大领导同志提议和起草小组安排，我作为参与起草专家撰写提交了《循环经济法》重庆大学建议版本，为起草直接提供了内容框架和条文参考。

2012年以来，党的十八大、十九大确立和坚持生态文明"五位一体"总体布局，推进绿色、循环、低碳发展，使循环经济与资源合理利用得到更加广泛而深入的发展，实践成效进一步全面显现。2016年8月22日，习近平总书记到青海考察时指出："循环利用是转变经济发展模式的要求，全国都应该走这样的路。"他还强调："发展循环经济是提高资源利用效率的必由之路。"面对资源危机，循环利用、节约资源是转变经济发展方式的要求，也是未来我国实现经济社会可持续发展的必然选择。2013年8月15日经民政部批准原中国资源综合利用协会更名成立为中国循环经济协会，由国务院国资委管理，业务上接受国家发改委等部门指导，国家发改委原副秘书长赵家荣同志担任第一任会长。五年来，协会贯彻基本国策，落实循环经济法规，团结依靠广大会员和协调各方力量，出色发挥了重要的桥梁纽带作用。

以上适应时代发展而做出的多次重要决策和工作部署推进，开启了一条适合中国国情的可行之路，促进了资源综合利用规模质量的跃升，进而全面衔接了我国循环经济的推开与拓展。

一 回眸来路，珍惜成果

30余年来，从资源利用到循环经济取得了令人瞩目的突出成绩。据有关部门和机构统计的主要指标对比列表如下：

表 1　工业固体废弃物产生量和综合利用量、综合利用率

年度	工业固体废弃物产生量（万吨）	工业固体废物综合利用量（万吨）	工业固体废弃物综合利用率（%）
1995	64474	28511	44.22
2000	81608	37451	45.89
2005	134449	76993	57.27
2010	240944	161772	67.14
2016	314557.64	186920.14	59.42

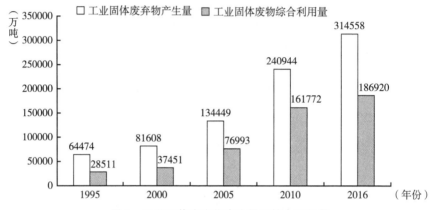

图 1　工业固体废弃物产生量和综合利用量

资料来源：国泰安数据库，2018.10.8 检索。

表 2　废弃物资源回收利用主要数据（1985～2017 年）

名　称	单位	1985	1995	2005	2015	2016	2017	增幅%（2017年较1995年）
废钢铁	万吨	2563	4100	7100	14380	15130	17391	324.2
废有色金属	万吨	14.03	93.22	400	876	937	1065	1042.5
废塑料	万吨			1281	1800	1878	1693	
废纸	万吨	176	580	3178	4832	4963	5285	811.2
废轮胎	万吨			221.6	500.6	504.8	507	
废弃电器电子产品	万吨				348	366	373.5	
报废汽车	万吨				871.9	721.3	665.8	
废玻璃	万吨				850	860	1070	
废电池（铅酸除外）	万吨				10	12	17.6	

资料来源：1997 年原国家经贸委编写的《中国资源综合利用》《中国再生资源回收行业发展报告》及相关协会的统计资料。

面对来之不易的成果，应当特别称赞的是：改革开放 40 年来，为资源综合利用到循环经济发展做出了持续贡献的各级各类劳动者们功不可没，值得致敬！

二　立足当前，直面挑战

在回顾前瞻之际，为发展我国的资源循环利用事业，需要对存在的主要问题有所认识：

第一，在生态文明建设进程中全面强化了人们的环保意识，但对节约与合理利用资源的意识尚未同步提升，部分人甚至把节约当作落后和保守，各种资源浪费现象仍然较为严重。

第二，本领域源头的行业规划和过程的调控规范亟待完善；近年来国家相关主管部门出台了不少规划、指导意见、行动方案及办法等，但单项指导意图明显，缺乏体系化引领，难以发挥应有的指导作用。

第三，相关管理部门统筹协调方式反复变化，已形成的有效机制坚持不够，行业、企业频于被动应付，循环经济发展缺乏稳定持续的支持。

第四，产业政策尚不连贯，科技创新及技改政策措施滞后，财政、金融优惠支持政策起伏收缩，对骨干企业激励扶持不够，相关行业小、散、弱的不适应状况依然存在。

第五，缺少有约束力的法律规范保障。《清洁生产促进法》对产业资源综合利用领域的规制作用有限；《循环经济促进法》多为原则性规定，缺少实践可操作性，执行落地难，面临着结构和内容的较多修订；资源循环利用行业企业呼唤依法管控和按章规范。

三　展望前景，深化改革再出发

为此，新时代必须立足中国实际，坚持生态文明和绿色发展理念，实事求是地提高思想认识，持续改革完善，及时采用强有力的行动策略：

一是确立节约资源、综合利用、循环利用、物尽其用的基本理念，进一步明确指导思想，形成推进循环经济发展工作的基本共识。明确这是适应中国国情和文明继承，贯彻节约资源、保护环境基本国策的中国特色之路。

二是各级政府有关部门牵头协调，充分发挥政府引领指导市场主体的功能，在市场经济体制作用下，充分利用市场手段和方式，为行业内的企业营造采用新技术新工艺、促进优胜劣汰、提高服务质量的优良发展环境。

三是对于循环经济这一具有社会公益性质的领域，相关扶持优惠政策应当一以贯之，适度修改调整，构成系统化规范化的政策体系，以形成激励、惩处等政策实施的合力，为循环经济的持续稳定发展提供支撑。

四是依靠科技进步，建立科技人才引入机制和多元筹资协同研发方式，增加科技资金投入，推进本领域持续的技术创新，不断寻找和开拓新的利用功能和新的有效回用方式，使废弃物资源回收更为充分，再加工更为环保有效，绿色产品更加适合市场及民众需求。

五是完善我国资源循环利用产业法规体系，以产品生命周期为参照，构建资源循环利用产业监管制度体系，有效调控废弃物资源回收利用产业链各环节的运行拓展；全面修订《循环经济促进法》，研究制定《废弃物资源再生利用法》；分层次完善资源循环利用产业经营管理的系列规章，制定和执行科学的技术标准；分别对加工环节及产品严格规范，进而推动资源循环利用产业依法有序稳定发展。

从新中国成立后50年代起步的废旧物资回收、80年代以来的再生资源回收利用、到进入21世纪生态文明新时代，我国实践已经充分证明，发展循环经济在节约自然资源、保护生态环境、拓展社会就业、采用先进科技、形成规范运行的产业链与价值链等方面，具有不可替代性和广阔的发展前景。生态兴则文明兴，生态衰则文明衰。面向2035年，必须坚定地走生态良好的文明发展道路，制定正确的资源战略，促进资源永续利用，发展循环经济，让绿色装点中国。

40年回望，感悟颇多；参与其中，言之亦切。提出问题供分析探讨，不当之处请予指正。

坚持走循环经济转型之路的研究与实践*

2018 年是安徽研究推动循环经济 20 周年，循环经济是改革开放、创新发展的成果，是落实五大新发展理念的有效实现形式。

2016 年 8 月 22 日，习总书记在青海考察时强调，"循环利用是转变经济发展模式的要求，全国都应该走这样的路。"

2018 年 7 月 16 日，中国与欧盟在北京签署了《关于循环经济合作的谅解备忘录》，明确提出中欧同意将向循环经济转型作为合作重点。

这个合作重点完全符合习总书记系列重要讲话精神，做好了必将推动经济社会良性循环发展。

1998 年 3 月 15~31 日，上海市计委率团赴德国考察环境保护，首次引进循环经济理念。

1998 年 7 月 15 日，我在省计委召开的安徽省可持续发展行动纲领专家论证会上提出，安徽要注重研究和发展循环经济。省计委把讲话录音整理印发〔1998〕807 号文件。

2007 年 6 月 26 日，我向马凯同志汇报循环经济工作时，他说："你为全国循环经济的发展做出了突出贡献。"

回顾我们研究推动循环经济的历程，就是从实际出发，坚持不断转型的过程。下面从六个方面进行阐述。

一　提高政治站位

安徽省委宣传部请专家评审，决定省循环经济研究院为安徽省十大重

---

* 季昆森，安徽省循环经济研究院院长。

点智库之一，社会组织仅此一家。省科协研究确定省循环经济研究会为省直 155 个自然科学、交叉学科学会、协会、研究会中唯一的科技创新高端智库。

省循研会成立之初我们就提出，必须解决好两个转变：一是转变角色；二是走好群众路线。

我们坚持理论研究、广泛宣传、实际推动、思想工作四者并举。最难的是实际推动，务求实效。我们联系、帮助、指导的典型有 500 多个，突出的有 70 多个。

我省的循环经济工作得到了各级领导的关心、重视和大力支持。近 40 位党和国家领导人做过重要指示或重要批示，50 多位正省、部级领导同志做过重要指示或重要批示。

二　保护生态环境

习总书记强调，保护生态环境就是保护生产力，改善生态环境就是发展生产力。

1996 年 12 月，国家环保局正式批准池州全地区为中国第一个国家级生态经济示范区。

2000 年 2 月，我和部分全国人大代表、省人大代表，到池州调研国家级生态经济示范区建设情况，提出了一个新的创意：良好的生态环境是重要资本，进行生态环境资本运营。2001 年 4 月，到淮北市调研采煤塌陷区修复治理情况。给我很大的启示，不仅良好的生态环境是资本，对中等的、比较差的，甚至有些遭到破坏的生态环境，在治理改造的基础上进行科学利用，也可以成为生态环境资本。于是，我进一步提出经营生态环境的新创意。

2001 年 10 月 17 日，我到石台县深山区新中村调研，村委会主任尤元亢在汇报工作时讲，发展农村经济有两个关键问题，一是发展农业循环经济，二是搞好生态环境资本运营。

2003 年 6 月，我请教了一位在德国学习循环经济的同志，安徽如何发展循环经济？他回答说，从处理垃圾入手。我说，垃圾是要处理，但第一要务要发展经济，否则老百姓不答应。

2003 年 11 月 19 日，我在全省自然生态保护会议上提出，把自然界生态良性循环的规律引入整个经济运行的大系统，社会运行的大系统，按生态良性循环的规律来调整思路，组织指导经济社会的协调运行，这是更高层次的循环经济。

2004年11月18日，在我孙女儿出生100天的全家聚会上，当我谈到循环经济时，我的小外孙——一个6岁9个月的小学二年级学生说，"循环经济就是保护环境的经济。"大人们听了这句话都认为讲得好。

2005年9月中旬，我到新疆昆仑山脚下和田地区考察，兵团的同志要我讲循环经济。我提出，运用钱学森教授提出的"沙产业"理论与经营生态环境的理念，按照"多采光，少用水，新技术，高效益"的路子去实施。

2011年12月7日，国家行政学院邀请我为西藏、青海班做循环经济报告。我讲了四个问题：一是要不要发展循环经济；二是能不能发展循环经济的问题；三是怎样发展循环经济；四是提高资源产出率，深入推进循环经济。

2012年3月20日，我应邀在甘肃省主要干部研讨班做报告时提出，甘肃省大力发展循环经济不仅在中国，而且在世界上也是大突破，大创新。

三　着力解决的实际问题

习总书记强调，实施创新驱动发展战略，必须努力解决我国发展面临的现实问题。

2003年11月30日，我将循环经济概括为"四个更"：循环经济是追求更大经济效益，更少资源消耗，更低环境污染和更多劳动就业的先进经济模式。

"四个更"是相互联系、相互促进的，不是对循环经济概念的盲目扩展，而是破解"转型"与"加快"的矛盾，在"转型"中"加快"，在"加快"中"转型"的有效基本路径。

2004年3月，省发改委一位从美国考察环保的同志回国后谈到，美国密歇根州立大学华裔教授讲，国内介绍循环经济时讲"3R"，他们感到"3R"原则不够用了，提出第四个"R"－"再思考"（Rethink）的原则。

当然，"减量化、再利用、资源化"与"再思考"不是一个层面的概念，前"3R"原则属于物质技术层面，"再思考"原则属于哲学思想层面。"再思考"原则符合习总书记强调的四个"永无止境"的思想。

2006 年 6 月 26 日，我在省循研会成立大会上提出，循研会的指导思想是"坚持自主创新，注重实践，注重应用，注重解决实际问题，为政府决策服务，为企业服务，为基层服务，为会员服务，为全民创业服务"。

2009 年 8 月 28 日，在"壮大循环经济 推进创业就业"论坛上，省委原书记卢荣景指出，季昆森同志对循环经济提出"四个更"很有实际意义。

省人大原主任孟富林说，昆森同志在指导思想中提出了"五个服务"，即为政府决策服务、为企业服务、为基层服务、为全民创业服务、为会员服务。他们绝不是单纯地从理论方面搞些调查，而是突出强调服务，特别是为经济工作服务。当然不单是循研本身，也包括循研会成员单位都做了大量的服务工作。

实践表明，只要符合"四个更"的原则，符合"安全、优质、健康、环保、节约、高效"的要求，也就符合循环经济的原理。

2004 年 4 月 29 日，在黄山市建设生态市报告会上，我按"4R"原则，分别阐述如何发展循环经济型生态农业。

2005 年 1 月 5 日、7 月 30 日，《农民日报》《人民日报》发表了我撰写的《循环经济在农业上的应用》一文。

中央发〔2006〕1 号文件专写第 10 条"加快发展循环农业"，采纳了我提出的贯彻"减量化"原则要推行"九节一减"（节地、节水、节肥、节药、节种、节电、节油、节煤、节粮，减少从事第一产业的农民）的前七节。中共中央在 2007 年、2008 年、2010 年、2012 年四个中央 1 号文件中都强调要加快发展循环农业。

2006 年元月上旬，我在霍山县调研建设社会主义新农村时，强调要大力发展农村生产性服务业。提出了产前、产中、产后服务的具体思路。

2011 年，我将发展循环农业的意义概括为民生之本、生态之根、健康之源。

2013 年 5 月上旬，我在休宁县调研时，首次提出发展"多功能大循环农业"。

发展多功能大循环农业的出发点和落脚点是落实习总书记系列重要指示精神的综合性方案。

多功能大循环农业具有九大功能、十大效应。它突出了生态环保、突出了污染防治、突出了绿色有机、突出了健康安全、突出了节约高效、突出了民生之本。

2014 年 3 月 9 日，习总书记参加安徽代表团听取全国人大代表审议政府工作报告时，听了黄山市多维生物集团董事长陈光辉代表汇报发展多功能大循环农业的情况，非常高兴地说，这种模式值得好好总结，逐步推广。

2014 年 9 月 12 日，李克强总理将我撰写的关于《多功能大循环农业》与《提高资源产出率》两篇文章批示到国家发改委研究。国家发改委与农业部已于 2014 年 11 月 19～21 日，在安徽阜阳市召开全国首次农业循环经济现场会进行贯彻。

2014 年 11 月 28 日，汪洋同志做重要批示："昆森同志长期致力于循环经济研究，颇有建树，其提出的'发展多功能大循环农业'的观点，富有建设性。"

李锦斌书记在省十次党代会报告中明确提出："积极发展多功能大循环农业"，李国英省长在十三届一次省人代会《政府工作报告》明确要求"以发展多功能大循环农业为重点，加快农业示范园区转型升级。"

十九大以来，省循研院、循研会积极参与三大攻坚战。我们认真总结了多年来在这三个方面做的大量工作，还确定了四项重要工作。这四个方面都是突破性技术，具有广泛应用前景。

2010 年 9 月 16 日，我在江北产业集中区调研时，提出平行转移的观点，这是我多年来经过反复思考提出来的。要突破梯度转移这个习惯思维方式，把梯度转移与平行转移结合起来。

2004 年 11 月 26 日，我到阜南县调研科协系统抓的科技兴农典型，发现不少典型基本符合循环经济原理。2005 年 12 月 3 日，阜南县委、县政府邀请我做循环经济报告。2016 年，我把阜南县广大群众长期推行循环经济与脱贫攻坚的实践，县委、县政府领导关于"阜南县正因为穷才搞循环经济"的深刻认识及我们长期帮助指导的实践，总结写成《发展循环经济开创脱贫攻坚新路》一文。2016 年 9 月，汪洋、李锦斌、李国英三位领导对这篇文章都做了重要批示。国务院扶贫办将此文专门编发了一期简报上报下发。

2018 年，中组部组织二局与中国扶贫开发协会在全国举办四期大学生村官培训班，我应邀在第一期、第四期均作首场报告，并向大学生村官赠送《多功能大循环农业》系列科普纪录片。

2010 年 1 月 5 日，我应邀给省级老同志讲循环经济、绿色经济、低碳经济、生态经济与环境经济的关系。我根据钱学森教授的"大跨度联系"

思想，将上述五个经济的关系归纳为三个要点。

一是这五个经济都属于绿色经济，只不过是绿色的程度不同，有的是浅绿色，有的是中绿色，有的是深绿色。对环境污染问题进行末端治理是浅绿色，在源头采取根治的办法是深绿色，循环经济就属于深绿色。

二是这五个经济有的具有可操作性，有的缺乏可操作性，而循环经济已形成一整套比较成熟的原则、思路和操作方法。

三是低碳经济是循环经济的重要组成部分。循环经济的原则、思路和操作方法基本上适用于绿色经济、低碳经济和生态经济。

弄清这五个经济的关系，可避免形成"各讲各的道理，相互分割"的局面，更好地整合目标、集中力量，加大实施力度，形成整体优势，达到事半功倍的效果。

四 循环经济要本土化

2005年6月我提出，循环经济要本土化，只有解决中国的实际问题才有生命力。

2005年7月20日，我应邀在青海省作循环经济报告时提出，在发展循环经济面前，中国的东部地区、中部地区、西部地区站在同一条起跑线上。青海的同志认为，这个观点很有用，帮助他们解决了一些片面认识。

实践表明，西部地区的一些省、自治区发展循环经济的认识高、举措实、成效好。不仅在国内，而且在国际上，也展示了中国的成就、中国的智慧。

2016年8月22日，习总书记在青海柴达木盆地视察时强调，"发展循环经济是提高资源利用效率的必由之路"。

2011年，我通过调查研究和反复思考，对如何提高资源产出率，用大量典型实例阐述了八个关系。

2012年3月，我们适时提出了从"提高资源产出率"提升到"资源产出倍增攻坚"试点行动。

我们针对工业、农业等不同行业如何深入推进循环经济，提高资源产出率提出了具体的实施意见。并提出围绕"四个提高"深入探索：1. 提高资源产出率；2. 提高废弃物变废为宝后资源循环利用产出率；3. 提高污染物化害为利后资源再生利用产出率；4. 提高人自身资源产出率：智慧、潜能、技能、积极性、主动性、创造性、科技的进步、团队的合力、人醒悟的程度。

界首市从 2005 年开始，建立田营循环经济工业园，组织多方面专家进行科技攻关，破解炼铅污染难题，把一个濒临灭绝的行业发展成一个重要的支柱产业。先后被国家发改委等六部委确定为国家级循环经济试点单位、国家首批"城市矿山"示范基地、全国循环经济示范城市等。与 2006 年相比，2016 年界首市田营铅循环经济工业园同等物质量产值提高 6.9 倍，同等物质量税收提高 8.8 倍。

2005 年 3 月，在铜陵市的一次专家论证会上，有位专家对我说，循环经济是个好理论，但要运用到实践中却很难。我回答说，我经过几年的实践、调研和思考，总结提出了"四个入手"。

一是 2003 年 10 月 18 日，时任安徽省省长王金山邀请我在省政府学习会上做循环经济报告，省长亲自主持，我在报告中提出，从污染治理入手，把污染治理与加快发展结合起来，变单纯的赔钱为既要花钱又要赚钱。

二是 2004 年 2 月 13 日，时任安徽省委常委、组织部部长朱成林邀请我，给省委组织部干部作循环经济报告时提出，从加快建设节约型社会入手，突出减量化原则，在"节省"二字上下苦功夫，从省中求好，省中求快，省中求多，实现多快好省的辩证统一。

三是 2000 年 2 月到 2001 年 4 月，我通过深入调研反复思考后提出，生态环境是重要资本，从生态修复入手，变单纯的恢复治理生态环境为经营生态环境，实现生态效益与经济效益、社会效益的共赢与提升。

四是 2004 年 4 月 29 日，我在黄山市建设生态市动员大会上提出，从发展循环经济型生态农业入手，这是转变农业增长方式，发展高产、优质、高效、生态、安全农业，建设社会主义新农村的重要途径。

一个机遇：2004 年 11 月 11 日，我在宁国"县域经济论坛"上提出，发展循环经济不仅转变了经济发展方式，而且带来了新的发展机遇，催生、发展了一系列符合科学发展观的新产业。

"九大产业"是：开始提出环境产业、废弃物再生利用产业、节能降耗产业、可再生能源与新能源产业、健康产业、服务经济六大产业，后来增加创意经济、低碳经济、甲醇经济为九大产业。

2006 年 8 月 7 日，在长三角循环经济博士科技论坛上，同济大学诸大建教授对我说，你上午的报告有两块填补了国内的空白，一是经营生态环境，二是你概括的"四个入手、一个机遇、六大产业"，国内还没有人这么概括，概括得很准确。

2006 年 8 月 28 日，《人民日报》发表了我的文章《循环经济带来新的产业机遇》。

五　实施创新驱动战略

习总书记强调，创新是引领发展的第一动力。

1966 年，美国经济学家鲍尔丁最初提出宇宙飞船理论即循环经济，就是创新的产物。

我们一直强调循环经济是对传统发展方式的一场深刻革命，必须坚持不断创新。

通过对全省大量循环经济典型的分析研究，我发现一个规律，这些典型的成功不单纯是推行循环经济的结果，而是循环经济、创意经济、服务经济融合发展的作用。2006 年 8 月 29 日，我在临泉县报告时提出，融合循环、创意、服务三个经济，可以实现经济、社会、生态三个效益的共赢与提升。《光明日报》等多家媒体刊登我撰写的《融合三个经济 提升三个效益》一文。

十二届全国人大代表、省循研会副会长、安徽天方集团董事长郑孝和发挥石台县山区生态环境好，茶叶资源多、品质优的优势，发展茶产业的过程，就是"融合三个经济、提升三个效益"的成功典范。

十二届全国人大代表、省循研会副会长、黄山市多维生物公司董事长陈光辉长期深入山区探索实践，用 14 年时间进行农业新方法、新技术、新模式的研究，探索出一条既要绿水青山，又要金山银山，适合山区农民精准脱贫、实现小康的新路子。因成效突出，"多维模式"被国家发改委列为 60 个发展循环经济典型案例之一，向全国推广。还被国家发改委推荐到联合国环发大会做主题发言。

六　克服困难，积极主动工作

习总书记强调，幸福是靠奋斗出来的。奋斗是艰辛的，艰难困苦、玉汝于成，没有艰辛就不是真正奋斗。

省循研会、循研院作为群众性社会组织，没有指令性硬任务，但大家自我加压，自觉革命，自找苦吃。虽然工作人员少，自我安排的任务多、要求高、节奏快，而办公条件却很简陋，经费短缺，大家发扬艰苦奋斗、勤俭办事、勤奋工作的精神，不叫苦，双休日、节假日经常加班加点。

《循环经济促进法》第三条明确规定，发展循环经济是国家经济社会发展的一项重大战略。是生态文明建设的根基，是贯彻习总书记提出的"绿水青山就是金山银山"科学论断的有效实现形式。从生产、流通、消费各环节，全过程，全社会，从总体上、全局上、体系上来谋划发展循环经济和生态文明，为建设美好安徽，实现中华民族伟大复兴的"中国梦"做出应有的贡献。

中国循环经济发展的
理论基础与创新[*]

　　总结我国循环经济发展，有着不同角度：政府部门总结主要是管理角度，行业协会总结主要是工作层面，学者总结主要是理论视角，只有这样才能相得益彰。"循环经济"一词，虽然是从国外翻译而来，却有着地地道道的中国内涵；我国发展循环经济，也有着深厚的理论和实践基础：劳动人民循环利用物品的习惯是文化基础；追求生生不息和社会经济可持续发展是思想基础。我国推动循环经济的发展，有一个内涵不断扩大、思路逐步清晰、重点与时俱进的过程，也是基于中国国情和发展阶段的理论探索、认识升华和模式创新。本文主要从自然科学和哲学社会科学及其创新层面，讨论我国的循环经济发展。

一　生生不息：从效仿食物链到延伸产业链

　　生生不息是我国循环经济发展的内生动力和哲学内涵。生生不息是中华民族自古以来的认知。循环经济所隐含的思想古今中外皆有，不仅出现在哲学、宗教或文学作品中，也体现在人们的日常生活中，随着时势变迁、社会发展和技术进步，从必然王国走向自然王国。

　　自然循环是循环经济之师。世界范围内的生态农业案例不计其数，很难考证哪个地方出现得更早更好。《从摇篮到摇篮》一书中介绍了4000年前的中国农民，就有循环利用废物的农业实践。据经济史学家考证，"桑基鱼塘"在990年前的唐朝业已有记载。中国传统文化认为，人是自然界的产

　　* 周宏春，国务院发展研究中心社会发展研究部室主任。

物，人在天地间生存、运动。生生之谓易，成像之谓乾，效法之谓坤，通变之谓事，《系辞》如是说。"道法自然"是《道德经》中的名言，本意是人的经济活动要效法自然规律。本人曾将循环经济内涵概括为15字：效仿食物链、延伸产业链、提升价值链。作家哲夫认为："此链，藏有先天易数，源起于自然，含天地之玄机，衔阴阳之变化，适万物生长之道。"这个链，既有东西方智慧，也有古今人聪明，反映了日月经天以久，江河行地以远，万物生生不息，社会可持续发展。

问题是时代的口号。破解工业革命以来的资源环境瓶颈，发展循环经济是一条有效途径。随着科学技术的快速进步，生产力水平不断提高，人类的物质财富得到极大丰富；人们产生了一种错觉，以为地球是"取之不尽，用之不竭"的宝藏。事实上，工业革命以来，地球资源有限性和人类需求无限性的矛盾日益尖锐，人们纷纷寻求对策以破解这一矛盾。1965年5月10日，美国学者肯尼斯·鲍尔丁在《地球像一艘宇宙飞船》一文中提出，地球是茫茫宇宙中的一颗行星，是一艘"宇宙飞船"，人是这艘宇宙飞船上的"乘客"。在这艘宇宙飞船上没有"取之不尽"的资源，只有在人数很少且技术不发达时，地球才能被看成一个无穷大的资源库；人必须发展循环经济，循环利用船舱里的废物，经济再生产主要依赖于资源再生产；人不能随意污染环境，不能把地球看成下水道或垃圾场。鲍尔丁因而被我国学者认为是循环经济概念的较早提出者。

英国环境经济学家大卫·皮尔斯和图奈，1990年出版了《自然资源和环境经济学》一书，第二章是"循环经济"；在该章构建了资源可持续管理的三条准则：一是可再生资源开采量不能大于其再生能力，二是耗竭性资源的减少不能超过新增的探明储量，三是排放到环境中的废物不能大于环境同化能力。耗竭性资源的开采应由可再生资源的增加来补偿以保持可持续性；毕竟矿产资源一旦遭到开发，就无法避免被采光的时候。鉴于资源存量的有限性，人的生活达到一定水平后就要提高效率以减少资源耗竭、开发使用可再生资源。资源循环利用可以减轻环境压力，规模化的循环利用则要资金投入，且对环境同化能力产生额外负担，即再生资源产业发展产生的二次污染会导致环境同化能力的下降。

西方经济学著作中有关废物循环利用的论述众多，《马克思恩格斯全集》中论述废物循环和环境问题的有近百处。虽然工业革命以来国外提出循环经济概念的时间早于我国，我国的循环经济实践却引起了国际组织和外国政府的重视，并确定为与中国合作的重点领域之一；也为国内外学者提供了鲜活的案例，推动了全球循环经济发展和研究。参加中国环境和发展国际合作委员会（CCICED）的外方专家，通过与中方专家的合作深化了循环经济理论研究，并将中国循环经济的理念和案例推向了世界。

资源节约和综合利用，是我国经济社会发展中的一项长期指导方针。中国历来人地矛盾突出。虽然我国有着广袤的国土，人口却主要分布在"胡焕庸线"以东，这种格局在明清以来一直没有大的变化，因而需要资源的高效利用。虽然我国循环利用资源历史悠久，出现"循环经济"这一词汇时间却不长。1994年，《再生资源研究》首次出现"废弃资源的资源化，其本质是自然资源的循环经济利用"的提法。再生资源产业也是中国21世纪议程优先项目之一。

中国循环经济的快速发展，是几任国家领导人重视的结果，也有自上而下的特征。2002年10月16日，江泽民总书记在全球环境基金（GEF）第二届成员国大会讲话中指出："只有走最有效利用资源和保护环境为基础的循环经济之路，可持续发展才能得以实现。"中国环境与发展国际合作委员会（以下简称国合会）、全国人大环资委、环保部相关领导和专家对中国循环经济的发展功不可没。国合会2003年启动了循环经济的相关研究。2004年10月国家发改委召开第一次全国循环经济工作会议，2005年7月《国务院关于加快发展循环经济的意见》出台，循环经济也列入"十一五""十二五"国民经济和社会发展规划。以国家和地方规划推动循环经济的发展，是中国特色之一；与鲍尔丁在《地球像一艘宇宙飞船》一文中提到中央计划经济（Centrally Planned Economy）道理相通。

党的十八大以来，"循环经济"一词逐渐由"循环发展"所替代。2013年，中共中央国务院《关于加快推进生态文明建设的意见》出台；其中提出，生态文明建设途径是绿色发展、循环发展、低碳发展（简称"三个发展"）。很多学者认为，三个发展的内涵相近，本质均要求节约资源、保护环境，可以用绿色发展来替代。本人参加了中国工程院承担的中央财经领导小组办公室的绿色发展课题的主报告研究起草，专家意见也有所体现。党的十九大将绿色发展提升为绿色发展理念，成为新发展理念之一；"循环发展"一词出现频率逐步下降，有专家甚至认为中央不提循环经济了，其实是不准确的。

与此对应，"十三五"期间的循环经济国家规划，被中央十八届五中全会决定明确为《循环发展引领计划》。国家发改委等部门发布的《循环发展引领计划》，从概念到行动、从总体思路到推进重点，均发生了明显变化，主要是从行业、企业层面的循环经济拓展到行业和企业之间，并增加了共享经济的内涵，相关部门和学者已有解读，这里就不重复了。

二 利用最大化：从资源循环利用到商品和服务共享

利用最大化是循环经济的本质特征和经济学内涵。利用最大化是一个经济学概念，既包括资源利用效率最大化，也包括商品和服务利用最大化。推进资源循环利用、发展循环经济的目的或效果之一是环境保护，可以一举多得。

资源综合利用，一直是我国资源节约的主要手段。唐朝时的"桑基鱼塘"、20世纪50年代的废旧物资回收利用以及21世纪以来的循环经济发展，目的均是提高资源效率。1958年7月，周恩来总理在原物资部的一份报告上批示："实行收购废品，变无用为有用；扩大加工，变一用为多用；勤俭节约，变破旧为崭新。"改革开放以后，方毅副总理推进的攀枝花钒钛、甘肃金川镍矿、内蒙古包头稀土的综合利用，是工业循环经济的先行者。

试点先行，是我国推动循环经济发展的典型做法。自2005年起，国家发改委等六部门启动两批178家单位的循环经济试点。各省份也开展了省级试点，133个市区县、256个园区、1352家企业被确定为试点单位，以探索企业、园区、社会三个层面的循环经济发展模式。"十二五"期间，国家发改委等部门实施矿产资源综合利用示范基地，资源综合利用"双百工程"，园区循环化改造，城市矿产示范基地，再制造产业化示范，再生资源回收体系示范，餐厨废弃物资源化利用和无害化处理试点，农作物秸秆综合利用等八大工程。国家发改委、教育部等部门2011年启动第一批9家、2013年第二批5家循环经济教育示范基地试点，向社会开放，进行循环经济知识和实践普及。总之，国家通过法律法规、政策优惠等措施，约束或激励企业开展资源综合利用和"工业三废"吃干榨尽，促进了我国循环经济的快速发展，形成了众多的发展模式。

循环发展是对发展模式而言的。为进一步推动"十二五"循环经济的发展，国家发改委借助科技部项目资助，研究中国循环经济发展模式，并提炼出60个循环经济模式。这些模式虽未正式发布，却具有一定的典型性，也凝聚了中央、地方和企业的心血。事实上，我国循环经济发展模式中隐含的科学原理或经济学理论，均可以从农业循环经济模式（桑基鱼塘、稻鸭共生等）中找到雏形。

需要提出的是，"废物是错置的资源"是有条件的；尽管这一说法被许多循环经济学者看成至理名言；一些地方的循环经济规划也追求产业链的完美延伸。事实上，有些物质是能循环利用的，有些则不能。能否工业化循环利用的物质大致分三类，第一类物质循环，在技术上可行，在经济上合理。如各种废金属、塑料、纸张、玻璃、催化剂、水等。第二类物质循环，技术上可行，但经济上不一定合算，如一些建筑材料、包装材料等。第三类物质循环，几乎无法实现，如涂料、油漆、杀虫剂、除草剂、防腐剂、防冻剂、炸药、燃料、洗涤剂等。在推进循环经济发展中，对上述三类物质的循环利用应区别对待：第一类物质应尽可能得到最大化的循环利用；第二类物质应在技术可行和经济合理的前提下，尽可能使企业有利可图；第三类物质，则要研究代用品或替代方法，如用生物法替代杀虫剂等。

利益驱动，是企业循环利用自然资源的持久驱动力。如果资源循环利用不能产生经济效益，就要政府的政策扶持，即政府要通过税收优惠和减免等措施，激励企业开展废物综合利用，毕竟企业不会做亏本的事情。从这个意义上说，在推动循环经济发展的初期，由于基础设施、技术支撑、公众意识等方面的原因，国家制定相关财税政策激励企业发展循环经济是非常必要的。须知，资源循环利用也是有顺序的：首先应当减少废物的产生；其次是重复利用（闲置品的回收利用属于这个范畴）；接着是经过再制造或智能修复后加以利用；有些废旧商品不能利用了，零部件还可以拆解下来加以利用；再接着是资源化，如废旧轮胎破碎后用于公路建设辅料；最后是无害化处理处置。一般而言，先是物质循环利用，然后才是能源化利用。

总之，循环经济是一种发展，是用发展产业的办法破解资源约束和环境污染矛盾。是一种新型发展，是从传统线性增长转向循环型增长，从粗放型增长转向集约型增长，从依赖自然资源的增长转向依赖自然资源和再生资源的增长，从重视发展的数量转向发展的质量和效益，重视生产方式和消费模式的可持续性。是一种多赢的发展，在发展中保护，在保护中发展，在提高资源产出率的同时，更加重视人与自然的和谐，兼顾发展效率与公平的有机统一、兼顾先富起来与共同富裕的有机统一。正是有了发展的内涵，循环经济才得到我国各级政府的高度重视；正是有了新型发展的内涵，才成为生态文明建设途径，生态文明建设也才有了抓手，才能落到实处；正是有了多赢的内涵，才能破解工业化城镇化中的资源约束趋紧、环境污染严重、生态系统退化的矛盾，以较小的资源环境代价完成我国工业化、城镇化的历史使命，早日迈向生态文明新时代，实现中华民族伟大复兴的"中国梦"。

三 提升价值链，仍需破除认识和制度障碍

发展循环经济，企业是主体，因而应当发挥市场配置资源的基础性作用；发展循环经济也可以收到保护环境的效果，因而具有公共物品性质，离不开政策激励和约束。产业园区是循环经济发展的重要空间载体，是产业集聚的主要场所。以下，我们将对园区布局、产业链延伸、企业策略以及制度安排等方面，进一步加以讨论。

循环经济空间布局，既要考虑发展基础，也要考虑发展趋势，更要有创新性。没有"放之四海而皆准"的生态产业园模式。一个空间可以看成一个生态系统，不能到处规划布局产业链，而要遵循生态规律和经济规律。在产业规划和园区设计中，既要以"局部反映整体"，也要注重细节决定成败。无论如何研究生态学文献，都找不到生态产业园中的组成要素在生态学中的地位，因而需要创新性地工作，不仅要考虑单个产业链延伸，更要关注系统运行的持续过程。每一新的开始或新的产业连接均是一种新的创新，一个组织的再生产也是一种新的创新，一个组织的每个行为都是一个创新的机会。每个成功企业的内在要素都是相同的，但不像塑料花那样可以复制或批量生产；而失败的企业各有不幸。在进行空间布局和生态产业园规划时，不仅要采用系统论、信息论和运筹学思想，还要吸收混沌、突变论、自组织等新理念，将一个组织的生态特性尽可能应用到规划设计的战略、模式和运作层面，提供一个结构优化、市场拓展和产业联系的发展空间。

产业链延伸应当"适度"，并非越长越好；结构的作用更为重要。在自然系统中，食物链层级是非常有限的，而单靠一种方式或单一食物源也是非常危险的，因为正常物质循环一旦被打断，将导致物种的死亡或新的物质诞生。企业新生和死亡是极为正常的现象；只有对外部环境变化敏感并逐步适应，才能增加生存和发展的机会。当一个企业进入复杂的商业生态系统，就要自我调节以适应新的环境，并与其他企业形成共生关系，有计划有步骤地解决问题，确立核心价值和商业目标并为之努力。对一个生态系统而言，部

分的简单叠加不能形成整体，相互作用才能形成核心价值。生态系统的结构具有决定性作用，重视相互联系和结构远比重视部分更为重要。

生态园区中的企业，应保持原料来源和产品的多样性。生态学家卡逊曾指出，"自然的奇迹"之一是其难以置信的多样性。大多数生物群落存在功能冗余；企业产品的多样性及与时俱进，也十分重要。龙头企业带动作用极为重要。在园区，既要"龙头"企业，也要配套生产企业；既要竞争，也要共生共享。按照经济学原则，分工是提高效率的重要途径；较多的配套企业可以提高效率。《小的就是好的》一书揭示了其中的道理：一方面，更多的就业机会将会带来社会和谐稳定。另一方面，并非企业越多更好，一个国家的某个行业存在垄断企业，该行业的创新将受到抑制。

利用最大化，本质是成本节约。线性经济最终将被循环型发展模式所替代，因为线性经济产品生命周期的末端是污染物，循环经济则要"从摇篮到摇篮"，因而可以减少原材料和能源投入。任何一个生态系统都会追求能源和资源消耗的最小化，社会运行也不例外。将不同的生产环节连接起来，可以更有效、创造性地分享资源。产品租赁或共享模式是更高层次的循环经济，核心是抓住了人们需要服务而不必拥有产品的这一本质，而"再制造"为共享经济的发展创造了条件。对产业系统而言，弄清交易成本有时比延伸产业链更为重要。无论是再生资源的回收利用还是无害化处理，增加商业和社会成本是必然的；统筹废物流、发展智慧物流就显得十分必要，这也有助于降低商业和社会运行成本。

制度对我国循环经济的发展极为重要。企业行为是制度安排的结果。虽然我国社会主义市场机制日臻完善，但在循环经济发展和项目选择上，绝大多数企业仍会关注产业政策和政府导向。钻政策"空子"是企业本能，但关注政策并形成依赖"惯性"就会有风险，毕竟政策有时间和空间效应（如补贴会随着项目的实施而逐步取消，地区政策也存在差异化）。循环经济作为一种发展模式和思维范式，不仅可以用于产品开发、产品分析和生态设计，还可以通过技术选择、组织结构（如机制）、人员竞争（如教育）及法规建立，使产品和生产技术、工艺更为实用，使社会活动更为有效，使人们的幸福指数不断攀升，这也是企业低成本发展的必然选择。务实推进循环经济发展，要从制度上克服循环经济发展的桎梏；从某种角度看，废物对原料的替代，价格起着关键性作用。"废物变原料"是在企业内部完成，还是由其他企业来实现，企业应当权衡，并应该符合规模经济或经济规模的要求；企业间的"链接"项目，或园区中新增的"补链"项目，应按照价值规律在市场作用下自发形成，而不是"拉郎配"，这对于循环经济的健康、持续发展尤为重要。

总之，认识上的障碍、行为上的短视、制度上的缺陷等，对我国循环发展而言，均是亟待解决的问题。唯此，循环经济才能得到永续发展，才能以资源的可持续利用支撑我国经济社会的可持续发展，早日迈进生态文明新时代。

中国循环经济发展40年[*]

改革开放40年来，随着经济社会的发展，人均消费的物质产品日益增加，工业废弃物、家庭废弃物、各种服务业产生的废弃物、农业种植、养殖业的废弃物，废旧纺织品，生活垃圾、餐厨垃圾、包装废弃物等分种类增长了20～30倍不等。垃圾围城、河流黑臭、雾霾频发等问题的存在，使绿水青山变得千疮百孔，大好山河污浊不堪。

尽管近几年情况已经大有好转，但在环境形势依然严峻的背景下，进一步深化循环经济发展，加大生态文明建设力度，已经成为国家战略的更重要组成部分。

一 中国循环经济发展的历程

1. 资源导向型的古典模式阶段（1998年以前）

（1）固废资源利用为主导的古典循环经济阶段（1978年以前）

1978年以前，中国还处于农业主导的经济发展阶段，工业规模仍然不大，环境压力不是十分突出。相反，因为生产力落后，社会不能提供足够的资源生产足够的消费商品，民众和企业不得不利用一切资源，包括废弃物资源进行生产和生活。1978年以前国家还没有设立具有独立功能的环境保护机构，只有1973年成立的国务院环境保护领导小组办公室，负责环境管理的一些重大事务。

（2）废弃物循环利用转变为环境末端治理手段之一（1979～1998年）

改革开放后，经济增长速度加快，资源消耗量开始迅速上升，废弃物产

---

* 齐建国，中国社会科学院数量经济与技术经济所研究员，中国循环经济协会首席政策专家；
　王颖婕，中国社会科学院研究生院博士生；
　马晓琴，中国社会科学院研究生院博士生。

生量和排放量开始快速增加，环境保护问题日益显现。1992 年邓小平南方谈话将中国推入第二次工业化建设高潮期以后，中国开始真正进入了大规模工业化的轨道，即大规模生产、大规模消费、大规模排放废弃物，环境污染急剧恶化。这一时期的废弃物循环利用既是增加原材料供给的重要途径，也是减少污染物排放的重要出路。

为适应环境保护需求不断提高的客观变化，1982 年组建了国家城乡建设环境保护部，部内设立了环境保护局，这是一个部属局。到 1998 年环境保护局成为国务院直属机构并升格为国家环境保护总局（正部级）。在这一时期，环境保护逐步得到强化，资源综合利用在解决资源供给不足问题的同时，也成为环境末端治理模式的重要手段之一得到发展。

1989 年 12 月 26 日，我国颁布首部《环境保护法》，1995 年国家又正式出台了《中华人民共和国固体废弃物污染环境防治法》，上述两部法律的颁布执行，使得废弃物综合利用成为污染预防和环境保护的重要手段之一。

2. 资源与环境双导向：从古典走向现代的阶段（1998 ～ 2004 年）

（1）淮河治污零点行动的启发

"淮河治污零点行动"持续数年，以无果而告终，结果的不尽如人意，给环境保护管理当局带来的重大启示是，靠关停并转污染企业等行政强制手段治理环境，不仅不能建立长效机制，而且成本巨大，效果不可持续。

唯有从源头入手，推进清洁生产和资源高效利用技术，对生产和生活废弃物进行回收和循环利用，才能在经济增长的同时减少污染物产生和排放。因此，资源高效安全循环利用与环境保护和人民追求美好物质生活的诉求高度契合。到 2000 年前后，中国环保管理当局的这一结论性认识，促使其将环境保护手段转向了引导企业进行资源循环利用的循环经济发展模式。

（2）从末端治理走向清洁生产、推进循环经济的初级阶段（1998 ～ 2002 年）

针对末端治理的低效率高成本弊端，在 20 世纪 90 年代国内学者在引入清洁生产理念的基础上，又于 2000 年前后将德国和日本发展循环经济和循环型社会的理念引入中国。2002 年 6 月 29 日第九届全国人民代表大会常务委员会第二十八次会议，正式通过颁布第一部以预防污染为主要内容的《中华人民共和国清洁生产促进法》。原国家环保总局在推进清洁生产的同时，开始着手推进循环经济发展模式，在一些企业和工业园区进行试点。

与发达国家的循环经济主要聚焦于生活废弃物处理和综合利用不同，针对当时我国环境污染主要源于工业生产的国情，中国首先在重点工业领域从资源配置和企业布局开始，按照循环经济原理，构建基于产业链的物质循环利用联合体，按照减量化、再利用和资源化的原则，发展资源循环利用型产业体系。针对生活废弃物建设专业化的再生资源产业园区，在全国范围内掀起了循环经济发展热潮。

（3）资源与环境双导向的现代循环经济战略初步形成（2002~2004年）

进入2001年以后，我国经济发展逐步从亚洲金融危机中恢复以后，2002年开始重新进入新一轮高速增长周期，资源供给短缺与环境污染加剧同时出现，以废弃物为原料的再生资源价格持续走高，环境负荷日益接近超饱和状态。这一背景与循环经济理念引入并开始走入实践的时间点相契合，使得发展循环经济成为既可以增加再生资源供给，又可以从源头预防污染排放的有效路径，坚定了决策层将大力发展循环经济作为解决经济增长与资源短缺和环境污染之间日益尖锐矛盾的决心。

在当时国家环保当局的大力推进下，大力发展循环经济成为举国共识。2004年下半年，国务院决定，将发展循环经济的管理职能从原国家环保总局转移到国家发改委。管理体制和机制的这一转变，使发展循环经济进入国家核心战略之中，开启了中国循环经济发展新阶段。

3. 现代循环经济崛起的快速发展阶段（2005~2017年）

（1）发展循环经济由废弃物管理方法转向经济发展模式

2004年9月国家发展和改革委员会召开首届全国循环经济工作会议，提出以循环经济理念指导"十一五"规划的编制。2005年3月，时任温家宝总理在《政府工作报告》中提出把发展循环经济作为贯彻落实科学发展观，转变经济发展方式，解决资源与环境压力的措施。2005年7月，国务院正式发布了《关于加快发展循环经济的若干意见》，对中国发展循环经济的目标、重点领域、管理措施等提出了原则性指导方针。借此，循环经济在中国已经被确立为新的经济发展模式和重大发展战略中的一个重要环节。

（2）"十一五"规划：循环经济进入国家战略

2006年3月，全国人大批准的《中华人民共和国国民经济和社会发展第十一个五年规划纲要》专门设立发展循环经济一章，对"十一五"期间发展循环经济、建设节约型社会做出了全面部署。依据"十一五"规划纲要，国家发改委全面普及循环经济理念，组织在全国展开大规模试点示范工作，使发展循环经济从理念和理论研究转入大规模实践阶段。

（3）依法推进循环经济发展

2008 年 8 月 29 日，十一届全国人大常委会第四次会议表决通过了《中华人民共和国循环经济促进法》。这是世界上第三部国家循环经济立法，也是发展中国家第一部促进循环经济发展的国家立法。

（4）制订循环经济发展专项国家计划

2012 年 12 月 12 日国务院常务会议专门研究部署发展循环经济。会议讨论通过了《循环经济发展战略及近期行动计划》，并于 2013 年 1 月公开发布。该计划提出了"十二五"期间国家发展循环经济的四大任务。即构建循环型工业体系；构建循环型农业体系；构建循环型服务业体系；开展循环经济示范行动。该计划还提出了完善财税、金融、产业、投资、价格和收费政策，健全法规标准，建立统计评价制度，加强监督管理，积极开展国际交流与合作，全面推进发展循环经济的保障机制。

（5）制订国家循环发展引领计划

根据党的十八届五中全会精神和《国民经济和社会发展"十三五"规划纲要》，国家发改委组织制订了"十三五"时期"循环发展引领行动"计划。提出了"十三五"期间引领循环经济发展的园区循环化改造行动、工农复合型循环经济示范区建设行动、资源循环利用产业基地建设行动等十个重大专项行动。与这些重大专项协同开展的国家重大科技研究项目也同时启动。直到 2018 年末，各专项都已经取得重大进展。

二　中国发展循环经济取得成效

1. 循环发展观念普及，中国理念引领世界

经过近 20 年理论研究和实践探索，中国已经形成了大力发展循环经济，实现绿色循环低碳发展，建设生态文明和美丽中国的思想体系。建立在这个思想体系基础上的中国发展道路，为广大发展中国家实现清洁发展，与发达国家携手应对气候变化，探索出了一条成功的道路。

通过自上而下和自下而上相结合的不断反馈探索，在中央决策层直接领导和推动下，通过普及循环经济知识、提升环境保护意识、建立健全法律制度、全面推进技术创新、试点推动示范引领、典型推广全面推进的中国特色发展道路，在压缩型工业化模式下，实现了快速增长进程中的持续转型，兼

顾了经济增长、节能降耗、保护环境多方面需求，实现了多方面共赢，对形成中国道路自信、中国理论自信、中国制度自信、中国文化自信做出了重要贡献。

2005年以来，经国务院批准，国家发改委等相关部门先后组织各类循环经济试点和示范，各省市也开展了相应的试点示范工作，涌现了一批循环经济典型单位、典型模式和典型经验。国家发改委总结和提炼了60个可复制、可推广的循环经济典型模式案例和八大类典型试点示范经验进行推广。依托试点示范带动，初步形成了以源头减量、过程控制、末端再生利用安全处置为特征的，覆盖工业、农业、服务业各领域，生产、流通、消费各环节，企业、行业、园区、社会等各层面的循环经济发展模式。

在近年我国加大对发展中国家工业化智力援助过程中，对广大发展中国家数以千计的处级以上公务员进行了循环经济专题培训。2008年国际金融危机以后，发达国家在所谓"再工业化"的结构调整中，高度认可我国经验并逐步接受我国循环经济理念。2016年，国际著名科学杂志《自然》以封面文章介绍循环经济，重点介绍中国循环经济发展经验，并承认从线性经济向循环经济转变是解决世界面临的资源安全问题的唯一途径，而中国的循环经济战略是弥合全球经济发展和生态保护之间矛盾的重要一步。

循环经济理论已经成为中国引进、消化、吸收、再创新、再输出的思想体系。

2. 开展试点示范工作，形成一系列先进模式

（1）企业循环经济发展模式

企业循环经济发展模式是指以单一或骨干企业为主，从生态设计和源头减量入手，优化过程控制和末端再生利用，重组企业内部各工艺和生产单元之间的物料循环，延长生产链条，构建物质循环利用和能量梯级利用网络，提高资源能源利用效率，减少物料和能源投入，减少废弃物和有毒物质产生和排放，提高企业竞争力的生产模式。

（2）园区循环经济发展模式

产业在园区内集聚发展已经成为中国工业化的生产力布局的基本模式。为了解决产业集聚发展带来的污染排放集聚问题，2005年以来，国家始终把"按照产业生态学原理构建园区循环经济产业链，实现存量循环化改造和增量循环化构建"作为发展循环经济的重点工作加以推进。经过10年推进，园区循环经济发展取得显著成效，污染集聚的问题得到了较大缓解。

（3）跨产业的农工服复合循环经济发展模式

2010 年以来，在国家示范指引下，各地都形成了一批将农业种植业、养殖业、农产品加工业、有机肥料制造、生物质能源利用、食品工业、建筑材料制造、旅游餐饮服务、康养服务业等产业集成发展的循环经济联合体。这种模式与新农村建设、特色小城镇建设等结合，或将成为未来农村和农业转型发展的一个大趋势。

（4）专业化社会废弃物资源再生循环利用模式

随着生活水平的日益提高，废弃电器电子产品、废旧汽车、废塑料、废橡胶、废纸、废旧纺织品、餐厨垃圾等废弃物成为环境污染的重要来源。过去对这些废弃物的处理方式以填埋为主，但随着城市化的发展，垃圾围城现象日益严重，居民环境意识不断提高，导致垃圾处理的邻避效应不断增强。对这些废弃物进行循环利用和安全处置，已经面临越来越大的压力。2005 年以来，在学习发达国家经验的基础上，中国探索出了利用"互联网＋"等技术建立废旧资源回收体系，建立专业化的城市矿产基地，专业化的城镇废旧资源安全处置与循环利用基地等模式。实践证明，这是处理和循环利用城镇低值废弃物的有效模式。

（5）再制造模式

再制造模式是产品或设备整体损坏后，利用高技术对设备受损工作面或零部件进行修复，使之重新具备原有使用功能或延长使用寿命的一种废旧资源再利用模式。再制造出来的零部件或产品无论是性能还是质量都可与原部件或产品媲美。目前再制造产业已经成为循环经济的高端产业，在全国各地都有布局。再制造产品也已经扩展到矿山机械、冶金装备、石油化工设备、交通设备、机电设备等所有领域。

3. 资源环境效益显著[①]，贡献气候变化应对

（1）资源节约效果明显

我国固废产生量结构正在发生变化，工业固废产生量已经开始下降，生活固废产生量上升。2015 年前后工业固体废弃物总产生达到高峰约 31 亿吨。通过发展循环经济，大量固废被循环利用，大大减少了填埋和焚烧量。2005～2018 年全国累计利用废钢约 14 亿吨，相当于节省各种原矿 45 亿吨以上。2005～2014 年，全国再生铜、再生铝、再生铅、再生锌四种再生有

---

① 本节数据均来自中国循环经济协会。

色金属 8085 万吨。相当于节省各种原矿 20 亿吨以上。2016 年全国综合利用大宗工业废弃物总量超过 20 亿吨，相当于节省各种原矿 30 亿吨以上。综合利用秸秆等农林废弃物 8 亿吨，养殖业粪便 21 亿吨。估计从废弃物中回收能源总量折合标煤超过 4 亿吨。

（2）环境效益突出

2016 年通过废弃物综合利用各种固体废弃物直接实现污染物减排总量估计超过 60 亿吨，中水回用超过 90 亿吨，脱硫脱硝和各种废气烟粉尘回收利用量超过 5000 万吨。对改善生态环境起到了至关重要的作用。从源头减少了对生态环境的破坏。

（3）对温室气体减排贡献巨大

对我国 2014 年循环经济发展的温室气体减排效果的初步测算表明，仅矿产资源综合利用、工业废弃物资源化利用、农业废弃物资源化利用、再生资源回收利用和垃圾资源化利用这五个领域折合 CO_2 减排量就高达 13 亿吨，相当于当年全国 CO_2 排放量的 12%，对单位 GDP 温室气体排放强度下降的贡献率达到 16%。通过资源循环利用减排其他五种温室气体达到 1.7 亿吨 CO_2 当量。由此可见，发展循环经济是减少温室气体排放、应对气候变化的重要手段和主要途径之一。

三　中国循环经济发展面临的问题

发展循环经济涉及产业组织形式变革、资源配置方式创新、资源价格体系及价格形成机制改革、环境保护标准、技术结构、管理体制、废弃物回收体系及其运行机制、废弃物产生者与循环利用者之间的利益关系、国家政策协调等方方面面，使各方面都适合循环经济发展要求需要相当长时间的调整。因此，循环经济发展过程中也面临着一些问题。

1. 长效机制尚待完善，制度需要继续创新

首先，《循环经济促进法》不是一部强制性的实体法律，与之相配套的具体下位实体法律和法规体系还不完善，政府支持发展循环经济的财政补贴和税收优惠制度还处于临时应对状态，没有形成相应的规范化制度体系。

其次，税收体系有待完善。由于我国资源使用费较低，导致初始资源价格水平偏低，从而影响了废弃物资源循环利用的比较经济效益。

再次，环境末端治理的倒逼机制还不完善。2018 年起，我国结束了企业免费达标排污的历史，开始实施环境保护税制度。但居民和非企业排放废弃物依然免费。目前针对居民和非企业收取的垃圾费只是垃圾清运费，而不是垃圾排放处理费。这种制度安排，导致废弃物处理和循环利用的成本补贴完全靠政府支付，而政府支持废弃物处理和循环利用的支出没有相应的法律给予硬约束。这就使得循环经济发展缺乏可靠的资金支持来源。

2. 发展循环经济成本增加，企业经济效益下降

中国经济发展进入了"新常态"，人口红利消失，劳动力价格增加，环境保护成本上升，导致循环经济成本增加。相反过去支撑经济增长的重化工产业和房地产业增长放缓，经济增长的资源环境硬约束越来越硬，经济增长速度进入下行通道，以石油和矿产品为代表的国际大宗商品供过于求，再生资源和产品的价格随之不断降低。从事再生资源循环利用的企业利润受到投入成本增加和产出价格下降的双重夹击，处境越来越困难，严重制约着循环经济发展。

3. 环境保护日益严格，市场竞争加剧

首先，环境保护的日益严格，导致废弃物资源再生利用的环境保护投资强度上升，废弃物转变为再生资源的环境成本日益增长，对循环经济产品的利润形成严重侵蚀和挤压，从事循环经济资源综合利用的企业生存环境变差。

其次，市场竞争加剧，导致循环经济产业链的风险日益加大。2017 年开始实施禁止"洋垃圾"入境政策后，境外废弃物资源的供给渠道被堵死，废弃物资源来源减少，直接导致国内再生资源加工制造产能过剩，市场竞争加剧，企业经济效益下滑。

4. 存在技术瓶颈，制约循环经济发展

循环经济作为一种新技术经济范式，它首先必须在技术上具有可行性，同时在经济上具有合理性和营利性。资源循环利用的经济效率往往取决于技术效率的高低。技术必须使循环利用废弃物比利用新资源具有相同的效益，循环经济才具有可持续性。目前，中国许多废弃物资源循环利用领域还存在着技术瓶颈，使得循环利用资源成本过高，制约着循环经济发展。

5. 政策落实不到位，影响企业发展

由于循环经济发展涉及全社会的各个方面，政府制定的循环经济优惠政策涉及政府的各个部门，牵扯许多利益主体，有些政策需要增加一些部门的成本，降低现行考核指标下的部门业绩，因此，一些政策在实践中难以落实，大大影响了循环经济主体企业的积极性。国家财政对循环经济的优惠政策缺乏法律约束，执行的随意性很强。

四　中国循环经济未来发展方向

1. 支撑生态文明建设

早在 2005 年，习近平在浙江省循环经济工作会议上就做出发展循环经济的论述，与"两山理论"和生态文明建设是一脉相承的。

党的十九大报告明确指出："中国特色社会主义进入新时代，我国社会主要矛盾已经转化为人民日益增长的美好生活需要和不平衡不充分的发展之间的矛盾。"

按照习近平对发展循环经济的论述，中国未来循环经济发展将会在"两山理论"指导下，在生态文明建设大战略中发挥重要的支撑作用。按照十九大报告提出的建设美丽中国的任务，未来循环经济发展首先要支撑绿色发展，建立健全绿色循环低碳发展的经济体系，推进资源全面节约和循环利用，实施国家节水行动，降低能耗、物耗，实现生产系统和生活系统循环链接。

2. 构建与循环经济发展相适应的制度体系

按照十九大报告提出的加快生态文明体制改革，建设美丽中国的战略要求，构建适合循环经济发展与生态文明建设需要的制度框架和法律保障，是未来循环经济发展的重要依托。因此，修改和完善循环经济促进法，继续完善和执行环境保护税法；建设和完善生产者责任延伸制度；建立有法律约束力的国家财政税收支持循环经济发展的优惠制度，降低政策执行的随意性；完善针对大宗废弃物循环利用等方面的专项法律和法规制度；建立具有法律约束力的全民参与制度；等等，是未来制度体系建设的大方向。

3. 全面推广示范成功的循环经济发展模式

按照习近平在浙江省循环经济工作会议上所讲的那样，将循环经济的发展理念贯穿到经济发展、城乡建设和产品生产中，对过去十几年发展循环经济实践中形成的成功模式进行总结、完善和提升，在未来经济发展的实践中进行全面推广扩散，加快增长方式转变，是未来发展的大趋势。

4. 促进循环经济服务模式创新

循环经济涉及每一个企事业单位和社会组织，涉及每一个公民，需要全民协调行动，才能使各种废弃物资源得到有效管理和利用。市场经济机制在废弃物回收和处理的多个环节是失灵的，必须通过制度创新弥补市场失灵。其中最重要的是构建行之有效的废弃物资源的回收体系，包括完善充分的信息服务体系，收集和分类运输服务体系，资源交易服务体系，循环经济产品市场营销服务体系等。

标准化创新助力循环
经济可持续发展[*]

2018 年是新中国发展历史上具有重要意义的一年。这一年，改革开放走过了穿越时空的 40 年，从此进入更加成熟坚定的新征程，将书写全新传奇；这一年，是全面贯彻党的十九大精神的开局之年，中国特色社会主义建设走向充满信心的新时代，将唱响崭新旋律。

对循环经济以及标准化工作来讲，2018 年也是非常值得关注的一年。10 年前的 2008 年，全国人大通过并公布了《中华人民共和国循环经济促进法》，我国的循环经济工作得以在法制化的轨道上顺利前行。30 年前的 1988 年，《中华人民共和国标准化法》获得第七届全国人民代表大会常务委员会第五次会议通过，标准化法自此诞生；就在 2018 年的 1 月 1 日，修订后的新版《标准化法》正式开始实施，标准化事业重新起航。

这样一个具有里程碑式的年份需要全国人民铭记，也需要循环经济及其标准化工作者重点纪念。

一　概述

发展循环经济是建设生态文明的重要组成部分，是建设资源节约型、环境友好型社会的重要途径，同时也是转变经济增长方式、走新型工业化道路、实现绿色低碳发展的必然选择。循环经济标准化是为了提高资源利用效率和降低排放，对设计、生产、流通、消费及回收处置利用等过程中减量化、再利用、资源化活动，以制定、实施供共同使用和重复使用的规范性文

---

* 李爱仙、刘玫，中国标准化研究院。

件为主要内容的活动。

通常情况下，标准是实践的产物，因此循环经济标准化是循环经济发展到一定阶段的产物，它贯穿于循环经济发展的各个层次、环节和领域，其研究范围涵盖生产、流通、消费以及回收利用等四个过程以及减量化、再利用和资源化等三项活动，与循环经济工作相互依存、相互支撑、相互促进，并推动循环经济向更高水平、更高级别、更加规模化和规范化方向发展。

循环经济标准化工作已开展近 15 年。以 2008 年《循环经济促进法》的颁布为标志，循环经济标准化进入快速发展轨道。按照《循环经济促进法》有关规定，配合国家循环经济发展实际需求，从编制循环经济标准化发展计划、构建循环经济标准体系框架、研究循环经济标准发展模式、制定重要的国家和行业标准，到开展各级循环经济标准化试点等，循环经济标准化工作取得了良好成效，对促进循环经济发展发挥了重要作用。

二 循环经济标准化发展历程

我国循环经济标准化研究工作大致开始于 2004 年，历经"十五"的规划计划阶段、"十一五"的试点阶段、"十二五"的标准产出阶段以及"十三五"开始的持续推进及国际化阶段。

1. 规划计划阶段

为做好资源节约型和环境友好型社会建设工作，充分发挥标准化作用，国家标准化管理委员会于 2005 年和 2008 年分别推出《2005～2007 年资源节约与综合利用标准发展计划》和《2008～2010 年资源节约与综合利用标准发展计划》，计划全面完善了节能、节水、节材、节地、新能源与可再生能源、矿产资源综合利用、废旧产品及废弃物回收与再利用和清洁生产等 8 个重点领域的标准体系框架，形成了较为系统的阶段性资源节约与综合利用标准体系，提出了 2005～2010 年 8 个重点领域国家标准制修订重点项目 1847 项，这些标准都是和循环经济密切相关的。

2. 试点阶段

2007 年 3 月开始，国家循环经济标准化试点工作正式启动，针对循环经济模式清晰、效果显著、标准化基础较好的企业、园区和城市，开展循环产业链标准体系建立、标准制修订、标准信息服务平台建设、标准化培训以及采标贯标等重点工作。循环经济标准化试点工作一直在持续推进中，据统计，试点单位已发展到 140 余家。

3. 标准产出阶段

"十一五"期间，国家科技支撑计划"关键技术标准推进工程"支持设立了"循环经济和高新技术产业技术标准试点示范共性方法研究"项目。该项目对循环经济标准化发展模式、企业和产业园区循环经济标准体系框架等进行了系统研究，并重点开展了企业和园区循环经济标准化试点研究；"十二五"期间，质检行业公益性科研专项设立《园区和企业循环经济管理重要标准研究》项目，对加强循环经济管理方面的重点标准进行了研究。这些研究取得了一批成果，《工业园区循环经济管理通则》（GB/T 31088 - 2014）、《工业企业和园区循环经济标准体系编制通则》（GB/T 33751 - 2017）、《循环经济绩效评价技术导则》（GB/T 34345 - 2017）等多项国家标准陆续发布实施。2014 年起，国家标准化管理委员会科研专项项目设立了"国家循环经济标准化模式案例与示范机制研究"和"国家循环经济标准化试点示范技术服务和研究"等项目，进一步推动了循环经济标准化工作的深入进行。

4. 持续推进及国际化阶段

2015 年 12 月，国务院办公厅发布了《国家标准化体系建设发展规划（2016 ~ 2020 年）》，明确提出要"以资源节约、节能减排、循环利用、环境治理和生态保护为着力点，……加快能效能耗、碳排放、节能环保产业、循环经济以及大气、水、土壤污染防治标准研制，推进生态保护与建设，提高绿色循环低碳发展水平。"在重点工作方面，提出继续开展循环经济标准化试点工作，编制循环经济标准化示范实施方案，探索循环经济示范工作。围绕国家生态文明建设的总体要求，开展 100 家循环经济标准化试点示范。这些要求为今后循环经济标准化发展指明了路径和工作内容。

从国际方面看，近两年来，欧盟对循环经济标准化工作逐渐开始重视，法国牵头开展了有关项目研究工作。2018 年 9 月，ISO 正式成立了循环经济标准化技术委员会（ISO/TC323），其工作范围包括：制定循环经济领域内的相关要求、规范、指南，并为循环经济项目的实施提供工具。该技术委员会的主要产出将应用于实施循环经济项目的各类组织，如商业组织、公共服务和非营利机构等。

三　循环经济标准化试点

循环经济标准化试点是标准化与循环经济相互促进、融合发展的一个创新产品。2005年，按照《国务院关于加快发展循环经济的若干意见》要求，国家发展改革委会同有关部门启动了循环经济试点，探索发展循环经济的有效模式。试点过程中发现我国的节能、节水、节材、节地和资源综合利用等方面的标准仍有欠缺，试点后陆续形成的循环经济发展模式需要通过标准化手段加以转化、固化和应用，以形成可复制、可推广、可供借鉴的规范化成果。

为此，国家标准化管理委员会会同国家发展改革委于2007年3月正式启动了国家循环经济标准化试点工作，主要目的是通过研究试点，建立起适合当地的循环经济标准化工作体系和技术标准体系、推进模式以及重要的政策、管理保障措施，制定急需的循环经济标准，抓好节能、节水、节材、资源综合利用等方面标准的贯彻应用，通过试点先行，以点带面，实现技术标准的稳步推广，从而推动技术标准的应用和实施。同时培养一批标准化人才。

截至目前，循环经济标准化试点工作已开展13年，试点单位已发展到140家，包括山西太原、河南鹤壁、湖南永兴等市县，苏州高新技术产业园区、汨罗循环经济产业园区、重庆三峡库区、南京化工园区等产业园区，山东济钢、山西潞安集团、浙江巨化集团等生产企业。

1. 试点的组织管理

为全面做好循环经济标准化试点工作，加强对试点工作的组织管理，国家标准化管理委员会与国家发展和改革委员会先后于2009年和2011年发布了《国家循环经济标准化试点工作指导意见》（以下简称《意见》）和《国家循环经济标准化试点考核评估方案（试行）》（以下简称《评估方案》）。

《意见》明确了循环经济试点工作的指导思想、任务、目标，申报和审批程序以及管理和考核的各项要求等，强调要运用标准化的手段，加快循环经济先进技术的推广应用，探索循环经济发展的新思路和新经验，促进经济、社会、环境的可持续发展。

《评估方案》将考核评估内容分为4个方面，包括循环经济标准化工作模式、循环经济标准化基础性工作、循环经济标准的宣传及贯彻应用、循环经济标准信息平台建设。

为了做好试点项目的申报，提高申报项目的质量和水平，国家标准委还发布了国家循环经济标准化试点项目申报指南，对试点申报领域、重点任务、申报程序等提出明确要求。从 2016 年起，随着试点经验的积累，该申报指南增加了循环经济标准化示范项目的内容。此外，国家标准委还组织开发了国家循环经济标准化信息平台和国家循环经济标准化试点项目申报系统，实现了项目申报和管理的透明化、公开化和高效率，还可以将试点的先进成熟经验和模式向全社会推广，扩大试点的辐射带动作用。

随着试点工作的深入进行，循环经济标准化试点工作现已形成项目申请与审批、项目实施与监督、项目考核与评估等全生命周期的管理体系，积累了较为丰富和成熟的经验。

2. 试点取得的成效

经认真总结分析，循环经济标准化试点取得了以下主要成效：

一是形成了可示范推广的循环经济标准化工作模式和机制，实现模式化与标准化的有机融合。

如太原市循环经济标准化试点"鹰式"工作模式，即抓住龙头—设立组织机构、制定实施方案、定人定岗定责；壮大躯体—建立循环经济标准体系；强化双翼—建设宣传培训机制和信息平台；实现阶段目标—完成试点任务，持续推广。

二是建立了符合产业特点的循环产业链标准体系，制定了大量急需的循环经济标准，实现了系统化与标准化的有机融合。

如河南鹤壁市围绕煤电、食品加工、建材、金属镁等四大产业，建立了独具特色的产业链标准体系，为城市层面循环经济标准体系建设提供了可供借鉴的方法。

三是取得了明显的经济、社会和环境效益，实现了标准化与效益的双丰收。

如大连经济开发区、广东清远华清循环经济产业园等试点单位在循环经济标准化的推动下也提前实现节能减排目标，取得显著经济效益。据统计，已通过验收单位的固体废弃物综合利用率均得到大幅提升，企业达到95%以上，园区达到90%以上，城市达到70%以上，远高于全国平均水平。

四是建立了循环经济标准化信息平台，实现了信息化与标准化的有机融合。

如南京联合钢铁公司在公司 ERP 系统中通过功能扩展建立了标准信息平台，用于循环经济标准的发放、共享、宣贯、培训以及标准的协同制定，自主研发了标准管理系统，有效整合了所有二级单位的标准资源，消除了矛盾和重复，填补了空白，实现技术标准管理的规范化、数字化和信息化，使全企业的技术工作与管理工作"有标可查、有标可依"。

五是培养了一批既懂循环经济又懂标准化的复合型人才，为各单位深入发展循环经济提供重要的智力支持。

据不完全统计，已通过验收的试点单位开展循环经济标准化相关培训近百场，培训人员超过 4000 人。这些人员已成为各单位最为宝贵的财富和资源。

此外，通过对已经验收的 22 家单位的调查发现，试点工作还极大地提升了循环经济国家标准的实施率，大部分试点单位从试点前的 70% 左右上升到 98% 以上，促使国家标准真正得到执行和贯彻落实。

四　循环经济标准体系与重要国家标准

分析构建循环经济标准体系和研究制定循环经济标准是循环经济标准化工作的核心内容。循环经济标准体系是循环经济方面的技术标准按照其内在联系形成的科学有机整体。构建循环经济标准体系以解决循环经济发展中面临的问题为目标导向，以系统理论为指导，应用系统分析方法，把已有、应该有的相关循环经济标准组成一个整体协调、相对完整的有机标准系统，使循环经济标准化工作达到科学的最佳秩序。

1. 循环经济标准体系建立

循环经济标准体系建设是一项复杂而庞大的系统工程，不可能一蹴而就，需要根据实践和社会需求不断调整完善。循环经济标准化涉及的对象可划分为：企业、产业园区、省市、社会等，涉及的领域众多，能源、水资源、矿产资源、废弃物资源（废弃产品、材料、包装物等）、土地资源等，涉及的重点环节包括能源和资源的开采、消耗、废物产生、再生资源产生、社会消费等。

从学术研究、循环经济标准化试点实践来说，主要以所涉及的对象构建循环经济标准体系，包括企业层面、产业园区层面和城市层面以及社会层面等。

在企业层面，构建循环经济标准体系以产品生命周期理论为基础，重点关注生产过程以及生产者的延伸责任（回收利用），同时兼顾生命周期其他阶段的标准化需求和有机联系；内容方面则包括减量化、再利用和资源化。企业可根据实际情况，按照《企业标准体系表编制指南》（GB/T13017－2018）的要求来确定循环经济标准体系的层次（基础、技术、管理、工作）、子体系和标准的数量。如基础标准子体系可包括循环经济统计、绩效评价指标体系、检测方法等方面的标准。图1给出了企业层面技术与管理标准子体系结构图。

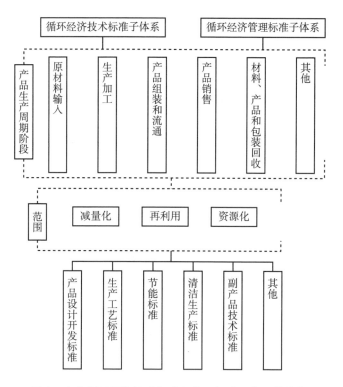

图1 企业循环经济技术标准和管理标准子体系的结构

在产业园区层面，由于一般的园区内涉及多个行业和领域的企业，很难在园区层面构建统一的循环经济标准体系，因此可以采用模块化理念。在园区层面建立共性的循环经济标准体系，既可以对园区企业提出一致的要求（共性），也可以要求园区内企业根据自己的特点构建企业自身的循环经济标准体系（个性）。共性的模块是对园区在节能、节水、节材、资源综合利用等方面的总体要求，重点包括基础、方法（统计核算）、管理（循环经济绩效评价、管理要求）等。其结构如图2所示。

在城市层面，也是借助模块化理念进行分解。先是站在城市角度，综合考虑工业、农业、服务业以及公共管理等方面的通用标准子体系（共性化模块），然后抓住主要的产业链，构建相应的标准子体系（各模块）。

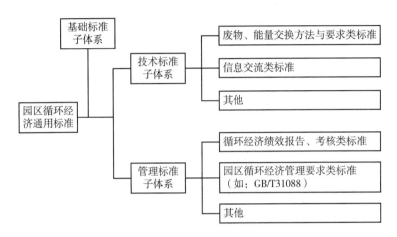

图2 产业园区循环经济通用标准的结构

在循环性社会层面，针对循环经济"3R"原则构建标准体系，分为减量化、再利用和再循环3个开放性的标准子体系。子体系内容要突出体现循环经济特色。如减量化子体系包括行业能源资源消耗定额、企业能源资源计量统计、企业市场准入、减少废弃物或副产品产生等方面的标准；再利用子体系包括废弃物回收利用、副产品回收利用等方面的标准；再循环子体系包括再制造品生产和使用等方面的标准。标准体系框架如图3所示。

2. 循环经济标准的制定

循环经济标准是指导循环经济发展的重要技术支撑和有效工具，涉及节能、节水、清洁生产、再制造、废旧产品回收和拆解、综合利用、工业"三废"回收和资源化、生态设计、循环经济评价、产业共生与链接等各个领域。标准层级涉及国家标准、国际标准、行业标准、地方标准、团体标准及企业标准。标准类型涉及基础通用标准、方法标准、产品标准和管理标准等。据不完全统计，我国已发布循环经济相关的国家和行业标准超过400项。

由于循环经济涉及的标准范围很广，本文特别介绍为开展循环经济活动

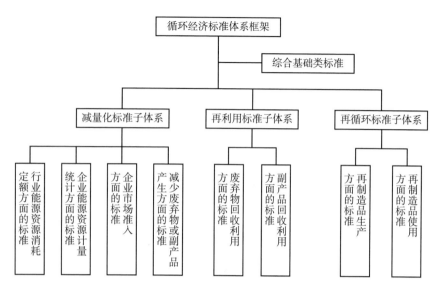

图3　针对循环经济"3R"原则构建的标准体系框架

而制定的循环经济共性标准。到目前为止，在标准体系建设、循环经济管理、绩效评价、信息化等方面，已发布的国家标准9项，汇总见表1。

表1　已发布的循环经济共性国家标准

序号	标准名称	标准号	实施日期
1	煤炭矿区循环经济评价指标及计算方法	GB/T 28397－2012	2012－10－01
2	工业园区循环经济管理通则	GB/T 31088－2014	2015－06－01
3	工业园区循环经济评价规范	GB/T 33567－2017	2017－12－01
4	工业企业和园区循环经济标准体系编制通则	GB/T 33751－2017	2017－12－01
5	循环经济评价 铝行业	GB/T 33858－2017	2017－12－01
6	电子电气循环经济产品评价通则	GB/T 34143－2017	2018－02－01
7	工业企业循环经济管理通则	GB/T 34152－2017	2018－04－01
8	循环经济绩效评价技术导则	GB/T 34345－2017	2018－05－01
9	产业园区循环经济信息化公共平台数据接口规范	GB/T36578－2018	2019－05－01

目前，还有一批国家标准正在制定过程中，包括《循环经济评价规范 火电行业》《行业循环经济实践技术指南编制通则》《火电行业（燃煤发电企业）循环经济实践技术指南》《循环链接技术规范　高铝粉煤灰提取氧化铝》等。

五 未来发展展望

第一，从 2016 年起，国家循环经济标准化试点开始向示范转化，前期试点形成的大量成果，如园区及企业循环化改造、各行业循环链接技术以及一些管理规范需求迫切，需要转化形成各级别标准；循环经济标准化示范工作也需要继续下大力气抓好。

第二，在《国家标准化体系建设发展规划（2016～2020 年）》"专栏五生态保护与节能减排领域标准化重点"中，提出要"研制工业品生态设计标准体系……，制修订再制造、大宗固体废物综合利用、园区循环化改造、资源再生利用、废旧产品回收、餐厨废弃物资源化等标准，为建设资源节约型和环境友好型社会提供技术保障。"这些都是今后循环经济标准化发展的重点工作。除此之外，循环链接技术、城市矿产、循环型服务业、农业循环经济发展等各项示范工程，也是今后循环经济标准化发展需要重点关注的方向。

第三，欧盟这两年在重点关注循环经济标准化，刚刚成立的 ISO/TC323 循环经济标准化技术委员会，主要从为开展循环经济项目的各类组织提供服务和指南的角度开展工作，这也为我国今后开展循环经济标准化工作提供一个新的视角和机遇。

第四，新修订的《标准化法》明确鼓励社会团体协调相关市场主体共同制定满足市场和创新需要的团体标准供社会自愿采用。今后在循环经济领域除了原有的国家标准、行业标准、地方标准和企业标准，会出现越来越多的团体标准及国际标准，循环经济标准体系将日臻完善。

中国循环经济往事[*]

世纪之交的 2000 年前后，我在山东主管资源综合利用工作，正在起草《山东省资源综合利用条例》，对逐渐热络的"循环经济"一词，以及循环经济和资源综合利用的关系，极为关注。后来主管了循环经济，除因工作调整短暂离开过 2 年，一直到 2017 年。

中国循环经济协会约我讲讲循环经济故事，就说说早期亲历和参与的一些工作吧。

一　外来的循环经济理念与中国传统文化高度契合

安徽省人大常委会原副主任季昆森先生做过考证：循环经济是舶来品。1998 年 2 月，上海市计委赴德国考察报告提到了循环经济。季先生认为这是中国官方文件首次出现"循环经济"一词。

可以为季先生提供佐证的是，我国早期介绍循环经济的文章，反复提过美国学者波尔丁的飞船理论和丹麦卡伦堡工业园，认为飞船理论是循环经济的萌芽，卡伦堡工业园"工业共生体"是循环经济园区的起点。

虽然"循环经济"是外来词语，但中国传统文化中的勤俭节约，物尽其用，与之完全契合。20 世纪六七十年代中国为解决资源匮乏而开展的废旧资源回收和再生利用，八十年代以后开展的工业"三废"资源综合利用，完全符合循环经济 3R 原则。我们可以理直气壮地说，在循环经济一词进入中国之前，我们就开展了很长时间循环经济工作，只不过我们称其为资源综合利用。

1980 年以后，中国资源综合利用产业快速发展。政府推动的主要途径

---

[*]　赵旭东，地方节能合作机制专家委员会主任。

有两个：一是行政推动，国务院明确主管部门，几度发文，部署工作。二是政策扶持，通过制定《资源综合利用目录》引导企业生产资源综合利用产品，符合目录的予以减免税收，从开始的减免企业所得税到后来的增值税即征即退。这期间我参与了诸多政策制定，全过程参与了2001版《资源综合利用目录》修订。

二　毛如柏的一封信

不过有意思的是，在国家层面最早举循环经济旗帜的不是主管资源综合利用的国家经委（经贸委），也不是更加宏观的国家计委（发改委），而是环保总局。作为企业污染治理手段，环保总局在部分工业企业开展了循环经济活动，这个阶段有四五年时间。实事求是讲，富有成效。

转折点在2003年秋天。时任全国人大环资委主任毛如柏给中央领导写信，大意是：发展循环经济对于落实科学发展观，实现可持续发展具有重要意义，过去几年取得较大成效。但要推动循环经济向更高水平发展，环保总局无论职能还是协调力度，已力不从心，需要有更高、更综合的部门来抓。毛如柏建议成立高层次的发展循环经济指导委员会，或者移交给一个综合部门。

中央领导将此信批给了国家发改委主任马凯。

三　发展循环经济专家座谈会达成五点共识

2003年10月10日，根据中央领导和马凯主任批示，国家发改委环资司赵家荣司长在委机关会议室主持召开了发展循环经济专家座谈会。会议主题是贯彻落实中央领导对发展循环经济、建立循环型社会的批示，就我国推动循环经济发展的战略、政策和措施，听取专家意见和建议。清华大学、北京工业大学、重庆大学、国务院发展研究中心、国家环保总局、国土资源部、山东省经贸委、新汶矿业集团、鲁北集团、海化集团、鞍钢集团、广西贵港公司等单位30多人参加会议。

这次会议达成五点共识：（一）发展循环经济是加快经济发展，全面建设小康社会的重要举措。对于保障资源安全，实施可持续发展战略，具有重要意义。（二）循环经济不仅是一种理念，更是一种经济发展模式。要通过具体的、实实在在的工作措施推进，不应作为概念炒作。（三）我国发展循环经济已有一定基础，过去开展的资源节约综合利用实际上就是循环经济。今后，发展循环经济仍然要以节约资源为核心。（四）发展循环经济要在立法、政策、科技、更新观念等方面多管齐下。北京工业大学校长左铁镛院士提出的人文道德观念、法律法规政策、科学技术三箭齐发的观点得到一致赞同。（五）进一步推进循环经济发展应由经济综合部门主导。虽然有两三位与会人员表示哪个部门抓都可以，主张不要搞部门分工，但其他与会人员一致认为，发展循环经济不是单纯的环保问题，要推动循环经济向更高水平发展，应由经济综合部门主导，作为经济发展的战略问题进行研究和推进。会后，循环经济工作逐步由环保总局移交到国家发改委。

作为唯一受邀参会的地方部门，山东省经贸委在会上做了《循环经济是我国可持续发展的必然选择——资源节约综合利用在山东的实践》的发言；新汶矿业集团介绍了以资源综合利用为主线，发展循环经济，使资源型老企业重现生机的经验；鲁北集团介绍了磷铵、硫酸、水泥联产实现资源综合利用、清洁生产的经验；海化集团介绍了搞好资源综合利用，实现"一水五用"的经验。

四 开在中秋的全国循环经济工作会议

2004 年 9 月 28 日是中秋节，首次全国循环经济工作会议在北京国谊宾馆召开。国家发改委、科技部、国土资源部、水利部、农业部、商务部、国家环保总局、国家统计局、国务院法制办等部门，各省、自治区、直辖市及计划单列市经贸委、发改委，部分城市政府及企业，共 400 多人参加会议。

国家发改委主任马凯作了《贯彻和落实科学发展观 大力推进循环经济发展》的主题报告；上海、山东、重庆经贸委，河北发改委，苏州、抚顺市政府，以及济南钢厂等 11 个单位做大会发言，另有 44 个单位进行书面交流；徐滨士（装甲兵工程学院教授）、左铁镛（中国科协副主席）、金涌（清华大学教授）3 位院士和季昆森先生做专题报告；会议讨论了拟报请国务院印发的《关于加快发展循环经济的指导意见》和《废旧家电及电子产品回收处理管理条例》。

会议确定的目标是：到 2010 年，建立起比较完善的循环经济法律法规体系、政策支持体系、技术创新体系、评价指标体系和有效的激励约束机制；形成一批有较高资源生产率、较低污染排放率的清洁生产企业；形成若干符合循环经济发展模式的生态工业园区和资源节约型城市。

会议明确发展循环经济的基本途径：推进节约降耗，推行清洁生产，加强资源综合利用，发展环保产业。

会议提出通过转变观念，搞好规划，调整结构，健全法制，完善政策，依靠科技，示范推广，强化管理，宣传教育、加强领导十项措施加快发展循环经济。

这次会议原计划在山东召开，后因国家发改委领导日程安排原因，改在北京。山东有 15 个单位参加会议，8 个单位做大会发言或书面交流。会上有个极具画面感的情景，时隔多年仍然时常出现在眼前：山东省经贸委副主任张国敏发言时，主持人刘显法副司长说：国敏主任前不久因车祸摔伤了胳膊，现在还打着竹板，他是抱病参加今天的会议，做大会发言。我们向国敏主任和山东省表示感谢！会场上响起热烈掌声。

以这次会议为标志，我国循环经济发展进入快车道。

五　争取全国循环经济试点

山东省经贸部门抓循环经济比较早。2002 年 7 月，我们在青岛开会部署发展循环经济工作。2003 年 4 月，提出实施循环经济 613 计划，突出抓好 6 个行业、10 个示范企业和 300 个骨干企业；7 月，组织省内外专家对新矿集团循环经济发展规划进行论证，中国科学院院士宋振骐主持、国家发改委环资司领导参加；9 月，总结海化集团经验，出台《关于大力发展循环经济推进新型工业化的意见》，被国家发改委转发全国。2004 年 11 月，省政府召开会议，提出以发展循环经济为核心，率先建设节约型社会。省内外各大媒体对会议进行了全面报道，人民日报 12 月 3 日头版头条以《山东积极建设资源节约型社会》为题报道了会议，《山东大力发展循环经济》登上人民日报华东新闻头版头条。

所以，当国家发改委启动全国循环经济试点工作时，山东企业积极性高涨，济钢、莱钢、新矿、复强、海化、万华、泉林等企业，纷纷申请参加试点。莱钢、万华两家企业多次找到省里，要求去国家发改委争取，为他们的执着所感动，我和张国敏主任带领莱钢任总、万华曲总等去了国家发改委。环资司领导听了我们的汇报之后，当即表示：第一批试点数量有限，你们已经有了一个济钢，不要再争莱钢了；与万华同类产品的企业较少，试点意义不大。我当时争取说：济钢、莱钢两家钢企同时试点，两只蚂蚁啃一块骨头，有竞争，有比较，效果会更好；万华虽然同类企业不多，但万华是全球第五大 MDI 生产企业，试点成果在国际上影响大。直到离开，环资司领导也没答应我们的请求。但不久后公布的试点名单，莱钢和万华都在列，在全国 83 个试点单位中，山东有 11 个。后来我们得知，帮助山东争取试点企业的，除了我们自己，还有钢铁、轻工、化工等国家行业协会。

值得一提的是，山东省还是全国循环经济试点省。就在我们带领莱钢、万华向国家发改委汇报那一次，环资司领导主动提出：希望山东申报循环经济试点省，承担更全面的试点任务。山东省政府以最快的速度形成申报材料，完成申报工作。山东与北京、辽宁、上海、江苏、重庆五省市一起列为第一批试点省市。

正是方方面面大力支持，山东不仅进入全国试点单位数量最多，试点效果也超出预期。国家发改委等部门组织验收时，11 个试点单位，全部通过验收。

六　循环经济亮相全国节博会

2005 年 12 月，全国建设节约型社会成果展览会在北京展览馆举办。这是我国资源节约领域规模最大、展期最长、参观人数最多的一次展会，也是循环经济首次亮相的展会。展期从 5 天延长至 10 天，尽管天气寒冷，每天都有 6000 多人前往参观。党和国家领导人分两批参观了展览。

山东省 38 个单位的 116 项技术和成果参展。特别是济钢的循环经济模式，莱钢的生态工厂，新矿的煤矿循环经济模式，兖矿的立体循环经济体系，鲁北化工的循环工业示范园，济南复强的汽车发动机再制造产品，烟台万华的资源完全循环模式，海化的盐化工链式资源循环利用，菱花味精的梯级资源完全利用模式等，展示了山东省发展循环经济的成果，引得众多观众驻足观看、热议。

中央领导参观专场，时任温家宝总理在莱钢展位前握着李名岷总经理的手说："你们利用新技术发展循环经济，节能、节水、节地的做法很好。"莱钢在全国重点钢铁企业 57 项指标排序中，9 项列第一，15 项列前三；固体废弃物综合利用率超过 95%；吨钢耗水 3.51 吨，国内最低，达到国际先进水平（当时，国内 300 万吨以上的大中型钢铁企业，吨钢耗水平均 8.5 吨）。

济南复强再制造发动机，吸引了到山东馆参观的中央军委领导。装甲兵工程学院一位将军先行军礼后做介绍：济南复强与装备再制造国防科技重点实验室进行紧密合作，采用纳米电刷镀、高速电弧喷涂、纳米粘涂、微脉冲冷焊等技术，对废旧发动机进行再制造。过去只能报废处理的退役发动机，价值利用系数由 5% 一跃提高到 80% 以上，原材料消耗只是新品的 11% ~ 20%，成本费用仅为新品的 50% ~ 60%，延长了发动机寿命周期，提高了资源利用率。军委领导频频点头，称赞有加。

七 曾培炎副总理调研山东循环经济工作

2006 年 6 月 8 日至 9 日，曾培炎副总理带领国家发改委、科技部、住建部、环保总局领导，在山东省委、省政府领导陪同下，调研考察济钢、济南中润世纪城、济南火车站等单位的循环经济和节能工作，在济钢召开发展循环经济建设节约型社会工作座谈会，听取山东省和莱钢、新矿、黄岛电厂、万华、复强等企业汇报。曾培炎副总理对山东省发展循环经济、建设节约型社会工作，给予了充分肯定和高度评价。他说：这次来山东，我们参观了一些地方，听了省长代表省委、省政府的汇报，以及在座企业的介绍，有很多亮点值得学习、推广。例如济钢，坚持源头削减、综合控制、综合利用，追求资源利用率最大化，实现了内涵挖潜、节约发展。大家感觉到很有活力、很有干头，而且能够实现节约与环保的结合，受到很大的鼓舞。

国家发改委副主任姜伟新发言时说：这次会议之所以到山东来开，是因为山东工作做得比较好，刚才现场参观和几个企业的介绍以及山东省委、省政府的汇报证明了这一点。

科技部副部长李学勇说：山东省把推动循环经济和建设节约型社会作为贯彻落实科学发展观的重点，走在了全国的前面。

住建部副部长仇保兴说：强制性推行建筑节能新标准和绿色建筑标准，山东做得好，推行率很高。新型墙体材料推行山东也是走在前面的，以莱钢为代表的新型建材应用，效果非常明显。

国务院副秘书长张平总结讲话时，要求国务院有关部门认真总结和推广山东省的好经验、好做法。

八　山东的循环经济立法

《山东省循环经济条例》出台较晚，2016 年才颁布。但之前的 2001 年，就颁布了《山东省资源综合利用条例》，且制定过程非常顺利，全票通过。我们总结有两个原因：一是经过十几二十年开展资源综合利用工作，政府机关、立法机关、企业和社会上，达成了共识。二是有此前节能立法经验。1997 年，山东省制定了全国第一部节能地方法规——《山东省节约能源条例》。节能立法经验尤其是实施效果，为资源综合利用立法创造了非常好的氛围。

《山东省资源综合利用条例》较好贯彻落实了国家相关文件，较好结合了山东实际，为推动山东省资源综合利用工作发挥了重要作用。它的框架结构、基本制度也为后来国家制定《循环经济促进法》以及山东省制定循环经济条例提供了参考。

2007 年，《山东省循环经济促进条例》列入立法计划。在近 10 年的立法过程中，自始至终都是正面声音，相关部门、企业、人大常委会委员，没有任何人质疑立法的必要性，所提意见都是如何进行制度设计、如何完善内容。"条例"前边的"促进"二字，正是在这一过程中删去的，最终全票通过的"条例"，法条更加硬化，约束力更强。

有人说做循环经济是需要情怀的，我很赞同这个观点。

如今，循环经济炙手可热，进行得如火如荼，写入了十八大、十九大报告，国家出台法律，政府部门强力推进，产业界积极响应，公众广泛参与，可谓成果卓著，深入人心。

写这些文字时，一张张熟悉的面孔跃然眼前，赵家荣、周长益、李静、刘显法、马荣、刘文强、周宏春、左铁镛、徐滨士、王学军、张国敏、王立亭、房建国、任浩、梁凯丽、曲进胜、李长顺……有领导，有同事，有学者，有企业家，有的已经退休，有的仍然活跃在循环经济岗位上，我在他们那里学到了很多循环经济知识、工作方法，也一直被他们的情怀所感染。

城市生活垃圾处理 40 年发展[*]

生活垃圾处理可划分三种方式即回收利用、焚烧处理与填埋处理。回收利用又可划分为三种方式。一是保持其原有的使用功能的直接回收利用，比如将啤酒瓶等经过清洗后重新作为啤酒瓶使用。旧衣服、二手物品使用；二是不再保持其原有的形态和使用性能，但还保持利用其材料的基本性能，如废金属回收利用、废纸再生、玻璃再生等；三是不再保持其原有的形态、使用性能和材料的基本性能，但还保持利用其部分分子特性等如生物质有机垃圾的好氧堆肥、厌氧发酵等。先进国家垃圾管理战略或者说垃圾处理方式的选择原则：首先是尽可能避免产生垃圾，产生了垃圾后尽可能进行回收利用，其中包括尽可能对可生物降解的有机物进行堆肥处理或厌氧消化处理；其次是尽可能对可燃物进行焚烧处理并进行余热利用；最后是对不能进行其他处理的垃圾进行填埋处理。这里"尽可能"的含义就是以经济条件许可为前提，具体地说要考虑市场需求与成本；回收利用后的剩余垃圾处理主要有卫生填埋、焚烧处理两种方式。我国生活垃圾管理的原则是"减量化、资源化、无害化"，这与先进国家垃圾管理战略的精神是一致的。

一　生活垃圾回收利用实际很充分

由于我国通常将城市垃圾中可回收的物品一般称为"废品"，而将其余俗称为垃圾，其中被称为垃圾的部分由城市环卫部门负责处理，而废品的收运和处理由市场来配置。因此，目前，城市建设部门统计的城市生活垃圾清运量没有反映"废品"部分，此外，统计口径的差异，我国城市生活垃圾的回收利用水平也没有得到全面的统计和反映。

---

* 徐海云，中国城市建设研究院有限公司总工程师。

到目前为止，我国绝大部分居民在家庭中对废纸、塑料瓶、易拉罐等价值较高的废物作为废品单独收集，然后卖给"回收工"（俗称"捡破烂"或"拾荒人员"，他们大多来自农村，在城市居民区流动的或半固定的收集废旧物品，然后再卖给废旧物资回收站）。我国目前从事"拾荒"人员没有完整统计，这些人员以此为谋生手段，也许并不清楚环境保护或循环经济的概念，但收什么垃圾可以挣钱是很清楚的，不能挣钱的垃圾肯定是不会收的。这个过程客观上起到了生活垃圾分类收集的功效。我国总体上属于发展中国家，不同地区经济发展水平差距很大，农村剩余劳动力多，劳动力成本低，这种状况还将持续很长一段时间。设想如果就业充分，不能就业的人也有比较好的社会保障，这种状况才会改变。

人均纸年消费量是衡量经济发展水平重要指标，发达国家人均纸年消费量大多200千克，发展中国家人均纸年消费量大多在100千克以下。美国在1960年人均纸年消费量就已经达到166.7千克，在2000年前后达到峰值300多千克，近些年随着电子阅读产品的普及，纸消费量有明显下降。

纸消费量高，产生的废纸就多。废纸通常是生活垃圾可回收物中最大的部分。在电子阅读产品普及以前，废纸在生活垃圾中所占比例的增加常常伴随着经济发展水平的提高。改革开放40年来，随着我国经济发展，居民生活水平不断提高，人均纸年消费量不断增长，2017年达到1.0897亿吨（中国造纸工业2017年度报告，中国造纸协会2018），人均纸年消费量接近80千克（见图1）。我国人均纸消费量仍处于较低水平，以2016年为例，我国人均纸年消费量只有76千克，约为发达国家的三分之一（见图2），低于美国20世纪60年代人均消费水平。在人均纸消费水平较低的情况下，废纸回收率难以达到较高数值，一方面不能回收的废纸如卫生纸等占有较高的比例；另一方面，短时间内不会废弃的图书、杂志等也占有较高的比例。例如，日本在20世纪60年代，人均纸消费量低于100千克时，废纸回收率也不到40%。

我国废纸回收实际状况足以说明废纸回收水平是比较高的。尽管我国的废纸回收率还不到50%，明显低于发达国家和发达地区废纸回收率，但如果在相同消费水平条件比较，我国废纸回收率又显著高于发达国家如美国、日本。美国1960年人均纸消费量是167千克，回收率是17%；日本1965年人均纸年消费量为76千克，废纸回收率为38%；国内有人认为我国废纸回收率较低，我国废纸回收的潜力还很大，这是不符合事实的。人均消

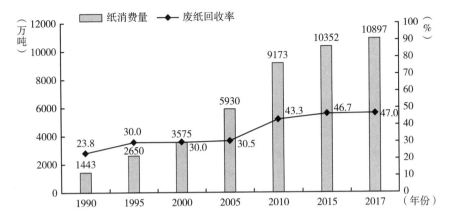

图 1 1990～2017 年内地纸消费量以及废纸回收率

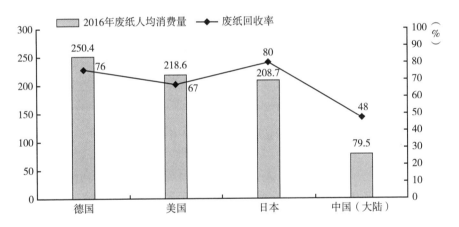

图 2 2016 年中国内地人均纸年消费量及废纸回收率比较

费量高，回收率即使高，绝对废弃量仍然很高。人均消费量低，回收率不高，绝对废弃量实际较低。例如：人均年消费量 200 千克，回收率 65%，废弃比例 35%，人均年废弃量为 70 千克；人均年消费量 50 千克，回收率 30%，废弃比例 70%，人均年废弃量只有 35 千克。

美国 2012 年废纸回收率 65%，而进入垃圾处理场中的废纸为 14.8%；日本东京废纸回收率接近 80%，而日本东京垃圾焚烧厂焚烧垃圾的废纸含量在 40%～50%；我国废纸回收率不到 50%，而进入垃圾场废纸含量不足 5%。这些都可充分说明，与美国、日本等发达国家相比，我国废纸回收水平名义较低，实质较高。

塑料瓶（PET）是废塑料中价值比较高的部分，我国塑料瓶（PET）回收率虽然没有详细统计，但实际上大部分作为废品得到了回收，实际回收率不仅显著高于欧美，也高于日本（见图3）。塑料瓶（PET）即使被扔到垃圾桶中，也会被拾荒者捡拾出来。

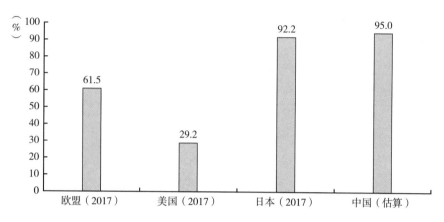

图3　2017年PET塑料瓶回收率比较

二　生活垃圾处理水平不断提高

改革开放以来，我国城市生活垃圾处理得到快速发展。2016年城市生活垃圾清运量比1979年增加了7倍。生活垃圾处理设施从无到有，各类先进的生活垃圾材料利用和能源利用设施都已经得到应用。在1990年前，全国城市垃圾处理率还不足2%，进入2000年以后，我国城市垃圾处理水平不断提高。2016年全国城市年清运城市垃圾约2.04亿吨，共有垃圾处理厂（场）940座，垃圾处理能力达到62.1万吨/日，垃圾处理率96.6%。在1979~2016年期间，城市垃圾清运量年平均增长率为5.8%，城市生活垃圾量的增长与城市居住人口增长基本同步（见图4）。

卫生填埋处理技术全面进步，建设标准达到国际先进水平。在近二十年建设的填埋场中，为提高填埋场的防渗水平，高密度聚乙烯膜作为防渗材料得到普遍应用。我国目前填埋场防渗的建设水平已经达到发达国家中较高要求的水准，如生活垃圾卫生填埋场基底防渗的基本要求接近德国标准，高于欧盟和美国的要求。为提高填埋作业效率，一些大型的填埋场采用了填埋压

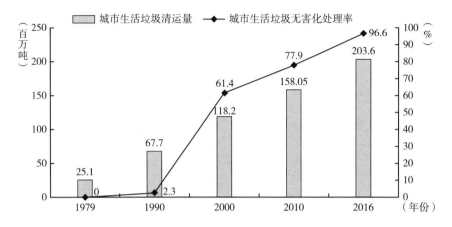

图 4 1979～2016 年我国城市垃圾清运量及处理率

实机，填埋场压实机实现了国产化。

对填埋气体进行收集和处理，不仅减少了环境污染，同时也是对减少温室气体排放的有效贡献。利用填埋气体进行发电或制取汽车燃料技术都得到应用。从 1998 年 10 月，我国第一个填埋气体发电厂在杭州天子岭填埋场建成发电，目前，我国建成并投入使用的填埋气体利用项目有 70 多个，填埋气体发电装机容量超过 150MW。

垃圾焚烧与填埋处理相比，具有占地小、场地选择易，处理时间短、减量化显著（减重一般达 70%，减容一般达 90%），无害化较彻底以及可回收垃圾焚烧余热等优点，在发达国家得到广泛应用。我国许多地区人口密度高，土地资源非常宝贵，焚烧处理逐步发展成为这一地区生活垃圾处理的重要手段。垃圾焚烧处理从无到有，快速发展，焚烧发电厂成套能力达到发达国家水平。我国最早于 1985 年由深圳从日本三菱重工业公司成套引进两台日处理能力为 150 吨/日的垃圾焚烧炉，1988 年建成我国第一座现代化垃圾焚烧厂即深圳清水河生活垃圾焚烧发电厂。进入 20 世纪 90 年代后期特别是进入 2000 年以后我国生活垃圾焚烧发电才开始进一步发展。一方面国内开始开发循环流化床焚烧发电技术工艺，另一方面开始引进欧洲、日本等发达国家炉排炉焚烧发电技术工艺与设备并开始国产化应用。进入 2010 年以后，在财政、税收、投资等一系列政策的支持下，我国垃圾焚烧发电产业规模实现了快速发展。到 2018 年底，内地建成并运行的生活垃圾焚烧发电厂超过 360 座，处理能力 36.7 万吨/日（见图 5），总装机约为 7630MW。其中采用炉排炉的焚烧发电厂有 279 座，合计处理能力达到 29.4 万吨/日，装机达到 5800MW。内地投入运行的生活垃圾焚烧发电发展以炉排炉为主，垃圾焚烧发电厂主要分布在经济发达地区和城市，按照省级排列，广东省、江苏省处理能力较大，浙江省、山东省生活垃圾焚烧发电厂数量较多。

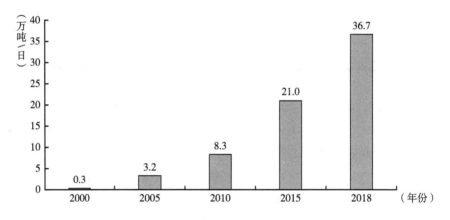

图 5　2000～2018 年城市垃圾焚烧处理能力变化

目前，全世界共有生活垃圾焚烧厂超过 2300 座，其中生活垃圾焚烧发电厂有 1400 多座；总焚烧处理能力约为 100 万吨/日。这些焚烧设施绝大部分分布于发达国家和地区，约 43 个国家和地区建设并运行生活垃圾焚烧厂。

到 2018 年底，内地建成生活垃圾发电厂的数量与处理能力都排在全球第一。以炉排炉为代表的生活垃圾焚烧发电技术与工艺在引进、消化吸收的基础上，结合我国生活垃圾特性，进行了大量创新，已经形成具有较强竞争力的产业，与发达国家相比，我国生活垃圾焚烧发电厂建设周期缩短了二分之一，建设投资减少到三分之一。

中国生活垃圾焚烧发电厂取得的进步有多种因素，以下几点相对重要。首先是对外开放。没有对外开放，就不可能取得今天的成就，开始建设的生活垃圾焚烧发电厂都是在沿海开放城市，都是引进发达国家的技术工艺与设备。生活垃圾焚烧发电厂的主要技术工艺路线、设备、控制与管理都是通过引进、消化、再转化，其次立足实践。我国生活垃圾水分高、热值低，能不能焚烧一直都有疑问和担心，深圳清水河生活垃圾焚烧发电厂引进时带有生活垃圾分选处理。后来的实践表明，生活垃圾放在垃圾池中堆置 7 天可以有效减少生活垃圾中水分，而且生活垃圾中生物质部分经过堆置发酵，也容易焚烧。垃圾池的堆置功能已经在我国生活垃圾焚烧发电厂中普遍应用，这也是我国对世界生活垃圾焚烧发电处理的贡献。直到今天，许多新兴经济体国家对低热值生活垃圾焚烧发电处理是否可行仍然心存疑虑，但看过国内生活垃圾焚烧发电厂后方才释然。最后，有效经济政策。与发达国家相比，我国生活垃圾焚烧发电厂的收入中的70%~80%是发电收益，20%~30%是生活垃圾处理费收入，而发达国家生活垃圾焚烧发电厂收入中的70%~80%是垃圾处理费收入，20%~30%是发电或供热收入。我国是发展中国家，大多数城市支付不起每吨数百元的处理费。国家将生活垃圾焚烧发电纳入可再生能源管理，并给予优先上网，全国统一电价（0.65元/度），这一政策有效地促进了我国生活垃圾焚烧发电的健康发展。

三 未来展望

供给侧改革大环境下如何推进垃圾回收利用。"供给侧改革"是今后一段时期我国经济发展改革的主要任务，所谓"供给侧改革"就是要减少无效和低端供给，扩大有效和中高端供给。生活垃圾的回收利用同样面临这样的近况，具体表现为废品价格和需求呈下降趋势。很多人对国内的生活垃圾回收利用水平常常缺乏客观的判断。可回收垃圾收集的主体是捡破烂的拾荒人员，垃圾回收利用产业链完整、市场规模效益大，这是我国的特点，也是其他发展中国家不具备的优势。我国生活垃圾回收利用水平实际上已经很高了，高于任何一个发达国家，以废纸、废塑料计算，我国人均进入生活垃圾最终处理厂（场）废弃量约为日本、德国的50%，不到美国的三分之一。2018年以前，我国垃圾回收利用还为全球做出了巨大贡献，根据国际固体废弃物协会2014年公布的研究报告，中国大陆进口了所有发达国家废塑料交易量56%，废纸交易量51%。要客观认识我国生活垃圾资源化水平，厘清生活垃圾分类收集的方向，当务之急是建立全口径垃圾废品统计制度，摸清、掌握可回收垃圾数量、种类以及回收利用的去向。

美丽中国需要生活垃圾收运处理全覆盖。随着乡村振兴战略的实施，村镇生活垃圾收运面临很大市场需求。村镇生活垃圾收运处理是短板。生活垃圾处理设施没有规模，难有有效管理；没有规模，没有环境保护；没有规模，也没有经济效益。发达国家和地区在这方面已经有很好的实践。瑞士是实行村镇生活垃圾适度集中焚烧处理很好的范例。生活垃圾收集服务全覆盖，有些偏远的山区也是通过火车转运，实现适度集中焚烧处理并热电联产余热利用。瑞士现有 30 座生活垃圾焚烧厂，年焚烧生活垃圾量 400 万吨（2016 年），人均年焚烧量约 480 千克。实际随着农村道路的改善，经济水平的提高，农村的日常消费与城市并没有本质的不同，只不过消费量少一些。农村生活垃圾中的卫生巾、尿不湿无法就地分散处理，很多包装垃圾也无法就地分散处理。因此，强调农村生活垃圾特殊性并没有多大实际意义，农村生活垃圾的处理方式并不可能跳出城市生活垃圾处理的模式，城乡一体化适度集中处理是必由之路。

紧跟循环经济，建设生态文明[*]

改革开放 40 年以来，我国国民经济飞速发展，综合国力显著增强，国际地位和国际影响力日益提升。伴随改革开放的大潮，传统发展模式带来的资源环境问题日益突出，以"减量化、再利用、资源化"为基本原则的循环经济发展理念在中国落地生根、开花结果、茁壮成长。特别是 2005 年《国务院关于加快发展循环经济的若干意见》发布以来，我国循环经济发展从理念到实践，从试点到示范，从点上探索到面上推广，已成为我国生态文明建设的重要途径，形成了新的理论体系，逐步走出国门、走向世界。在中国循环经济发展历程中，我有幸成为众多见证者、参与者、推动者中的一员，对中国循环经济发展有一些个人的认识和思考。

一 中国循环经济已形成具有中国特色的理论体系

循环经济起源于国外发达国家，源于 20 世纪五六十年代，成熟于 90 年代，如鲍尔丁的"宇宙飞船理论"、罗马俱乐部的《增长的极限》、卡尔逊的《寂静的春天》等，但国外的循环经济一直局限于"废弃物经济"或"垃圾经济"，关注的还是生产或消费的末端环节，即废弃物或垃圾的循环利用。中国于 20 世纪 90 年代首次提出循环经济的概念，21 世纪初期，循环经济逐步成为国家战略规划层面的关键部分，在重点行业、重点领域、区域和园区得到逐步推广，具有中国特色的循环经济理论体系逐步形成。

在中国循环经济理论体系中，我觉得有四个统领循环经济发展的标志

* 朱黎阳，中国国际工程咨询有限公司。

性文件：一是 2005 年《国务院关于加快发展循环经济的若干意见》，这是我国循环经济发展史上第一个纲领性文件，标志着我国循环经济进入全面发展阶段。二是《循环经济促进法》。2009 年 1 月 1 日，中国《循环经济促进法》正式实施，将循环经济定义为：在生产、流通和消费等过程中进行的减量化、再利用、资源化活动的总称。其中，减量化属于输入端方法，旨在减少进入生产和消费流程的物质量；再利用属于过程性方法，目的是延长物品在消费和生产中的时间强度；资源化是输出端方法，通过把废弃物再次变成资源以减少最终处理量。标志着我国循环经济进入依法推进阶段，循环经济的边界、内涵得以法律形式明确，彻底告别了"循环经济就是一个筐，什么都往里装"的时代。三是《国务院关于印发循环经济发展战略及近期行动计划的通知》。这是首次以国家规划形式部署循环经济发展工作，对我国循环经济进行了全面系统的总结，进一步明确了我国循环经济发展的主要环节、重点领域和基本路径，为全社会推进和参与循环经济发展提供了根本指导。四是《循环发展引领计划》。2017 年，国家发展改革委等 14 个部委联合印发《循环发展引领计划》，提出了园区循环化改造、资源循环利用基地、工农复合型循环经济示范区建设等十大专项行动。

在中国循环经济理论体系形成过程中，我印象深刻的标志性的事件主要有三方面：一是循环经济示范试点。主要分为三个阶段，第一阶段是 2005 年和 2007 年，国家发展改革委等六部委分两批开展的 178 个国家循环经济示范试点，涉及钢铁、有色金属、化工、建材、电力、煤炭、轻工等重点行业，以及再生资源回收利用领域、产业园区和省市行政区。在国家循环经济示范试点带动下，各地结合实际逐步推进本地区循环经济示范试点工作。国家发展改革委在试点基础上，总结提炼出中国循环经济典型模式案例 60 例。第二个阶段是循环经济专项试点，由国家发展改革委、财政部、住建部共同开展，包括七批 100 个园区循环化改造示范试点、五批 100 个餐厨废弃物资源化利用和无害化处理试点、六批 49 个国家"城市矿产"示范基地、42 个再制造试点、28 个循环经济教育示范基地和 101 个循环经济示范城市（县）。这些专项试点，中央财政安排专项资金予以支持，不仅有效撬动了社会资本投入循环经济发展，而且显著推动了这些领域的循环经济发展，甚至推动形成了新的产业，如餐厨废弃物资源化利用和处理产业、再制造产业等。第三个阶段是上一个阶段的延伸，主要是资源循环利用基地和大宗固体废弃物综合利用基地，这两类基地分别针对消费领域的废弃物循环利用和生产领域大宗固体废弃物综合利用，与国家城市矿产示范基地形成紧密联系。二是循环经济院士专家行活动。2009 年 4 月 23 日，国家发展改革委、中国工程院组织开展循环经济院士专家行活动，李克强总理（时任国务院常务副总理）出席院士专家座谈会，强调要不失时机地培育和壮大循环经济，推动发展方式转变和创新，实现资源的高效利用、循环利用、无害利用，促进经济又好又快发展。随后，循环经济院士专家行活动全面开展，近百名院士、专家、新闻记者深入基层和企业，就发展循环经济开展调查研究、提供咨询指导，总结推广典型经验。三是国务院批复了两个区域循环经济规划。2009 年 12 月，国务院批复甘肃省循环经济总体规划，这是首个以国务院名义批复的省级循环经济发展规划。2010 年 4 月，国务院批复青海省柴达木循环经济试验区总体规划，这是首个以国务院名义批复的特定区域循环经济发展规划。这两个区域规划的批复，对于各地规划先行，推动循环经济发展具有重要指导意义。

这些文件和事件，大部分都是在国家发展改革委积极推动下完成的，有些中咨公司是重要的参与者，有些只是一般见证者，但有两项中咨公司独立完成并直接推动政策形成的工作，我至今记忆犹新。一是电石渣制水泥政策。我们在总结国家循环经济试点经验的同时，发现电石渣制水泥是一项非常好的综合利用技术，但并未纳入综合利用税收优惠政策，为此，我们研究起草了《加快电石渣的综合利用，实现固体废弃物的资源化》专题报告，提出了"采用电石渣 100% 替代石灰石制水泥是一个较新的领域，无法完全套用水泥工业的相关政策，建议相关部门研究制定相关政策及办法"的建议。建议引起了国务院有关领导的重视，得到时任国务院副总理曾培炎的批示和国务院秘书长张平批示，国家发展改革委就此开展了专项研究，并于 2008 年发布了《国家发展改革委办公厅关于鼓励利用电石渣生产水泥有关问题的通知》，提出了"国家将对全部利用电石渣替代天然石灰石生产水泥项目的规模和工艺放宽限制"的四项鼓励措施。二是我们报送的咨询专报《杜绝血铅事件须从源头抓起》，时任国务院总理温家宝批示："中咨公司从源头上找到了血铅污染问题，从根本上提出了解决的办法。"国家发展改革委和工信部等部门都召开了专门会议对此事进行研究，制定了应对措施。

二 循环经济进入新阶段，面临新形势

当前，我们已进入新时代，经济增长由快速增长阶段转向高质量发展阶段，要求在生态环境上由高消耗、高排放、高污染转向以效率、和谐、持续为发展目标的绿色经济。由此，循环经济也进入了新的历史时期，赋予了新的历史使命，发展循环经济已成为构建现代经济体系的重要内容，推进产业结构调整和产业转型升级的有效抓手，新型城镇化建设和新型工业化改革的有力支撑，推动绿色发展、实现生态文明的重要途径。

1. 循环经济发展面临的新形势

十八大以来，习近平总书记高度重视循环经济发展。2013 年在考察"城市矿山"企业格林美时指出："变废为宝、循环利用是朝阳产业。把垃圾资源化是一门艺术。"作为产业结构调整和转型升级助推器的循环经济在传统工业化的末期迎来了新一轮的发展契机。2016 年在青海调研盐湖资源时指出："发展循环经济是提高资源利用效率的必由之路，要牢固树立绿色发展理念，积极推动区内相关产业流程、技术、工艺创新，努力做到低消耗、低排放、高效益。"面对着我国诸多品类资源紧缺的现状，以及资源枯竭型城市转型的压力，循环经济作为实现资源节约和高效利用的必经之路，肩负着重要的责任和使命。

循环经济经由理念建立到实践规模化，在不断地调整前进的方向，以适应形势变化和实际需求。"十三五"以来，国家部署了"一带一路"建设、京津冀协同发展、长江经济带建设等一系列重大战略。新时期的循环经济作为"三大战略"目标实现的有力支撑，对于构建区域经济协调发展与生态保护的新格局和创新型发展模式至关重要。

"一带一路"倡议提出以来，中国与世界的连接关系更近一步。丝路所经国家和地区人口众多、自然环境和产业基础不尽相同。在"一带一路"建设中，如何因地制宜开展科学建设，顺利推动中国要素流动转型，避免重蹈先发展再治理的老路，实现经济发展和生态保护双赢，是必须解决的重要问题。

京津冀协同发展是面向未来打造新型首都经济圈，对于全国城镇群地区可持续发展具有重要示范意义。京津冀一体化必然需要推动产业的转移，调整产业结构，重构区域产业体系，在这个过程中如何贯彻循环经济理念进行统筹规划，提高产业发展的循环化程度，也是需要研究的课题。

长江经济带建设强调"走生态优先、绿色发展之路""共抓大保护、不搞大开发""探索出一条生态优先、绿色发展新路子"。在现有生态空间、环境容量约束下，如何以循环经济理念推动长江经济带绿色发展，促进长江沿岸的粗放型工业企业绿色化转型，有效保护长江生态环境，是当前面临的重大挑战。

2. 新时代下循环经济发展的新要求

"十三五"以来，在我国传统产业升级和消费升级的大背景下，循环经济也在不断变革。新旧动能转换为循环经济的实践注入了新的活力，不断催生了新的产业和新的商业模式，也将为要素生产率的提高带来新的潜力。生产领域循环经济新实践体现在诸多方面，例如废弃电器电子产品、报废汽车资源化利用的规模化发展；生活垃圾及生物质发电产业已有较高集中度，其潜力正在逐步释放，餐厨废弃物资源化利用产业规模正在不断扩大；建筑模块化设计及可拆卸方兴未艾，建筑与拆迁废弃物回收再利用产业逐步成形等。消费者领域的循环经济新实践包括"互联网＋"回收体系，以智能手机为代表的废旧商品回收体系等。这些新兴的循环经济产业有着广阔的发展前景，是效率的提高点和效益的增长点。

新的时代背景、新的发展机遇、新要求的提出也赋予了循环经济新理念、新内涵和新特点。新时代下的循环经济既注重传统"3R"的理念的深化，又注重内涵的创新和延伸。一是完善与创新制度体系。目前中国在循环经济方面的法规制度与发展需求相比仍远远不够。建议在原有的制度基础上，加强制度创新，推行生产者责任延伸制度，建立再生产品和再生原料推广使用制度，完善一次性消费品限制使用制度等，通过开展循环经济创新实验区，推动集成化的制度执行。二是利用互联网思维。在当前全球新一轮科技革命和产业变革中，互联网与各领域的融合发展具有广阔前景和无限潜力，成为不可阻挡的时代潮流。在循环经济理念的指导下，鼓励企业积极探索应用新兴的信息技术，加快"互联网＋"资源循环行动，改造传统的再生资源回收模式。三是融入分享经济模式。分享经济是优化供给结构、引导绿色消费的新领域，应大力支持闲置房屋、车辆、物品的分享使用，发展分享办公、分享存储、分享信息，提高闲置资产的利用效率。四是拓展循环连接尺度。打破原有的生产和生活分离式回收及再利用模式，强调"两网融合"发展，推动资源循环利用基地建设，打造新型城市的重要功能区，发挥各类固体废弃物处理设施的协同效应，安全—集中—高效处置及综合利用城市废弃物，进一步提高城市资源利用效率。五是强化科技创新。更新传统循环经济技术，强化应用效果；推动循环经济新兴环节的技术开发和应用。加强各类标准制定，强化产品、行业及环保标准先行来倒逼产品设计、材料使用、流程优化、生产制造、产品回收等各环节的技术创新。

三　新时代背景下循环经济发展的若干建议

党的十八大以来，以习近平总书记为核心的党中央，准确把握我国发展阶段性特征，总结改革开放近 40 年来的发展实践，着眼人民群众新期待，做出了坚持绿色发展、走向生态文明新时代的战略决策，将绿色发展作为新时期五大发展理念之一，将生态文明建设纳入中国特色社会主义事业"五位一体"总体布局，体现了中国共产党人对人与自然关系本质的深刻认识和对人类社会发展规律的深刻总结，为我们推进绿色发展、加强生态文明建设提供了理论指导和实践指南。在生态文明的大旗帜下，循环经济的发展将在不断总结经验、修正问题中继续深入推进，顺应新形势、抓住新机遇、落实新任务，建议新时代循环经济重点从以下几个方面深入开展：

1. 新型城镇化与循环型城市建设

目前我国有 57% 的人口居住在城市，到 2030 年将达到 67%，城镇化进程已进入加速发展时期，未来城市将成为经济发展和环境治理的重要平台，"集约、高效、智能、绿色、低碳"则是新型城镇化建设的必然要求。新型城镇化建设需要循环经济发展的新模式做支撑，循环经济也成为加速新型城镇化进程、推进循环型城市建设的助推器。

在城镇改造和新区建设中推行循环发展理念和模式，打造布局合理、循环共享的生产生活共生体系，构建循环型生产方式和绿色生活方式，推动循环型城市建设。通过"消除废物垃圾"理念的贯彻、两网融合协同发展、城镇基础设施系统优化与集成共享、土地的节约集约利用、绿色建筑和智慧建筑的发展、一次性用品消费控制、绿色低碳交通和共享交通的发展、新能源汽车动力电池的回收利用、清洁能源及可再生能源的应用、城市农业的发展等各类循环经济措施的实践，可有效减少固体废物排放、水体污染、城市颗粒物排放及温室气体排放，改善环境质量；有利于提高废弃物回收再利用效率及资产利用效率；有助于深化生产与生活系统的循环链接程度，提升新型城镇化建设的质量和水平。循环经济在此平台发光发热，将持续创造城市新的价值增长点。

2. 京津冀协同与循环型区域构建

京津冀地区之间自然资源、产业结构存在较大差异，经济发展不均衡，并且面临着污染严重和生态破坏等困境。京津冀协同发展的提出是为了通过区域优势互补来解决区域共同面临的问题，促进京津冀区域整体经济社会发展水平的提升。依据京、津、冀三地的空间布局和产业定位，将循环经济理念贯穿于京津冀区域协同发展进程中，用循环经济丰富的内涵和多元化实践模式指导京津冀及周边资源综合利用产业转移和升级，探索跨地区产业合作及产业协同发展新模式，实现京津冀区域资源综合利用产业规模化、高值化、集约化发展。

在循环经济视域下，京津冀区域应从转变经济增长方式出发，构建区域协同发展的目标，从比较优势出发，科学选择区域发展的资源禀赋与特色增长点。结合京津冀功能定位和产业发展需求，针对区域的协同发展，京津冀三地的再生资源回收利用、工业固体废弃物综合利用等统筹规划、合理布局、优势互补，不符合自身功能定位的及时疏解、转移，符合自身功能定位的继续承接和发展。充分发挥京津冀地区的金融、科技、人才优势，加快建设资源循环产业孵化中心、产业技术创新联盟、企业技术创新中心。积极推动北京地区废旧钢材、塑料、废纸、电子产品、废旧家电、废旧汽车等"城市矿产"的拆解和再生资源高值化企业的逐步转移至周边，实现再生资源区域大循环。在天津、河北等周边资源丰富地区布局资源综合利用产业示范基地和园区，推进尾矿、钢渣、矿渣、煤矸石、粉煤灰和脱硫石膏等固体废弃物的协同利用。将河北省及北京周边地区的生活垃圾焚烧飞灰、危险废弃物集中处置。推动在京津冀区域的资源循环利用公共服务和基础设施共建共享，加快市场一体化进程。

以循环经济理念指导京津冀协同发展是落实国家循环发展引领计划的一项重要举措，对于京津冀区域的经济发展、生态良好和社会和谐目标的实现具有较大的促进作用。

3. 长江经济带与循环型工业带建设

长江沿线布局着众多工业产业，据相关统计，仅石化、化工、医药三大行业的企业有 12 万家之多，还有五大钢铁基地、七大炼油厂及大大小小的化工园区。对这些长江沿岸的化工企业及园区的搬迁治理及绿色发展是今后一段时期的重点工作之一，应将循环经济理念贯彻到企业和园区的改造和发展之中，以集约节约利用土地和产业链接最优的原则指导企业和园区的布局优化和产业集聚；推动源头减排，以各类副产物、废弃物资源化利用"吃干榨净"的原则来构建产业体系，推动企业内部、各关联企业及产业之间循环利用和耦合发展；以公共设施共建共享的原则来布局建设园区的基础公共设施，对园区内企业产生的水、汽、热等尽量实施综合、梯级利用等，实现资源利用的最大化，降低企业成本。按照循环经济理念对化工企业和园区实施优化布局和产业升级改造，把流域性环境综合治理和产业生态化发展结合起来，将对长江经济带的绿色发展起到积极的推动作用。

长江经济带沿岸蕴藏着丰富的磷矿资源，磷化工产业密布在长江沿岸，大量的副产磷石膏堆积成山，据不完全统计，长江经济带沿线堆积的磷石膏有 6.5 吨，年排放量约 6000 万吨，造成长江中上游水资源严重污染，部分河流总磷超标，是极大的环境安全隐患。对磷石膏的治理要拓展思路，按照循环经济理念对其开展多种形式的资源化利用，变废为宝，既要进行建材产品的大宗利用，也应该加快技术创新，开展高值、高质化利用。各地政府应根据情况制定出台相关政策，鼓励磷石膏的资源化利用。

将循环经济理念贯穿于长江经济带的保护和开发之中，兼顾发展质量和生态效益，将会大大促进长江经济带的绿色发展和高质量发展。

4. "一带一路"与循环经济国际化

循环经济理念在"一带一路"建设中应用，是中国实践成果的国际化体现和推广，也是循环经济发展的新契机。"一带一路"的建设要求和循环经济理念相契合，结合当地的经济社会发展规划和空间战略规划，遵循自然以生态产业的培育和发展为主导，规划生态产业园区，建设生态廊道，推动产业要素优化组合，建设生态宜居城镇；大力发展现代循环农业、生物质产业、节能环保产业、清洁能源和新型能源产业、绿色物流业等生态产业；在生态脆弱地带开展生态治理与修复技术，保护生态系统等。

以中国循环经济的成功经验在"一带一路"命运共同体国家中的应用为起点，积极融入国际经济绿色变革的大趋势中，对于增强我国国际绿色竞争力、有效控制温室气体排放、打破绿色贸易壁垒、维护责任大国形象极为重要。

回顾过去，中国国际工程咨询有限公司作为循环经济政策研究、规划编制、项目评估等方面的重要咨询服务单位，为中国循环经济发展贡献了绵薄之力。展望未来，我国已进入习近平中国特色社会主义新时代，我们将以习近平生态文明思想为指引，不忘初心、牢记使命，持续为循环经济发展做出积极贡献。

农作物秸秆还田技术途径与对策[*]

农作物秸秆（简称秸秆）还田是秸秆循环利用的主要实践途径，对培肥土壤、提升耕地地力等级和产出水平、保障国家粮食安全具有十分重要的现实作用和深远意义。根据国家发展改革委和农业农村部共同发布的全国"十二五"秸秆综合利用情况终期评估结果，2015年全国秸秆总产量为10.4亿吨，其中，秸秆留茬还田量为1.4亿吨，可收集利用秸秆直接还田量为3.9亿吨，合计为5.3亿吨，占秸秆总产量的50.96%，与发达国家常规秸秆还田比重相比低20个百分点左右。

一 农作物秸秆还田的技术途径

农作物生产，一半在籽实，一半在秸秆。秸秆从田间来，最终到田间去，形成闭合的循环生产系统，不仅是种养结合循环农业发展的内在要求和主要内容，而且必将成为现代生态农业发展的重要物质基础。

从秸秆"五料化"（肥料化、饲料化、燃料化、基料化、原料化）利用系统来看，秸秆还田的技术途径可分为两大类，一是秸秆直接还田，二是秸秆间接还田。秸秆间接还田方式繁多，不下20种，又大致可归纳为三大类：一是秸秆循环利用堆肥还田；二是秸秆循环利用沼渣沼液还田；三是秸秆能源化利用生物炭和灰烬还田。

1. 秸秆直接还田

秸秆直接还田是指将秸秆放置田间，通过自然腐熟或借助腐熟剂催腐，使其有机物质和矿物质回归土壤，以起到改土培肥之功效。

秸秆直接还田的技术途径可归纳为两大类（见图1），一是秸秆就地直

＊ 毕于运、王亚静，中国农业科学院农业资源与农业区划研究所。

接还田,二是秸秆异地直接还田。

秸秆就地直接还田是我国秸秆直接还田的主导方式。按农作物播种面积计,目前我国秸秆就地直接还田面积约为13.1亿亩,占全国农作物总播种面积的52.4%。

秸秆就地直接还田方式主要有三种,即秸秆机械粉碎旋耕混埋还田、秸秆免耕覆盖还田、秸秆机械粉碎犁耕翻埋还田,其面积分别约为9.8亿亩、2.1亿亩和1.2亿亩,分别占全国秸秆就地直接还田总面积的74.8%、16.0%和9.2%。由于此三种秸秆直接还田方式在我国各地应用范围广,实施面积大,故人们常将其称为秸秆直接还田的"三大方式"或"三种主导方式"。

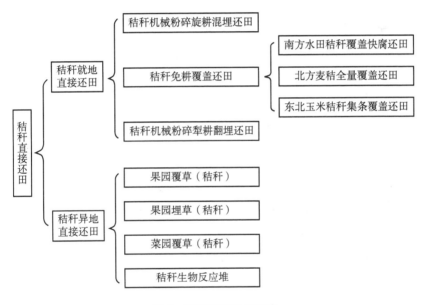

图1 秸秆直接还田方式

(1)秸秆机械粉碎旋耕混埋还田

秸秆机械粉碎旋耕混埋还田(简称秸秆混埋还田),是以全程农机作业为基础,先将秸秆进行充分粉碎,然后进行旋耕,将秸秆混埋在15厘米左右的表层土壤中,同时实现对农田的平整,以备农作物播种或移栽。秸秆粉碎次数一般为2~3次,即在农作物收获时,用收获机悬挂的粉碎装置对秸秆同步粉碎1遍,并抛撒在田面;然后用秸秆粉碎还田机对抛撒在田面的秸秆再粉碎1~2遍。粉碎后的秸秆基本成絮状和粉末状,90%以上的秸秆长度不超过 10 厘米。旋耕次数大多为 2 遍。如果地表积累秸秆过多或田面整平效果不理想，需要进行第 3 遍旋耕。

在我国广大农区，之所以广泛采用秸秆混埋还田的方式，主要由于以中小马力拖拉机为动力机械的秸秆机械粉碎和旋耕混埋作业，是与广大农户"小而散"的田块承包经营规模相适应的。

（2）秸秆免耕覆盖还田

免耕少耕、秸秆覆盖、土壤深松是保护性耕作的三要素。秸秆覆盖还田是保护性耕作的必要技术手段。

农业农村部保护性耕作首席科学家高焕文撰文指出："2007 年 6 月我参加了美国农业与生物工程学会（ASABE）年会和南方保护性农业系统研讨会（SCASC），在农业工程年会上，美国学者提出适合美国的保护性耕作最佳模式不是免耕，而是深松（少耕）加大量秸秆覆盖。他们认为，30% 的秸秆覆盖不够，要 70% 以上甚至 100% 秸秆覆盖率来充分发挥保护性耕作的效益。强调覆盖的作用大于免耕的作用。认为深松有利降雨入渗，减少侵蚀和增加蓄水量，对旱作农业（没有灌溉）作用明显。"

秸秆免耕覆盖还田（简称秸秆覆盖还田）在我国南方、北方和东北地区各形成一种典型的方式（模式），即南方水田秸秆覆盖快腐还田、北方麦秸全量覆盖还田、东北玉米秸秆集条覆盖还田（见图 1）。

（3）秸秆机械粉碎犁耕翻埋还田

秸秆机械粉碎犁耕翻埋还田（简称秸秆翻埋还田，又称秸秆翻压还田），是指在农作物收获时将秸秆直接粉碎抛撒在地表，然后用大马力拖拉机牵引铧式犁或翻转犁对耕地进行深翻，将地表秸秆翻埋到 30 厘米左右的土层以下，然后对表层土壤进行耙耱、镇压等方面的整理，以备农作物播种或移栽。

秸秆翻埋还田适用于大马力拖拉机规模化作业，目前主要在新疆生产建设兵团、黑龙江农垦、各地国有农场、大型农业种植公司、连片种植的农业合作组织、耕地承包经营大户等规模化农业生产组织实施。

（4）秸秆异地直接还田

秸秆异地直接还田是将小麦、玉米、水稻等农作物秸秆收集离田，用于果园、菜园、温室大棚的秸秆还田，包括果园覆草、果园埋草、菜园覆草和温室大棚秸秆生物反应堆（简称秸秆生物反应堆）等。

果园覆草、果园埋草、菜园覆草在我国各地都较为常见，但规模化发展水平不足，消纳秸秆数量有限。

秸秆生物反应堆是我国温室大棚秸秆还田的主要方式，具有 CO_2 施肥、大棚增温、培肥改土、增产提质等方面的效应。根据建造方式可将秸秆生物反应堆分为内置式和外置式两种；根据埋草和种植部位，又可将内置式分为行间内置式和行下内置式两种。

秸秆生物反应堆技术已有 20 年的发展历程，在我国北方各地都有所推广。但由于其建造技术较为复杂、需要人工较多等方面的原因，直到目前仍没有得以大面积的推广应用。相比较而言，内置式秸秆生物反应堆具有较好的推广应用前景。

2. 秸秆循环利用堆肥还田

秸秆循环利用堆肥还田是指以秸秆为原料或以其循环利用过程中的副产物为原料，进行堆肥并还田。秸秆循环利用堆肥还田方式主要有：

一是秸秆直接堆肥还田，主要包括秸秆田头堆肥还田和秸秆商品有机肥工厂化生产两种不同的方式。

秸秆田头堆肥还田是我国最为传统的秸秆堆肥还田方式之一。主要做法是在田间地头选择不影响农作物种植且便于运输的空闲场地，利用就近的秸秆进行槽式、半地下式或地面垛式堆肥，并将堆沤好的肥料就近还田。由于耗费人工较多，此种堆肥方式在农村已不多见。目前较具发展前景的是机械化条垛式堆肥，生产规模亦趋向规模化。

秸秆商品有机肥工厂化生产虽然起步较晚，大多数秸秆有机肥厂主要建于近 10 年，但已逐步成为我国秸秆堆肥还田的主要方式，并在废弃秸秆尤其是蔬菜尾菜处理中发挥越来越重要的作用。随着国家果菜茶有机肥替代化肥行动的实施，近年来秸秆商品有机肥工厂化生产呈快速发展之势。

二是秸秆养畜－畜粪堆肥还田，即秸秆过腹还田。

三是秸秆与畜禽粪便混合堆肥还田。

四是秸秆种植食用菌－菌渣（又称菌糠）堆肥还田。

五是秸秆清洁制浆－剩余有机物堆肥还田。

秸秆清洁制浆利用的主要是秸秆纤维素、剩余的半纤维素、木质素、可提取物等有机物质和灰分，以及秸秆预处理中剩余的边角料，都可用于堆肥。

六是秸秆有机化工生产－剩余有机物堆肥还田。

糠醛、糠醇、L－阿拉伯糖、低聚木糖、木糖、木糖醇等秸秆有机化工产品生产所利用的主要是秸秆半纤维素、剩余的纤维素、木质素、可提取物等有机物质和灰分，以及秸秆预处理中剩余的边角料，都可用于堆肥。

3. 秸秆循环利用沼渣沼液还田

秸秆循环利用沼渣沼液还田是指以秸秆为原料或以其循环利用过程中的副产物为原料，对其进行沼气发酵（又称厌氧消化、厌氧发酵等）处理，沼气用作清洁能源、沼渣沼液还田。秸秆循环利用沼渣沼液还田方式主要有：

一是直接利用秸秆生产沼气－沼渣沼液还田。

二是秸秆养畜－畜粪沼气发酵处理－沼渣沼液还田。

三是秸秆与畜禽粪便混合沼气发酵－沼渣沼液还田。

四是秸秆种植食用菌－菌渣沼气发酵处理－沼渣沼液还田。

五是秸秆清洁制浆－剩余有机物沼气发酵处理－沼渣沼液还田。

六是秸秆有机化工－剩余有机物沼气发酵处理－沼渣沼液还田。

七是秸秆纤维素乙醇生产－秸秆热喷爆高温废液（含有大量的有机挥发分）沼气发酵处理－沼渣沼液还田，即秸秆"醇烷肥"（乙醇、甲烷、沼肥）多联产。

4. 秸秆能源化利用生物炭和灰烬还田

秸秆能源化利用方式有两大类，一是传统的秸秆直接燃用，二是秸秆新型能源化利用。

传统的秸秆直接燃用主要是灰烬还田。灰烬又称草木灰，主要营养元素是钾。在传统农业生产方式中，灰烬还田是补充土壤钾素的主要途径。

秸秆新型能源化利用方式主要有五种，即秸秆固化、秸秆气化、秸秆炭化、秸秆液化和秸秆发电，简称"四化一电"。秸秆气化可细划为秸秆热解气化和秸秆生物气化即秸秆沼气生产；秸秆液化可细划为秸秆水解液化和秸秆热解液化。因此，亦可把秸秆新型能源化利用简称为"六化一电"。具体如图 2 所示。

秸秆"四化一电"最终用于还田的产物主要有两种：一是秸秆生物炭；二是秸秆灰烬。

秸秆生物炭主要来自秸秆连续热解气化，以限制供氧、中温（500～650 ℃）、慢速、连续热解（连续进料、连续热解反应、连续出料）工艺为主，主产物除了生物炭（固定碳与灰渣的混合物）还有可燃气，副产物主要是木焦油和木醋液，故称其为"炭汽油"或"炭汽油液"多联产。

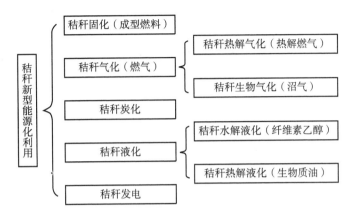

图2　秸秆新型能源化利用方式

由秸秆连续热解气化工艺生成的生物炭多为粉状，可用其作为基质，添加氮、磷、钾等养分中的一种或几种，采用化学方法和/或物理方法，混合制成生物炭基肥。

在秸秆新型能源化利用中，秸秆灰烬又称秸秆灰渣，主要来自秸秆灰分（矿物质）。产生灰渣的秸秆新型能源化利用方式主要有秸秆直燃发电、秸秆固化成型燃料的燃用。

秸秆热解气化如以可燃气为主要产物，即以空气为助燃物质（称为气化剂或气化介质），使秸秆发生部分燃烧，产生的热量用于加热自身并使其大部分物质发生分解，生成可燃气，剩余的固体部分也基本上是灰渣。

二　农作物秸秆还田对策

目前，我国秸秆还田主要存在还田数量不足、还田质量不高；不同地区、不同地类、不同农作物种植田块秸秆还田不均衡；种养脱节限制秸秆过腹还田能力发挥等方面的问题。为进一步提升我国农作物秸秆还田水平，特提出如下对策。

1. 建立新型的农牧结合制度

秸秆综合利用方式虽然与一个国家或地区的人口、资源、环境特点有着千丝万缕的联系，但就整体而言，其综合利用水平是与一个国家或地区的经济发展水平尤其是现代农业发展水平相适应的。

农作物生产，一半在籽实，一半在秸秆。秸秆利用不仅是种养结合循环农业发展的关键环节，而且必将成为现代生态农业发展的重要物质基础。为了促进我国由过度依赖化肥等无机物质的现代农业向有机与无机相耦合的现代生态农业转变，应以农业龙头企业尤其是大型农牧综合体、农业合作组织、家庭农场等新型农业经营主体为依托，以现代生态农业园区为载体，以种养一体化、规模化、标准化为主要经营组织方式，构建系统完善的生态循环农业链条，将秸秆、畜禽粪便等农业废弃物完全消纳在农业生产体系内（园区内），从而建立起完全新型的农牧结合制度，实现农业的园区化、高效化、生态化、可持续发展。

2. 建立具有中国特色的多元组合施肥制度

2015年9月11日中共中央政治局会议审议通过的《生态文明体制改革总体方案》（中发〔2015〕25号）明确提出"完善农作物秸秆综合利用制度"的要求。2017年中共中央办公厅、国务院办公厅《关于创新体制机制推进农业绿色发展的意见》（中办发〔2017〕56号）从"完善秸秆和畜禽粪污等资源化利用制度"的角度，明确提出"整县推进秸秆全量化综合利用，优先开展就地还田"的要求。

现代农业发展历程，是一个由现代农业生产要素对传统农业生产要素不断替代的过程，同时也是一个由注重无机物质投入，到有机、无机物质投入相匹配的发展过程。目前，世界上农业发达的国家都很注重施肥结构，基本形成了秸秆直接还田 + 厩肥（粪便与垫圈秸秆混合堆肥）+ 化肥的"三合制"施肥制度。美国和加拿大的土壤氮素3/4来自秸秆和厩肥；德国每施用1.0吨化肥，要同时施用1.5吨～2.0吨秸秆和厩肥。

与多数发达国家70%左右的秸秆直接还田相比，目前我国秸秆直接还田比重仍低20个百分点左右。参照发达国家的秸秆主要处置方式，中国应继续大力推进秸秆直接还田。同时借鉴发达国家的"三合制"施肥制度，充分考虑我国各类农作物种植的现实经济性和广大农户购买和施用商品有机肥的主要利益驱动，以粮食作物"秸秆直接还田 + 化肥"、大田经济作物"秸秆直接还田 + 有机肥 + 化肥"、果菜茶"有机肥 + 化肥"为主要组合方式，建立具有中国特色的多元组合施肥制度。

目前我国单位面积的秸秆还田量已能满足耕地培肥的基本要求，但存在着不同地区、不同地类、不同农作物种植田块秸秆还田量不平衡的问题。因此，在我国耕地土壤有机质含量总体水平不断提高的同时，仍有相当数量的耕地面临土壤有机质不断下降威胁，进一步开展不同条件下的秸秆均衡还田或增施有机肥势在必行。

3. 开展与秸秆机械还田相适应的耕作制度改革

我国秸秆机械还田以规模化农场为先导，主要始于20世纪70年代。全国现时的秸秆直接还田面积已达到13.1亿亩，其中旋耕混埋还田占到近75%。在我国广大农区之所以广泛采取秸秆旋耕混埋还田的方式，主要由于以中小马力拖拉机为动力机械的秸秆机械粉碎和旋耕混埋作业，是与广大农户小而散的田块承包经营规模相适应的。

连续多年的、旋耕深度一般只有12厘米~15厘米的秸秆旋耕混埋还田，使大量秸秆混合在土壤表层，成为土质松散、结构性较差、容重较低的"秸秆土"，与人们乐见的"海绵土"性能相去甚远。根据大量的入户调研和田间观测，"秸秆土"有六大缺点：一是大量松软的秸秆为病虫害提供"温床"，增加农作物病虫害尤其是土传病虫害发生的概率和程度；二是透风跑墒，抗旱能力差；三是影响种子发芽、着根，增加播种量；四是出现"吊根"现象，影响作物早期生长，发枯发黄；五是耕地"浅、实、少"（"浅"指耕层浅；"实"指犁底层坚实；"少"指活土少），作物抗倒伏能力差；六是秸秆碳氮比高，腐解菌需要氮素营养自身，夏季秸秆的快速腐解可能在根区产生与农作物（尤其是苗期）生长争夺氮源的问题。

为了有效解决秸秆旋耕混埋还田所存在的问题，切实提升秸秆还田质量，需要从如下方面开展与秸秆机械还田相适应的耕作制度改革：

一是定期开展土壤深翻。通过土壤深翻，将积累在土壤表层的秸秆进行翻埋，不仅可促使土壤充分地消纳秸秆，实现秸秆全量还田，提升土壤有机质含量，而且可有效地解决由长期旋耕整地造成的耕层"浅、实、少"的问题，加深土壤耕作层，改善土壤结构，最终实现土壤耕作层的通体再造。

土壤深翻大马力机械作业必须有适当的作业规模。为了有效地推行土壤深翻，应积极开展土地流转和合作经营，或在政府的统一组织下，连片开展土地耕整规模化作业，为秸秆翻埋还田创造条件。

二是积极开展秸秆覆盖还田保护性耕作。由于秸秆在地表的腐解速度明显快于混埋秸秆的腐解速度，通过秸秆覆盖还田亦可避免秸秆旋耕混埋还田所带来的问题。我国北方农牧交错带（干旱半干旱区）、东北平原区、黄土高原地区、西北绿洲农业区、黄淮海地区以及南方地区的某些特定的种植方式，都适宜开展秸秆覆盖还田保护性耕作。目前，整个黄淮海地区的麦茬直播玉米（麦秸全量覆盖还田）面积已经超过 1.2 亿亩。实地调查表明，麦茬直播玉米，覆盖在地表的麦秸经过一个夏季高温多雨的腐解，到秋后玉米收获时已大部分腐烂，基本上不会增加秋季玉米秸秆机械粉碎还田的压力。

三是进一步提高秸秆旋耕混埋还田作业质量。在不具备秸秆翻埋还田和秸秆覆盖还田条件的情况下，要切实按照"抛得匀、粉得碎、旋得深、混得均"的十二字诀要求，进行秸秆机械粉碎旋耕混埋还田作业，以有效地提升其还田质量。"抛得匀"是指在进行农作物收获时，利用收获机悬挂的秸秆粉碎机将秸秆初步粉碎，并均匀地抛撒在农田中，避免秸秆堆积；"粉得碎"是指在进行农作物收获秸秆粉碎的基础上，再利用秸秆粉碎还田机对抛撒在田间的秸秆进行 1～2 次粉碎，粉碎后的秸秆基本成絮状和粉末状，90% 以上的秸秆长度不超过 10 厘米；"旋得深"是指推广应用旋耕刀吃深较大的高性能旋耕机，确保旋耕深度在 20 厘米以上；"混得均"是指经过对秸秆充分粉碎、对土壤多次旋耕，最终将秸秆尽可能均匀地混合在耕作层中。

4. 不断增加秸秆还田补贴受众

中共中央办公厅、国务院办公厅《关于创新体制机制推进农业绿色发展的意见》明确提出将"秸秆综合利用"作为实施农业绿色发展的全民行动之一。

农民群众不仅是秸秆的物权人，而且是秸秆还田行为的主要当事人。秸秆还田不仅有较强的外部生态性和公益性，而且与秸秆就地焚烧相比，当事人（农民）将主要新增两个方面的额外支出。一是秸秆机械粉碎新增作业费用。以黄淮海地区玉米秸秆机械粉碎还田为例，在玉米机收秸秆（由收获机同步进行玉米秸秆初次粉碎）抛撒地表后，一般需要利用秸秆还田机对玉米秸秆再粉碎 1~2 遍。如果是粉碎 1 遍，农机手每亩收费一般为 30 元～40 元；如果是连续粉碎 2 遍，农机手每亩收费一般为 50 元～60 元。如果地表秸秆较多，在旋耕整地时，个别时候还需要增加 1 遍旋耕，即由时常的 2 遍旋耕变为 3 遍旋耕。新增 1 遍旋耕收费一般为 20 元～30 元。二是秸秆还田增施氮肥费用。按照玉米、水稻和小麦等农作物秸秆的现实产量及其碳氮比计算，每亩秸秆全量还田需要配施 6kg～17kg 尿素或同等氮素含量的碳铵、二铵等化肥，按每公斤尿素 2 元计算，需花费 12 元～34 元。在秸秆还田科普宣传比较到位的江苏、山东等地，不少农民已经认识到秸秆还田增施氮肥的必要性，并采取先在秸秆上撒施氮肥（秸秆越湿鲜越好）、紧接着进行秸秆机械粉碎的做法开展秸秆机械粉碎还田增施氮肥作业。如果不增施氮肥，秸秆腐解微生物将主要从土壤中吸收氮素及由之对农作物生长造成的影响，最终仍要由农民自己背负。根据不同的秸秆机械粉碎还田作业量，上述两个方面的费用之和每亩大致为 55 元 ~ 80 元，相当于黄淮海地区现实平均每亩玉米种植总收入的 8% ~ 12%。

秸秆还田是与广大农民群众最为密切相关的农业绿色发展行动。目前，我国秸秆还田补贴已有一定的受众。除财政部和农业农村部在全国 12 省区实施的秸秆综合利用试点项目外，北京、天津、上海、江苏、安徽、宁夏、黑龙江等省（直辖市、自治区）亦利用省级财政对包括秸秆还田在内的秸秆综合利用项目进行了直补。另外，全国还有不少市（地）、县（市、区）利用地方财政进行秸秆还田直补或在省级财政补贴的基础上进行追加补贴。

但就总体而言，我国秸秆还田补贴的受众仍很有限，即使是在全国 100 多个秸秆综合利用试点县和上述已经实施秸秆还田补贴的省市，也大多没能实现秸秆还田补贴全覆盖。为使我国秸秆综合利用"农用优先"的指导原则得以有效落实，充分调动农民大众秸秆还田、培肥土壤的积极性，将秸秆综合利用尤其是将秸秆还田切实变成农业绿色发展的全民行动，各级政府要按照"完善农作物秸秆综合利用制度"的指示精神，大力提升秸秆还田的投资扶持力度，以重点地区和主要作物先行先试为基础，逐步增加秸秆还田补贴的受益面，并力争早日在全国范围内建立起"应补尽补"的秸秆还田补贴普惠制度，从而使农民秸秆还田新增费用得到应有的补偿，并使农民秸秆还田的公益性得到有效的体现。

未来我国秸秆还田补贴普惠制的建立可先期考虑以小麦、玉米、水稻、棉花、油菜五大作物的秸秆还田为重点。按照此五大作物的现实秸秆还田面积（约 10 亿亩）和平均每亩 15 元的补贴标准计，每年共需财政补贴 150 亿元左右。如果这部分资金全部由国家财政支出，约相当于国家现时农林水年度财政总支出的 0.85%。另外，省、地、县三级财政可考虑平均每亩 5 元 ~ 10 元的配套补贴。

践行循环经济，走绿色发展之路[*]

当前我国正处于新旧动能转换的关键时期，循环经济是推动我国生态文明建设的重要抓手，也是破解经济社会发展与资源环境约束的矛盾的重要突破点。面对资源与环境的历史性挑战，格林美－循环经济的实践者，自2002年首次在国内提出"资源有限，循环无限"产业理念，坚守初心，牢牢抓住绿色发展历史机遇，在短短的10多年，从零起步，搭建国家级创新平台，吸引与培养出一批一批的博士后高端人才，创新出一批一批世界级水平的成就，造出世界一流质量的产品并销往全球一流企业，形成百亿元绿色产业规模，走上高技术、高质量发展之路，成为世界领先的废物循环企业，世界先进的动力电池材料制造企业，先后被国家贴上国家循环经济示范企业、国家城市矿产示范基地、国家循环经济教育基地、国家创新型企业、国家绿色工厂等各种国家级创新和绿色发展标签，为我国循环经济发展史写下了浓墨重彩的篇章。

一　改革开放带来经济体制新格局，循环经济萌芽，格林美应运而生

在实施改革开放基本国策二十余年之后，在"资源－产品－废弃物"的线性经济弊端初现之时，循环经济以资源节约和循环利用为特征、与环境和谐发展的经济发展模式登上改革开放历史舞台。格林美创始人许开华教授抓住这一历史机遇，终于将心中的绿色梦想付诸实践，2001年12月28日，格林美（源丁英文名称 Green Eco-Manufacture，绿色－生态－制造）正式注册成立。在创业者技术资本、原始启动资本与政府创新资助的支持下，格林

---

[*]　许开华，格林美股份有限公司董事长。

美创业团队在深圳市宝安区桃花源科技创新园开始了循环技术孵化研究工作，提出了"资源有限、循环无限"的产业理念，以及"发展循环技术，拯救有限资源""发展绿色产业、改善生存空间"等诸多思想，倡导开采城市矿山，向城市要资源。以废旧电池、废旧钴镍资源为例，开发循环利用技术，完成了废旧电池、废旧钴镍资源循环再造超细钴镍粉末的技术研究，获得核心专利，掌握了关键技术。

二 循环经济进入国家战略，资本涌入，助推格林美循环产业飞速发展

2005 年，国务院印发了《关于加快发展循环经济的若干意见》，提出我国推动循环经济发展的指导思想、基本原则、主要目标、重点任务和政策措施，这是我国循环经济发展史上第一个纲领性文件，是循环经济进入国家战略的里程碑。意见的发布，让格林美等循环经济企业坚定了信心，明晰了方向。

国家对循环经济产业的导向，格林美的核心循环技术，加之循环经济产业的可观前景，为格林美吸引了大量的资本加盟，助推绿色产业腾飞。

2005 年起，各级风险资本加入格林美，为格林美循环产业输血，解决科技成果向规模化转化的资金需求，实现技术资本与风险资本的嫁接，帮助格林美走上发展快车道。

经过近十年的积累，格林美循环产业破茧而出。2010 年 1 月，格林美以"中国循环经济第一股"的美誉在深交所挂牌上市，股票代码 002340，是中国开采"城市矿山"资源第一只股票、再生资源行业和电子废弃物回收利用行业的第一只股票。

借助资本市场的力量，格林美从深圳出发，一路北上东进，先后在广东、湖南、湖北、江西、江苏、浙江、福建、河南、天津、山西、内蒙古等11 省份建成 16 个循环产业基地，纵横 3000 公里，与数亿人建立了废物处理合作关系。

2017 年，格林美实现销售 107 亿元，位列中国环保上市公司第 7 名与中国民营制造 500 强。

2018 年，格林美实现 138 亿元销售，实现逆势大幅增长。

格林美的循环经济实践，得到了党和国家的高度认可。2013 年 7 月 22

日，习近平总书记参观格林美时强调："变废为宝、循环利用是朝阳产业。垃圾是放错位置的资源，把垃圾资源化，化腐朽为神奇，既是科学，也是艺术。你们要再接再厉！"六年来，总书记的嘱托化为格林美永远的东风、永恒的激情、永久的动力，全体格林美人团结一致，踏石留印、抓铁有痕，努力打造世界一流的循环产业集团。

三　实施创新驱动，走高质量发展之路，推动格林美循环产业行稳致远

习总书记指出，关键技术，核心技术，化缘是化不来的，要靠自己拼搏。在国家大力倡导创新是引领发展第一动力的时代背景下，格林美作为中国循环经济领域先驱者之一，自创立至今，始终坚持实施创新驱动发展战略，将技术创新作为公司循环产业发展的第一要务。经过17年创新创业，格林美解决了几个关键问题：

一是开发了废物再生的关键技术体系与装备体系，建立中国废物循环再生领域的自主核心技术与自主知识产权体系，成就格林美在世界废物再生行业的领军地位，格林美拥有"国家电子废弃物循环利用工程技术研究中心"，以第一完成单位两次获得国家科技进步二等奖、5次获得省部级科技进步一等奖，在废物再生行业拥有相当的技术话语权。核心技术包括废弃钴镍钨资源循环再生的关键技术、废旧电池资源化利用与动力电池梯级利用的关键技术、电子废弃物绿色利用与报废线路板资源化利用的关键技术、报废汽车整体资源化的关键技术、三元前驱体材料与三元正极材料制造的关键技术。

二是完成了全国范围核心城市的循环产业布局，在10省市、韩国和南非建成16个循环产业与材料再制造园区，资源获取与循环产业覆盖中国纵横3000公里，并成功布局"一带一路"，奠定全国性大规模循环企业的大格局。

三是完成钴镍钨、电子废弃物、报废汽车、废旧电池、"三废"处理五大核心产业链的建设与前驱体、镍资源和动力电池回收三大合作链布局，成为世界废物再生与新能源材料行业产业链完整、竞争力最强的企业，成为全球最大的钴镍钨资源回收利用企业、全球最大钴镍锰废旧电池回收利用企业、全球领先的电子废弃物综合回收利用企业、全球最大的三元前驱体材料制造企业、全球最大超细钴粉制造企业，先后被国家授予"国家绿色工厂"

"国家城市矿产示范工程"与"国家动力电池回收试点企业（全国 5 家之一）"，具备做精做强做大的产业基础。

四是格林美主营产品成为行业优质品牌，拥有一批行业 TOP5 的主流客户，打通了从废物回收到新能源材料制造的万亿级市场通道，掌控未来 20年的"主流行业－主流产品－主流客户"，销往世界 TOP5 客户与中国 TOP5客户占比销售总额的 50% 以上，出口额占总销售额的 40% 以上，主流产品出现市场供不应求的局面，格林美已经全面步入高质量发展阶段。钴镍钨粉末业务拥有全球的一定定价权，盈利能力不断提升与固化，成为格林美的定海神针。新能源材料成为主力产品与核心业务，拥有巨大市场空间，成为格林美强大的增长动力。

五是完成了"废物回收－废物转运－废物管理－废物绿色处置"的废物绿色管理链建设，格林美另一个核心优势是能够管控好废物，拥有全球先进的废物回收、废物管控、废物绿色处置的庞大体系，包括废物管控的时空信息体系（国家支撑计划）、物流仓储体系、全产业链处置体系。格林美先后获取了危险固体废物收集与处置资质、报废电子电器处置资质、报废汽车回收资质、动力电池回收与处置资质、国家废钢准入资质、国家绿色工厂等各种国家牌照，成为国家优秀的环境绿色企业，奠定做强做大的行政许可与国家环保信誉。

四 科技创新，打造双国家级创新平台，批量吸引高端人才，创新成果斐然，成果转化遍地开花

十余年苦练内功、创新驱动，格林美的创新成果成功进入国家战略，为服务国家、支撑行业做出重要贡献。格林美先后被国家部委授予国家循环经济试点企业、全国循环经济工作先进单位、国家循环经济教育示范基地、国家"城市矿产"示范基地、国家技术创新示范企业、国家知识产权示范企业等荣誉称号，成为践行中国绿色发展理念的优秀实践者。国家电子废弃物循环利用工程技术研究中心、国家企业技术中心均依托格林美组建，中心先后承担了国家科技支撑计划、国家高技术研究发展计划（863）课题、国际科技合作项目、全球环境基金项目等重大科技攻关项目 30 余项。

高质量发展需要高质量人才提供有力支撑，人才是创新驱动的核心要素，要真正实现创新驱动，实现更高质量、可持续的发展，就必须具备一支

富有创新精神、敢于承担风险的高素质创新型人才队伍。格林美在循环经济领域的创新成果离不开人才战略。现有研发人才500余名，约占员工总数的10%，其中不乏国务院特殊津贴专家、博士后、博士等高端人才，但要激活各级人才的创新潜力，必须充分发挥领军人才的"头雁效应"。《格林美股份有限公司技术创新奖励制度》中规定："做研发就有奖励""成果转化就有分红"。2017～2018年连续两年举办创新大会，以奔驰、宝马轿车重奖创新人物和领军人才。同时为了更大发挥领军人才的"头雁效应"，格林美还给予领军人才可自由支配经费，让领军人才自选课题、自组团队，让"头雁"在宽广的科研平台上自由飞翔、长袖善舞！2015～2018年，格林美年度研发经费从5000万元到3.5亿元，4年翻了7倍，创造了行业奇迹。根据2018年颁布的《格林美集团创新激励制度》，格林美集团共对15名国家专家、突出创新人物和领军人才，85个创新项目、8个质量提升项目、3个市场协作项目进行了表彰奖励，共奖励两千余万元，并向全球发布高达3.0亿元的创新项目指南，全面实施创新项目合伙人模式，掀起一场创新风暴！在创新工作上，敢投入、高投入，将推动格林美永续创新，跑步创新，打赢新时代全球创新之战。

截至2019年1月31日，格林美共申请专利1675件：其中PCT专利35件、国外发明专利18件、国内发明专利853件、国内实用新型专利696件、国内外观设计专利73件。制修订标准178项，其中已发布141项；申请注册商标250件，有效商标235件；著作权登记45件。

格林美的创新实践充分佐证了习总书记关于"民营经济是创业就业的主要领域，技术创新的重要主体"的论断。国家以企业为主体的创新体系正在形成，国家创新经费往企业投放产生的创新成就正在崭露头角，2018年度国家科技进步奖，民营企业获奖数量超过国企，民营企业已然成为创新最活跃的群体。格林美作为循环经济领域的民营企业时刻牢记总书记的嘱托，以创新支撑企业走高质量发展道路。2010年，格林美"废弃钴镍材料的循环再造关键技术及产业化应用"项目夺得国家科学技术进步奖，时隔九年，2019年格林美主导的"电子废弃物绿色循环关键技术及产业化"项目再次荣获国家科学技术进步二等奖。

唯改革者进，唯创新者强，唯改革创新者胜，只有拿出"敢为天下先"的勇气，锐意改革，激励创新，开发先进循环技术，才能助力循环经济的巨轮行稳致远。

五　发展绿色产业，构建循环产业共同体，让资源在全球循环起来

2013 年习近平总书记提出"一带一路"合作倡议，积极发展与沿线国家的经济合作伙伴关系，共同打造政治互信、经济融合、文化包容的利益共同体、命运共同体和责任共同体，这是改革开放发展历程中的又一重要举措。2018 年 12 月 18 日，习近平总书记在庆祝改革开放 40 周年大会上的讲话中指出"必须坚持扩大开放，不断推动共建人类命运共同体"。构建资源与环境保护的命运共同体正是循环经济工作的未来发展方向，格林美作为中国循环经济的领跑者，近年来已经开始在构建循环产业共同体上发力。2018 年 1 月，格林美荣获达沃斯世界经济论坛全球循环经济跨国公司奖亚军，这标志着格林美不再是一个区域企业，而是一个先进的全球化跨国绿色公司，要履行全球绿色发展的领袖使命。

广义上来说，循环经济考虑的不仅仅是再生资源，而是联合制造企业、消费者等构建基于产品生态设计的循环经济体系，推动资源在全球范围内循环起来。格林美开创性构建了"电池回收－原料再造－材料再造－电池包再造－电池回收"的新能源全生命周期价值链商业模式，从全产业链着手打造循环产业共同体。2016 年 10 月 12 日，格林美收购生产基地位于南非德班的蜀金属公司，该公司是全球领先的钴粉生产企业，实现了格林美在"一带一路"上的产业布局；2018 年 9 月 28 日格林美成功与青山实业、CATL 签约，在印尼建设 5 万吨金属的镍资源项目，并于 2019 年 1 月 11 日在印度尼西亚青山园区举行了盛大的项目奠基仪式。这一系列举措说明，格林美等循环经济企业正从单纯的废弃资源回收利用，向产品的生态设计，全产业链的构建，以及打造全球范围内的循环产业共同体的转型升级。

循环产业，只有起点，没有终点，格林美人始终坚信，绿色产业是未来最大的产业。未来，格林美将聚焦发展"开采城市矿山＋新能源材料"两大绿色产业，坚守绿色梦想，践行循环经济，走绿色发展之路，实施质量优先战略，为我国改革开放与循环经济发展贡献力量，为全球"消除污染、再造资源"努力奔跑，做循环经济与绿色发展永远的追梦人！

下篇
产业发展

第一章
矿产资源综合利用

一 煤系共伴生矿产

2016 年，煤炭回采率总体达标，我国煤炭资源井工煤矿薄煤层采区回采率一般达到 85%，中厚煤层采区回采率一般达到 80% 以上，厚煤层采区回采率一般达到 75%；露天煤矿薄煤层采区回采率达到 70% 以上，中厚煤层采区回采率一般达到 80% 以上，厚煤层采区回采率一般达到 85% 以上，特厚煤层采区回采率达到 95% 以上。原煤入选率逐年提高至 70%，洁净煤生产规模扩大。煤系高岭土（岩）、油母页岩等共伴生矿产精深加工产业稳步发展，与煤系共伴生的高铝矿石、高铝粉煤灰及镓、锗等资源开发利用探索的新进展，提高了有益矿产资源效益水平。2016 年，我国煤层气勘察新探明地质储量（减掉老煤层气田复算量）净增 564.41 亿立方米。新增探明技术可采储量（减掉老煤层气田复算量）合计净增 280.58 亿立方米，新增探明经济可采储量（减掉老煤层气田复算量）合计净增 206.91 亿立方米，全国采收率平均为 50.3%。

煤炭综合利用产值及占总产值比例大幅下降，2016 年，我国煤炭综合利用产值为 282.08 亿元，同比下降 33.22%；综合利用产值占总产值比例为 3.92%，同比下降 37.58 个百分点。

二 黑色金属共伴生矿产

黑色金属主要指铁、锰、铬及其合金，如钢、生铁、铁合金、铸铁等。2016 年，铁矿开采难度加大，开采水平稳步提高，铁矿地采回采率为 86%，比上年提高 1.4 个百分点；采出品位 33.8%，比上年降低 0.2 个百分点。露采铁矿回采率为 96.5%，与上年持平；采出品位为 27.9%，与 2015 年相比基本保持不变。

2017 年，我国查明铁矿资源储量为 848.44 亿吨，比上年增长 1.0%；锰矿资源储量为 18.46 亿吨，比上年增长 19.1%；铁矿石产量 12.3 亿吨，比上年增长 7.1%。超贫铁矿共伴生磷铜资源综合回收与节能降耗技术、钛精矿烘干高效干湿联合除尘脱硫环保技术、难磨难选磁铁矿高效细磨精选技术等矿产资源综合利用先进适用技术被自然资源部大力推广。

四川省攀枝花钒钛磁铁矿综合利用示范基地、河北冀东地区铁矿资源综合利用示范基地、安徽省马鞍山铁矿资源综合利用示范基地、湖北省鄂西地区宁乡式铁矿综合利用示范基地顺利通过自然资源部验收，铁矿资源基地的建设取得了较好的成果，能够使铁矿资源回采率提高 8%，回收率提高 6.2%，增加产值 20.4 亿元。

三　有色金属共伴生矿产

有色金属资源选别难度增大，选矿回收水平总体向好的方向发展。在原矿入选品位变化不大的情况下，铜矿选矿回收率与上年持平，铅矿、锌矿、钨矿等均比上年提高。

2017 年铜矿金属资源储量为 1.06×10^8 吨，比上年增长 4.9%；铅矿金属资源储量为 8.97×10^7 吨，比上年增长 4.9%；锌矿金属资源储量为 1.85×10^8 吨，比上年增长 4.2%；铝土矿资源储量为 50.89 亿吨，比上年增长 4.9%；钼矿金属资源储量为 4.5×10^6 吨，比上年增长 1.1%；锑矿金属资源储量为 3.19×10^6 吨，比上年增长 4.1%。

2017 年，十种有色金属产量 5378 万吨，同比增长 3.0%。其中，铜、铝、铅、锌产量分别为 889 万吨、3227 万吨、472 万吨、622 万吨，同比增长 7.7%、1.6%、9.7%、-0.7%。规模以上有色金属工业增加值累计同比增长 0.7%。2017 年，国内主要有色金属价格同比大幅回升。2017 年，铜、铝、铅、锌现货均价分别为 49256 元/吨、14521 元/吨、18366 元/吨、24089 元/吨，同比分别增长 29.2%、15.9%、26.0%、42.8%。

铅锌多金属矿选矿废水高效分质全回用新技术、钼矿绿色选矿工艺与特大型选矿装备集成技术、钼矿伴生极低品位铜综合回收技术、铅锌选矿全流程自动控制信息处理系统集成技术、含铜低品位金矿资源利用技术、钼精矿焙烧尾气铼回收技术等矿产资源综合利用先进适用技术被自然资源部大力推广。

甘肃省金川铜镍多金属矿资源综合利用示范基地、湖南省柿竹园多金属资源综合利用示范基地、广西平果低品位铝土矿综合利用示范基地、广西南丹大厂锡多金属矿资源综合利用示范基地、安徽省铜陵有色金属资源综合利用示范基地等 14 个有色金属矿产资源综合利用示范基地顺利通过自然资源部验收，提高了有色金属开发利用水平，回采率、选矿回收率普遍提高 1% ~ 6%。

四　非金属共伴生矿产

2017 年，我国查明硫铁矿资源储量为 60.6 亿吨，比上年增长 0.4%；磷矿资源储量为 252.84 亿吨，比上年增长 3.6%；萤石矿物资源储量为 2.42 亿吨，比上年增长 8.9%；钾盐资源储量为 10.27 亿吨，比上年下降 2.8%；石膏资源储量为 984.72 亿吨，比上年增长 1.2%；高岭土资源储量 34.74 亿吨，比上年增长 2.3%；膨润土资源储量 30.62 亿吨，比上年增长 3.2%；石棉资源储量为 9545.85 亿吨，比上年下降 0.2%；滑石资源储量为 2.89 亿吨，比上年增长 1.1%。

2017 年，生产磷矿石 1.2 亿吨，较上年增长 0.6%；生产平板玻璃 7.9 亿重量箱，较上年增长 3.5%；生产水泥 23.2 亿吨，较上年下降 0.2%。

2017 年，低品位膨润土干法提纯技术、复杂伴生萤石低温高效浮选技术、采区移动设备智能化监管系统、长石中性浮选技术、砂石骨料矿山高效抑尘技术、磷矿矿井水无害化处理及综合利用技术、利用盐湖开发副产品生产纯碱技术等 20 项非金属高效采选和综合利用技术被自然资源部大力推广。

2017 年，辽宁凤城翁泉沟硼铁矿综合利用示范基地、云南磷矿资源综合利用示范基地、贵州开阳磷矿资源综合利用示范基地、青海柴达木盆地盐湖综合利用示范基地、湖北宜昌中低品位磷矿综合利用示范基地、浙江萤石资源综合利用示范基地顺利通过自然资源部验收，基地的验收使非金属的开发利用水平提高 5% 左右，盘活 1.1 亿吨磷矿，2 亿吨钾盐，实现盐湖锂资源的工业利用。

五　矿井水

据测算，2017 年，我国煤炭矿井水量达 53.5 亿吨，但实际利用率仅为 72%，治理利用的仅有 38.5 吨。

煤矿矿井水处理技术主要包括以下几种：一是悬浮物矿井水处理技术，悬浮物矿井水的处理需要借助混凝剂进行混凝沉淀，进而除去悬浮物。二是酸性矿井水处理技术，酸性矿井水一般使用中和化学法进行处理，典型处理工艺有石灰乳法、滚筒式中和机和变速升流式膨胀中和滤池。三是高矿化度矿井水处理技术，高矿化度矿井水需要混凝、过滤、沉淀和脱盐技术，脱盐技术主要包括反渗透脱盐和电渗析脱盐。四是矿井水就地复用技术，此技术需要解决井下空间利用技术、可移动技术、安全防爆技术、自动控制技术等关键技术。

第二章
农林废弃物综合利用

农林业废弃物资源化利用是改善农业农村环境污染、发展农业循环经济、提升农业绿色发展水平、助力乡村振兴战略、实现农业可持续发展的有效途径。据估算，全国每年产生秸秆近9亿吨，未利用的约2亿吨；每年产生畜禽粪污38亿吨，综合利用率不到60%；每年生猪病死淘汰量约6000万头，集中专业无害化处理比例不高；每年使用农膜200万吨，当季回收率不足2/3；每年所需的农药包装物高达100亿个（件），被随意丢弃的农药包装废弃物超过30亿个（件）。

一 农作物秸秆

2017年，国家相关部门在规划引领、试点示范、技术支撑、模式推广及政策扶持等方面开展了相关工作，全国秸秆综合利用率达82%，基本形成肥料化利用为主，饲料化、燃料化稳步推进，基料化、原料化为辅的综合利用格局。在规划引领方面，国家发展改革委办公厅、农业部办公厅、国家能源局综合司印发了《关于开展秸秆气化清洁能源利用工程建设的指导意见》（发改办环资〔2017〕2143号），明确提出开展秸秆气化清洁能源利用工程建设，拓展农村清洁能源供给渠道，推动秸秆综合利用高值化、产业化发展。在试点示范方面，各地秸秆综合利用亮点突出，8个试点省份秸秆综合利用率稳定在86%以上，其中江苏省秸秆综合利用率达到92%；山西省立法禁止秸秆露天焚烧；吉林首次划定秸秆禁、限烧区域；农业农村部开展了"东北地区秸秆处理行动"，利用中央财政秸秆综合利用试点资金支持东北地区以玉米主产县为单元，大力推进秸秆肥料化、饲料化、能源化三大主攻方向，加快培育秸秆收储运社会化服务组织，实现东北地区秸秆综合利用率比 2016 年提高了 7.1 个百分点。在技术支撑方面，通过增设秸秆综合利用科学家岗位、组建"东北区域玉米秸秆综合利用协同创新联盟"等形式，围绕秸秆资源化利用的技术瓶颈，形成"集团军"式的研发模式，秸秆直接还田、饲料化利用、秸秆沼气发酵、能源燃料、基质化利用等方面技术均取得了较大突破。在模式推广方面，农业农村部印发了《区域农作物秸秆处理利用技术导则》、发布了秸秆农用十大模式、全国农产品及加工副产物综合利用典型模式，加大了成熟适用的技术模式推广应用。在政策扶持方面，除利用财政资金支持秸秆综合利用试点建设外，还安排补贴资金 4.57 亿元支持秸秆粉碎还田机、捡拾打捆机购置；出台了《2018～2020 年农业机械购置补贴实施指导意见》，明确要优先保证秸秆还田离田等支持农业绿色发展机具的补贴需要。截至目前，全国秸秆粉碎还田机保有量达到 85.6 万台、秸秆捡拾打捆机保有量 4.68 万台，秸秆还田面积 7.43 亿亩，捡拾打捆面积 0.88 亿亩。

二　畜禽养殖废弃物

据测算，2017 年，全国畜牧业总产值超过 3.2 万亿元，养殖户达到 1 亿多户，生产 8546.8 万吨肉类、3070 万吨禽蛋，生产牛奶 3545 万吨，畜禽粪污产生量为 38.18 亿吨，综合利用率约为 60%。

2017 年，国务院办公厅印发了《关于加快推进畜禽养殖废弃物资源化利用的意见》（国办发〔2017〕48 号），明确指出，要以畜牧大县和规模养殖场为重点，以沼气和生物天然气为主要处理方向，以农用有机肥和农村能源为主要利用方向，加快构建种养结合、农牧循环的可持续发展新格局，促进畜牧业绿色发展。各地积极落实国务院文件精神，积极组织编制畜禽养殖废弃物资源化利用的实施意见，推动各省、市畜禽养殖废弃物资源化利用；国家发展改革委、农业部认真贯彻落实党中央、国务院的有关决策部署，研究提出 2018～2020 年，集中中央预算内投资、加大投入力度，在 586 个畜牧大县中，通过竞争性比选，每年择优选择项目县，支持 200 个以上畜牧大县整县推进畜禽粪污资源化利用工作；全国畜牧总站组织征集畜禽粪污资源化利用典型技术模式，总结提炼出种养结合、清洁回用及达标排放 3 个方面 9 种畜禽粪污资源化利用主推技术模式。

三 农膜回收

国家统计局公布的数据显示，2014 年中国农用塑料地膜覆盖面积达 2.98 亿亩，全国地膜用量达到 144.1 万吨位，居世界第一。2017 年全国农膜使用量达 260 万吨，其中地膜约 170 万吨，回收率约 60%。在政策引领方面，2017 年 5 月，原农业部印发了《农膜回收行动方案》，提出到 2020 年，全国农膜回收网络不断完善，资源化利用水平不断提升，农膜回收利用率达到 80% 以上，"白色污染"得到有效防控。方案实施一年多来，在政府相关部门的有效推动下，在企业、农民的积极配合与落实下，农膜回收行动初战告捷：甘肃、新疆和内蒙古 3 个重点用膜区 100 个示范县建立了以旧换新、经营主体上交、专业化组织回收、加工企业回收等多种方式的回收利用机制，农膜回收利用水平明显提升，当季农膜回收利用率达到 80% 以上。在标准规范方面，《聚乙烯吹塑农用地面覆盖薄膜》强制性国家标准于 2018 年 5 月 1 日正式实施，将地膜最低厚度从 0.008 毫米提高到了 0.010 毫米，从源头上提高了地膜产品质量和可回收性。在财政支持方面，将残膜回收机列入了农机购置补贴范围；通过中央财政补贴 10 亿元继续支持河北等省（自治区）开展旱作农业技术推广工作，推行先回收利用后补助政策，杜绝超薄地膜进入农资市场；并支持可降解地膜研发、示范推广、监测评估等工作。在试点示范方面，在新疆、甘肃选择 4 个县探索"谁生产、谁回收"生产者责任延伸机制；在技术支撑方面，工业和信息化部将农用地膜废旧塑料等再生资源综合利用相关技术纳入《再生资源综合利用先进适用技术目录》；农业农村部将全生物降解地膜替代技术列为 10 项重大引领性农业技术之一。在创新回收机制方面，调整相关项目资金使用方向，变补使用为补回收；建立了经营主体上交、专业化组织回收、加工企业回收等多种方式的回收利用机制。

四 农药包装物

我国已跃居全球最大的农药生产国，农药包装物以小型包装为主，如按每 100 克农药制剂一个包装物进行统计，每年生产的农药包装物可达 100 亿个。目前农药包装废弃物均按照危险废物进行处置。2017 年底，原环境保护部和原农业部联合发布《农药包装废弃物回收处理管理办法（征求意见稿）》，对农药包装废弃物回收、贮存、运输和处置进行了规定，进一步明确了农药生产者、经营者的回收义务，并提出建立回收奖励或使用者押金返还等制度，引导农药使用者主动交回农药包装废弃物。

第三章
大宗工业固废综合利用

一　尾矿

2017 年我国尾矿产生量 16.13 亿吨，同比增长 1.0%，综合利用量为 3.87 亿吨，同比增长 5.6%；综合利用率为 23.99%，较 2016 年提高 1.66 个百分点（见图 3-1）。

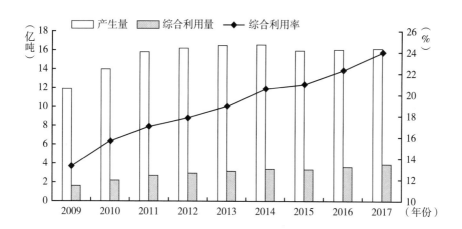

图 3-1　2009~2017 年我国尾矿产生与利用情况

现阶段，我国尾矿的综合利用方式主要为尾矿直接用作充填材料，主要利用高浓度尾矿与胶凝材料配比制成的高水速凝材料充填矿山地下采空区，利用量约占尾矿综合利用总量的 53%。其次是提取有价元素、作为建材原料和土壤调理剂。

二　粉煤灰

2017年，国内粉煤灰产生量达5.15亿吨，同比减少2600万吨，综合利用量约3.95亿吨，同比减少0.37亿吨，综合利用率达76.70%，较2016年下降3.15个百分点（见图3－2）。

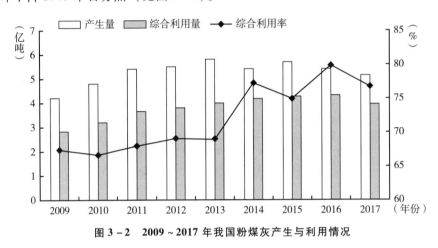

图3－2　2009～2017年我国粉煤灰产生与利用情况

近年来，随着房地产增长潜力逐渐下降，水泥等建材利用量增速趋缓，建材消纳固废容量随之降低，以粉煤灰为代表的硅酸盐类固废的综合利用市场逐渐萎缩。粉煤灰综合利用方式开始逐步从粗放型利用向集约型、高值化利用转变。粉煤灰制备托贝莫来石晶须、粉煤灰超细改性橡塑功能填料、粉煤灰制造陶瓷纤维、粉煤灰制造氮氧化物耐火材料等技术，高铝粉煤灰提取氧化铝等综合利用技术不断取得关键技术突破。2017年，内蒙古大唐国际再生资源开发有限公司的高铝粉煤灰提取氧化铝多联产技术开发与产业示范项目获得国家科学技术进步奖二等奖。

三　工业副产石膏

2017年全国工业副产石膏产生量为1.95亿吨，较2016年增加300万吨，其中，脱硫石膏产生量为7300万吨，磷石膏8100万吨，其他工业副产石膏3500万吨。综合利用量为1.45亿吨，综合利用率为74.36%，同比大幅提高22.86个百分点（见图3－3）。

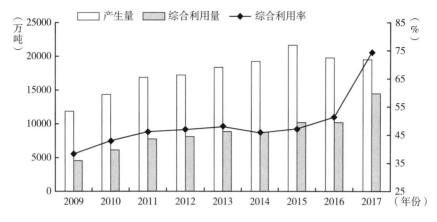

图 3 - 3　2009～2017 年我国工业副产石膏产生与利用情况

1. 脱硫石膏

近年来，脱硫石膏综合利用率在快速增长，2017 年综合利用率已经达到 90% 以上。脱硫石膏综合利用技术成熟，综合利用率高，主要用于替代天然石膏作水泥辅料、石膏板、石膏砌块和粉刷石膏等建筑材料，占综合利用总量的 70% 左右。另外约有 5% 用于做农肥或土壤改良剂，作为雕塑材料、提取有价元素等其他方面的应用约占 25% 。

2. 磷石膏

由于重金属、有机质等杂质的存在，严重制约了磷石膏的综合利用，全国磷石膏的综合利用率一直在 20% ～30% 。目前，磷石膏主要用于生产建筑石膏、水泥缓凝剂、石膏砌块和石膏砖、充填材料、土壤改良剂及复合胶凝材料、制备硫酸铵和硫酸等化工产品等。自 2017 年以来，随着环保督查的不断深入，磷石膏综合利用越来越被重视，贵州省和四川省德阳市分别全面实施磷石膏"以用定产"政策，将磷石膏产生企业消纳磷石膏情况与磷酸等产品生产挂钩，倒逼企业加快磷石膏资源综合利用，逐步实现磷石膏产销平衡。

四　煤矸石

2017 年，随着煤炭产能下降以及固废源头减量技术的推广和应用，我国煤矸石产生量继续下降，全年煤矸石产生量约 6.23 亿吨，综合利用量约 4.52 亿吨，综合利用率为 72.55% （见图 3 - 4）。

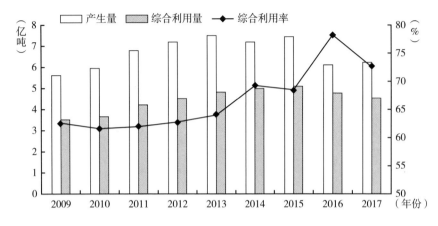

图 3-4　2009～2017 年我国煤矸石产生与利用情况

　　我国的煤矸石主要用于发电、矿坑回填和做建筑材料。大部分煤矸石热值在 1000～3000kcal，北方地区，尤其是辽宁、内蒙古、山西、陕西地区煤矸石热值较高，南方地区煤矸石的热值较低。约 30% 的煤矸石用于发电，超过 50% 的煤矸石用于回填和生产建筑材料。目前煤矸石已经被广泛地应用到水泥、砖等建筑材料的生产中，煤矸石砖年产量已达到 200 亿立方，年综合利用煤矸石约 5000 万吨。此外，煤矸石还被用于生产沸石、瓷砖以及聚合物氯化铝等，还可以用作农用肥料。

五　钢铁冶金废渣

　　2017 年全国钢铁冶金废渣产生量约 4.49 亿吨，同比增加 600 万吨；综合利用量 3.51 亿吨，同比下降 200 万吨；综合利用率为 78.17%，较 2016年降低 1.53 个百分点（见图 3-5）。

　　钢铁冶金废渣主要指高炉矿渣和钢渣两部分。目前，高炉矿渣综合利用技术成熟，综合利用水平较高，在矿渣水泥、矿渣混凝土、矿渣耐火砖及道路、铁道工程中比较常见。近几年矿渣粉行业发展迅速，根据中国混凝土和水泥制品协会发布的资料，目前全国矿渣粉行业产能达 2.2 亿吨，全国矿渣粉年产量超过 1 亿吨。矿渣粉产业已跻身于建材行业中继水泥之后的第二大、有规模、具有精细化生产过程的胶凝材料产业。

　　钢渣由于其微膨胀性能等因素一直尚未得到很好的应用。与日本、欧洲、美国等国 90% 左右的利用率相比，我国的钢渣综合利用率仅在 30% 左

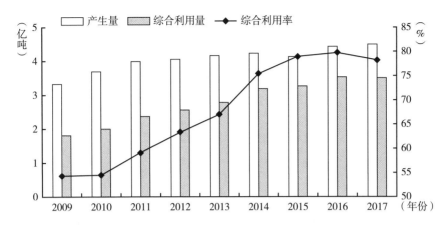

图 3 - 5　2009～2017 年我国钢铁冶金废渣产生与利用情况

右。刚出炉的钢渣在进行除铁后，一部分作为烧结配料返回烧结继续使用，其他的主要用于水泥生料配料，作为混合材和掺合料应用于混凝土生产中，作为再生骨料应用于道路建设中，少量钢渣作为土壤调理剂治理酸性土壤。

六　有色冶金废渣

2017 年全国有色冶金废渣产生量约 4100 万吨，同比减少 1700 万吨；综合利用量 2400 万吨，同比下降 1072.46 万吨；综合利用率为 58.54%，较 2016 年降低 1.33 个百分点（见图 3 - 6）。

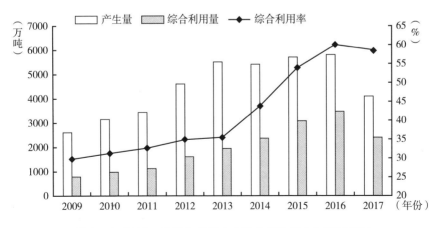

图 3 - 6　2009～2017 年我国有色冶金废渣产生与利用情况

1. 铜冶炼渣

目前，我国铜冶炼渣年产 1100 万吨，综合利用主要用于二次提取铜资源。国内采用选矿富集处理铜冶炼渣的企业主要有白银有色集团、江西铜业集团、铜陵有色集团、大冶有色集团及祥光铜业集团等。江西铜业贵溪冶炼厂、山东阳谷祥光铜业冶炼厂已成功应用"铜冶炼渣缓冷－半自磨＋球磨－铜矿物浮选"技术，达到国际先进水平。

2. 镍冶炼渣

我国镍渣每年新增约 200 万吨，累计堆存量超过 4000 万吨。金川公司是国内主要的镍生产企业，每年镍渣产量占全国的 90% 左右。镍渣中含有 40% 左右的铁以及少量的镍、钴和铜等有价金属，对渣中的铁回收是镍渣综合利用的主要方式，目前国内采用的方法主要有化学浸出法、还原熔炼法以及选矿法，铁回收率可达 90% 以上。此外，镍渣还经常用于井下充填材料，可用闪速炉水淬镍渣代替充填骨料，此技术比较成熟，其抗压强度和抗拉强度均可以满足矿井充填的强度要求。

七 赤泥

2017 年，全国赤泥产生量为 8900 万吨，综合利用量为 400 万吨，综合利用率为 4.49%（见图 3 - 7）。

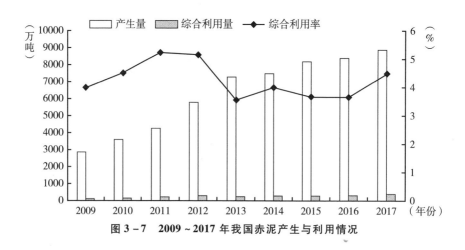

图 3 - 7 2009～2017 年我国赤泥产生与利用情况

由于赤泥低成本脱碱问题尚未得到彻底解决，我国赤泥综合利用率不足 5%，主要用于提取铁、钪等有价元素，中和酸性土壤，少量用于筑路。近些年，随着环保力度的不断加大，中铝、魏桥等企业纷纷开始投入重金开展赤泥综合利用研发，也有很多民营企业在积极进行赤泥综合利用研发工作，如山东海逸等企业自主研发的赤泥综合利用作路基材料技术已经得到了产业化应用，该技术大规模推广，将有效推动赤泥大规模应用，提高赤泥综合利用率。

第四章
资源再生利用与再制造

一 废钢铁

2017 年，我国粗钢产量 83173 万吨，同比增长 2.9%；生铁产量 71076 万吨，同比增长 1.4%；钢材产量 104818 万吨，同比下降 7.9%。由于世界经济增长乏力，全球贸易走势低迷，铁矿石进口价格维持小幅调整上涨趋势，钢铁企业进口铁矿石 107500 万吨，同比增长 5%。

2017 年，我国回收废钢铁为 17391 万吨，同比增长 14.9%。其中，重点大型钢铁企业回收废钢铁 14791 万吨，同比增长 64.2%；其他行业回收废钢铁 2600 万吨，同比下降 57.5%。废钢铁价格全年也出现较大波动，1~5 月，由于国家强势取缔中频炉，导致废钢资源阶段性过剩，大量废钢资源涌现，致使废钢价格急速下跌，其间最大跌幅甚至超过了 30%。5 月份以后，随着优质资源争抢进入白热化，以及压饼、破碎等加工工艺逐步得到普及，废钢价也开始了艰难的攀升，"南货北上"潮流，以及转炉大量提升废钢用量、电葫芦投产提速、废钢出口激增等，均成为废钢价格震荡攀升的重要因素。全国炼钢废钢铁综合单耗 177.8 千克标煤/吨钢，同比增长 66.8 千克标煤/吨钢。废钢比为 17.78%，比去年提高了 6.6 个百分点。废钢铁消耗的增长，反映出重点钢铁企业原料结构发生变化，对节能减排、改善生态环境非常有利。

二 废有色金属

2017 年，我国有色金属行业总体呈现生产平稳、价格上涨、效益向好的态势。据统计，2017 年我国十种有色金属产量 5501.0 万吨，同比增长

2.9%，增幅比上年扩大 0.4 个百分点。再生有色金属工业主要品种（铜、铝、铅、锌）总产量约为 1375 万吨，同比增长 10.44%。其中再生铜产量 320 万吨，同比增长 6.7%；再生铝产量 690 万吨，同比增长 7.0%；再生铅产量 205 万吨，同比增长 20.6%；再生锌产量 160 万吨，同比增长 3.2%。

2017 年，国内主要废有色金属回收量约为 1065 万吨，同比增长 13.7%。其中废铜回收量约为 200 万吨，同比增长 11.7%；废铝回收量约为 500 万吨，同比增长 12.9%；废铅回收量约为 205 万吨，同比增长 24.2%；废锌回收量约为 160 万吨，同比增长 6.7%。

2017 年再生铅的价格始终在低位徘徊，虽然市场需求并没有减少，但是从全年交易价格看其盈利能力较差。再生铜的回收利用趋势放缓，基本处于较平稳的态势。再生铅的市场需求增长强劲，蓄电池回收循环利用产业带动效果凸显，这得益于国家产业政策的引导，全年呈现出良好的产业发展态势。再生锌循环利用方面只是呈现出产业刚性需求，没有太明显的变化。

三　废塑料

2017 年中国塑料行业受环保趋严政策及整体经济形势等因素影响，塑料产品订单向大中型企业转移，小规模尤其家庭作坊式非正规生产企业数量锐减。据国家统计局数据统计，2017 年，我国塑料制品总产量为 7515.5 万吨，同比增长 3.4%，较 2016 年增速继续扩大。中国出口塑料制品 1168 万吨，同比增长 12.2%；出口金额 2627.9 亿元，同比增长 11.6%，较 2016 年出口增速明显提高。中国塑料产品行业的快速发展，对全国经济平稳发展起到重要支撑作用。

2017 年，国内废塑料回收量约在 1693 万吨，较 2016 年的 1878 万吨下降了 185 万吨，降幅为 9.9%。但得益于废塑料市场供不应求现状，废塑料价格持续走高，国内废塑料回收总值为 1081 亿元，较 2016 年仍有 12.9% 的增幅，同时废塑料行业整体盈利水平较 2016 年有所提高，部分产品盈利提高 50%~60%。

四　废玻璃

2017 年我国平板玻璃累计产量为 79023.5 万重量箱，同比增长 2.1%；

日用玻璃制品行业和玻璃包装容器行业共累计完成产量 2843.1 万吨，同比下降 4.1%。日用玻璃制品行业产量同比增长 17.38%；玻璃包装容器行业产量同比下降 3.47%。

2017 年我国废玻璃产出量约为 2000 万吨，其中废平板玻璃产出量约为 850 万吨，占总产出量的 42.5%；废日用玻璃产出量约为 1000 万吨，占总产出量的 50%；其他废玻璃产出量为 150 万吨，占总产出量的 7.5%。

2017 年我国废玻璃回收量为 1070 万吨，同比增长 24.4%。其中废平板玻璃回收量为 600 万吨，占总回收量的 56.1%；废日用玻璃回收量为 335 万吨，占总回收量的 31.3%；其他废玻璃回收量为 135 万吨，占总回收量的 12.6%。

五　废纸

2017 年，我国国内经济整体形势稳中向好，造纸行业生产运行整体情况保持基本平稳态势，全国纸及纸板生产量为 11130 万吨，较上年增长 2.53%；消费量为 10897 万吨，较上年增长 4.6%。目前，造纸及纸制品业企业数量为 6636 家，比上年减少 16 家。其中：造纸业 2754 家，减少 3 家；纸制品制造业 3882 家，减少 13 家。

2017 年，电子媒体的飞速发展对平面媒体的冲击依然继续，传统书写印刷类用纸品种需求增速较弱。其中，新闻纸需求下降幅度较为明显，产量为 249.1 万吨，同比下滑 18.1%，导致新闻纸回收量下降幅度明显。但网购与新兴物流兴起，纸包装的废弃量增长显著。包装类用纸市场需求和价格均有上涨，文化用纸市场需求有所恢复，产品价格也有所提高。2017 年 7 月国务院发布了《禁止洋垃圾入境推进固体废物进口管理制度改革实施方案》，强化了对固体废物进口管理，对 9 月份以后的废纸进口带来影响，但由于前 8 个月的进口量比去年同期多 80 余万吨，全年进口总量为 2571.7 万吨，同比下降 9.8%。我国国内废纸回收量呈缓慢上涨趋势，2017 年全年回收总量为 5285 万吨，同比增长 6.5%。

六　废旧轮胎

2017 年，中国汽车轮胎总产量约为 6.53 亿条，同比增长 7.05%，销售收入同比增长 14.99%，但利润降幅高达 49.56%。其中，子午线轮胎产量为 6.13 亿条，同比增长 8.45%；斜交胎为 0.40 亿条，同比下降 11.11%；子午化率为 93.8%。在子午胎产量中，全钢胎 1.31 亿条，同比增长 8.19%；半钢胎 4.82 亿条，同比增长 8.45%。

随着我国汽车保有量的大幅增加，废旧轮胎的产生量也必然随之快速增长。另外，大量的货车在物流运输过程中存在长期超载超速，使用一些价低质劣、非"三包"轮胎等现象，也加大了废旧轮胎的产生量。2017 年，我国废旧轮胎产生量约 3.4 亿条，重量合 1300 万吨以上，废旧轮胎的回收量为 507 万吨，其中翻新量为 27 万吨，再生利用量为 480 万吨，再生橡胶产量达到 442 万吨，橡胶粉产量达到 38 万吨。

七　废弃电器电子产品

2017 年中国家用电冰箱产量为 8670.3 万台，同比增长 13.6%；房间空气调节器产量 18039.8 万台，同比增长 16.4%；洗衣机产量 7500.9 万台，同比增长 3.2%；生产微型计算机 29009 万台，同比下降 7.7%；彩电产量 17233 万台，同比增长 1.6%，其中液晶电视机 16901 万台，增长 1.2%；智能电视 10931 万台，增长 6.9%，占彩电产量比重为 63.4%。

2017 年，电视机、电冰箱、洗衣机、房间空气调节器、电脑的回收量约为 16370 万台，约合 370 万吨。截至 2017 年底，全国共有 29 个省（区、市）的 109 家废弃电器电子产品拆解处理企业纳入废弃电器电子产品处理基金补贴企业名单，5 种家电产品处理量合计 7967.1 万台，其中，电视机 4213 万台、电冰箱 802 万台、洗衣机 1351 万台、房间空调器 396 万台、微型计算机 1205 万台。随着补贴标准的变化，处理种类从废电视机一个品种独大逐渐趋向多元化，废洗衣机、废冰箱、废空调等白色家电品类拆解量增加较为明显。

八　报废机动车

截至 2017 年底，全国机动车保有量达 3.1 亿辆，其中全国民用汽车保有量达 2.17 亿辆，增加 2304 万辆，同比增长 11.85%。新注册登记的机动车 3352 万辆，其中新注册登记汽车 2813 万辆，同比增长 2.22%，均创历史新高。

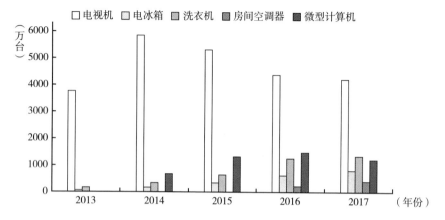

图4-1　2013～2017年我国五种主要废弃电器电子产品报废数量

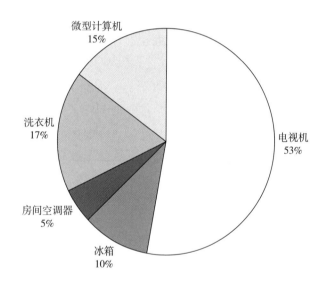

图4-2　2017年我国五种主要废弃电器电子产品处理比例

根据全国汽车流通管理信息系统统计，2017年，全国689家报废汽车回收拆解企业共回收报废机动车174.1万辆，同比下降3.2%，其中汽车147.2万辆，同比下降7.6%，摩托车27万辆，同比增长31%。

九　报废船舶

有关统计数据显示，"十二五"期间，国内拆船企业拆解国内外废船

1449 艘，约 1076 万轻吨，轻吨量同比增加 70.6%。其中，国内废船约 276 万轻吨，轻吨量同比增加 3.5 倍以上；进口废船约 799 万轻吨，轻吨量同比增加超 40%。拆船总量约占全球同期拆船总量的 23%。为节能减排所做的贡献是：节约 1100 万吨精矿粉；减少 2900 万吨原生铁矿石开采；节约 340 万吨标煤、1870 万吨水耗和 180 万吨溶剂；减少 1160 万吨二氧化碳排放。

2017 年，国内拆船企业累计拆解国内外废船（商船）约 200 艘，近 130 万轻吨，基本与 2016 年持平。回收各类废旧金属材料及其他可再生资源超过 100 万吨，节约近 500 万吨煤和铁矿石资源，减少约 130 万吨二氧化碳的排放，为节能减排、绿色发展做出了重要贡献。

2017 年 4 月，中国拆船协会发布《关于印发〈拆船业发展"十三五"规划〉的通知》，根据规划，"十三五"期间，力争实现拆解废船总量 500 万轻吨（约 2500 万载重吨）目标。

十　废旧纺织品

中国是纺织工业大国，近年来纺织工业发展迅速，2017 年，我国纺织纤维加工总量约达 5482.4 万吨，废旧纺织品回收量约为 350 万吨，同比增长 29.6%；回收总值约为 14 亿元，同比增长 62.8%；进口量为 27.3 万吨，同比减少 6.2%；出口量为 33.79 万吨，比 2016 年增加 19.91 万吨。随着中国人民生活水平的提高，废旧纺织品的产生量还将持续增长。

十一　废旧电池

2017 年，全国规模以上电池制造企业（约 1300 家）主营业务收入 6538.3 亿元，同比增长 26.45%，实现利润总额 422.3 亿元，同比增长 19.17%。2017 年电池总产量约 536.75 亿只，产销率达 95.5%，同比下降 1.7%。电池出口总量 319.18 亿只，同比增长 5.9%；出口总额 247.68 亿美元，同比增长 5.15%。电池进口总量为 44.31 亿只，同比下降 1.06%；进口总额 55.49 亿美元，同比增加 2.83%。其中，锂离子电池产量 111.1 亿只，同比增长 32.25%；出口量 16.7 亿只，同比增长 11.72%；进口量 16.81 亿只，同比下降 0.89%。锂离子产品主营业务收入 3749.3 亿元，同比增长 34.47%，实现利润总额 285.8 亿元，同比增长 25.8%。2017 年新能源汽车销量 77.7 万辆，动力锂离子电池车辆配套量约 36.41GWh，动力电池约占锂离子电池总产量的三分之一。

2017 年，废电池（铅酸电池除外）回收量约为 17.6 万吨，同比增长 46.7%。其中：废一次电池回收量约为 3 万吨，废二次电池回收量约为 14.6 万吨。在消费环节，目前废一次电池散布在城市生活垃圾中，逐年积累，从环境保护要求考虑，亟待研究经济可行的回收利用技术，在有条件的地区建立规范的废电池回收体系。

十二　再制造

近年来，在技术推进、政策支持与市场发展的多重推动下，我国的再制造关键技术取得重要突破、再制造产业获得快速发展，形成了"以尺寸恢复和提升性能"为特征的中国特色再制造技术模式，可以使旧件尺寸精度恢复到原设计要求，并提升零件的质量和性能。目前，国内从事再制造的试点企业近百家，涉及工程机械、矿采机械、汽车、机床、船舶、办公设备等各个行业；再制造产业示范基地与技术研发中心建成发展，截至 2018 年底，我国再制造产值达 1000 亿元人民币。

第五章
垃圾资源化利用

一 生活垃圾

（一）城市生活垃圾

2017 年，全国城市生活垃圾清运量为 21520.9 万吨，比上年增加 1158.9 万吨；无害化处理量为 21034.2 万吨，无害化处理率达到 97.7%，比上年提高 1.1 个百分点。从 2008 年到 2017 年，城市生活垃圾无害化处理率从 66.8% 增长到 97.7%，增长了 30.9 个百分点。无害化处理量从 10306.6 万吨增长到 21034.2 万吨，增长了 10727.6 万吨。

2017 年，全国城市共有生活垃圾无害化处理厂 1013 座，比上年增加 73 座。其中卫生填埋厂 654 座，比上年减少 3 座，同比降低 0.45%，生活垃圾焚烧厂 286 座，比上年增加 37 座，同比增长 14.86%。

从处理方式来看，2017 年，全国城市生活垃圾卫生填埋量为 12037.6 万吨，占无害化处理总量的 57.23%，同比下降 3.09%；全国城市生活垃圾焚烧量为 8463.3 万吨，占无害化处理总量的 40.24%，同比增长 2.74%。2008 ～ 2017 年，生活垃圾卫生填埋量所占比例持续下降，从 81.73% 下降至 57.23%；焚烧量所占比例持续上升，从 15.23% 上升至 40.24%。

2017 年，国家对城市生活垃圾处理设施的固定资产投入为 240.8 亿元，较 2016 年增加 122.7 亿元。

（二）县城生活垃圾

2017 年，全国县城生活垃圾清运量为 6747 万吨，比上年增加 81 万吨；

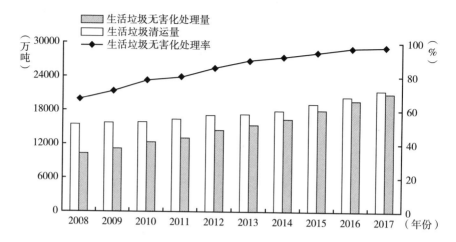

图 5 - 1　2008 ~ 2017 年城市生活垃圾清运量、无害化处理量、无害化处理率

资料来源：历年《中国城乡建设统计年鉴》《国家统计局统计年鉴》。

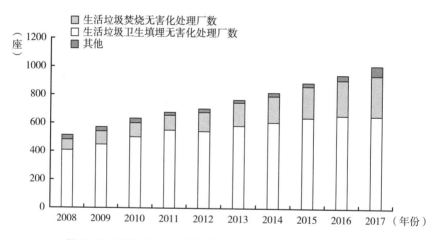

图 5 - 2　2008 ~ 2017 年城市生活垃圾无害化处理场变化趋势

资料来源：历年《中国城乡建设统计年鉴》。

无害化处理量为 6140 万吨，无害化处理率为 91.0%，比上年提高 5.8 个百分点。2008 ~ 2017 年，县城的生活垃圾无害化处理率从 12.34% 增长到 91%。无害化处理量从 838.69 万吨增长到 6139.95 万吨，增长了 5301.26 万吨。

2017 年，全国县城共有生活垃圾无害化处理场（厂）1300 座，比上年增加 27 座。其中，卫生填埋场 1183 座，比上年增加 75 座，同比增长

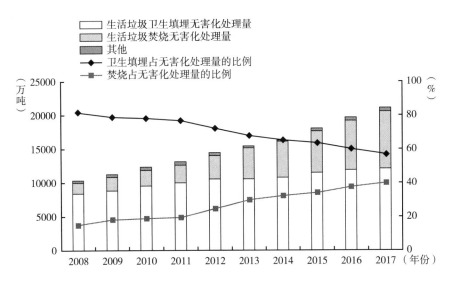

图 5 – 3 2008～2017 年城市生活垃圾无害化处理量及处理方式的变化

资料来源：历年《中国城乡建设统计年鉴》《国家统计局统计年鉴》。

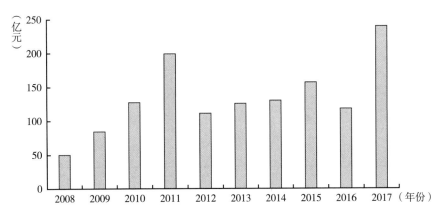

图 5 – 4 2008～2017 年全国城市生活垃圾处理设施固定资产投入

资料来源：历年《中国城乡建设统计年鉴》。

6.8%，焚烧厂 50 座，比上年增加 13 座，同比增长 35.1%。

2017 年，全国县城生活垃圾卫生填埋无害化处理量为 5087.45 万吨，占无害化处理总量的 82.86%，同比下降 3.64%；全国县城生活垃圾焚烧无害化处理量为 858.18 万吨，占无害化处理总量的 13.98%，同比上升 3.8%。

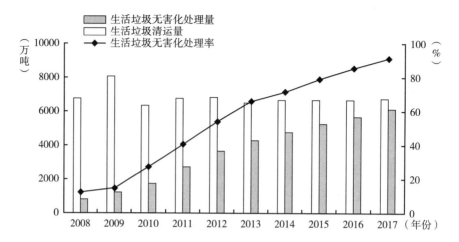

图 5-5　2008～2017 年全国县城生活垃圾清运量、无害化处理量、无害化处理率

资料来源：历年《中国城乡建设统计年鉴》。

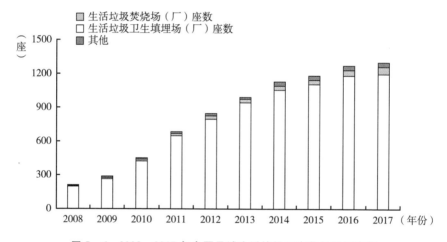

图 5-6　2008～2017 年全国县城生活垃圾无害化处理厂变化

资料来源：历年《中国城乡建设统计年鉴》。

2017 年，对县城生活垃圾处理设施的固定资产投入为 114.9 万元，较 2016 年增加 62.5 亿元。

从 2008 年到 2017 年，我国城镇（城市和县城）生活垃圾处理得到高速发展，生活垃圾清运量、处理量、无害化处理率增长迅速，无害化处理设施得到大规模建设，焚烧和填埋仍然是我国城镇生活垃圾处理的最主要的两种方式，焚烧在城市发展较快，但卫生填埋在县城仍占据绝对分量。

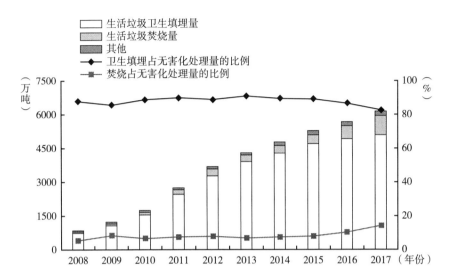

图 5 - 7　2008～2017 年县城生活垃圾无害化处理量及处理方式的变化

资料来源：历年《中国城乡建设统计年鉴》。

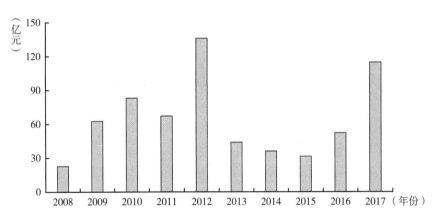

图 5 - 8　2008～2017 年全国县城生活垃圾处理设施固定资产投入

资料来源：历年《中国城乡建设统计年鉴》。

（三）村镇生活垃圾

2017 年建制镇生活垃圾处理率为 87.2%，无害化处理率为 51.2%，生活垃圾中转站数量为 27657 座，环境卫生投入为 186.4 亿元，垃圾处理投入为89.2亿元。镇乡生活垃圾处理率为73.0%，无害化处理率为23.6%，生活垃圾中转站数量为10433座，环境卫生投入为19.7亿元，垃圾处理投入为10.2亿元。镇乡级特殊区域生活垃圾处理率为72.6%，无害化处理率为39.4%，生活垃圾中转站数量为914座，环境卫生投入为4.6亿元，垃圾处理投入为2.6亿元。2017年全国镇乡及镇乡级特殊区域垃圾处理共计投入101.9亿元，垃圾中转站数量共计39004座。

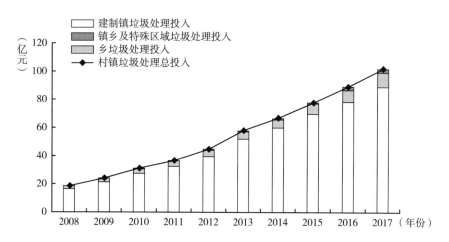

图 5-9　2008~2017 年全国镇乡及镇乡级特殊区域生活垃圾处理投入情况

资料来源：历年《中国城乡建设统计年鉴》。

2017年，全国对生活垃圾进行处理的行政村比例达到68.1%，比上年增加3.1个百分点。农村投入环境卫生的资金达到294.5亿元，比上年增加55.4亿元，同比增长23.2%。其中垃圾处理投入达到135.6亿元，比上年增加25.3亿元，同比增长22.9%。从2013年到2017年，村庄垃圾处理投入从44.0亿元增长到135.6亿元，投入扩大两倍以上，对生活垃圾进行处理的行政村数量几乎翻倍。

由于我国村镇垃圾处理起步较晚，与城镇相比仍有巨大差距。2017年2月，环境保护部、财政部联合印发的《全国农村环境综合整治"十三五"规划》指出，我国仍有40%的建制村垃圾收集处理设施缺失，村镇垃圾污染"脏乱差"问题依然突出。但是近年来，国家重视程度不断提高，进行生活垃圾处理、村庄整治的村子不断增多，在环境卫生方面的投资保持较快增长，农村生活垃圾治理也将取得较快进展。

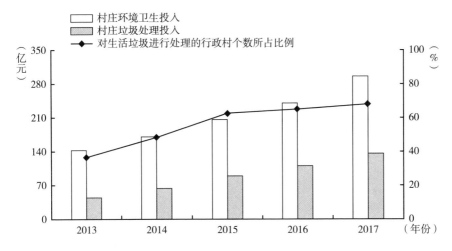

图 5 – 10　2013～2017 年村庄生活垃圾处理情况

资料来源：历年《中国城乡建设统计年鉴》。

二　餐厨垃圾

按照城镇人口每人每天产生 0.15kg 餐厨垃圾计算，2011 年我国餐厨垃圾产生量为 3782 万吨，2017 年我国的餐厨垃圾产生量增长到 4454 万吨，增长率为 2.4%。近年来随着我国居民生活水平的提高，人均餐厨垃圾产生量将持续增长，以城镇人口为基数测算的餐饮垃圾产生量较实际产生量应当偏低。

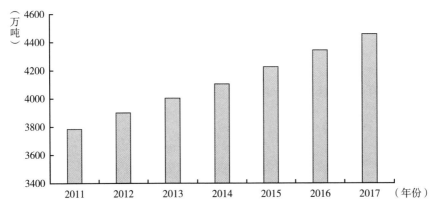

图 5 – 11　2011～2017 年餐厨垃圾产生量测算值

据不完全统计，截至 2017 年底，我国餐厨垃圾处理项目（包括筹建、在建和投产项目）达 172 座，总规模达到 3.54 万吨/日，其中已投运 87 座，处理能力为 1.87 万吨/日，占比为 53%，筹建和在建 85 座，处理能力为 1.67 万吨/日，占比为 47%。与"十二五"末相比，餐厨项目整体有所增加，但是已投运的处理能力占比相对较低。

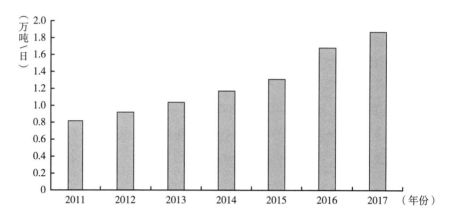

图 5-12　2011~2017 年餐厨垃圾处理能力变化趋势

"十三五"期间餐厨垃圾处理空间巨大，按照"十三五"规划目标测算，到 2020 年，收运环节市场空间为 100 亿，处理环节为 206.4 亿。另外，中小城市及县城餐厨废弃物处理项目也将不断得到开发，项目规模将从 100 吨/日以上的大规模处理向小型化发展，运营管理能力的提升将成为新的发力点，运营管理也将产生巨大的市场空间。

三　建筑垃圾

（一）我国建筑垃圾产生情况

由于建筑垃圾数据的统计存在较大难度，很少有国家建立起对建筑垃圾的统计体系，只能采取可获得的数据进行合理估计。根据建筑行业公认数据，每拆除 1 平方米预计产生 1.3 吨建筑垃圾；每新建 1 平方米预计产生 0.3 吨建筑垃圾；在装修环节，如果是居民住宅装修，将产生 0.1 吨建筑垃圾，如果是公用建筑装修，产生的建筑垃圾更多。

结合以上数据与国家统计局建筑业相关建筑面积统计数据，估算 2017 年全国建筑垃圾总产生量约为 12.7 亿吨。

（二）建筑垃圾处理状况

2018 年，住房和城乡建设部印发《关于开展建筑垃圾治理试点工作的通知》（建城函〔2018〕65 号），决定在北京市等 35 个城市（区）开展建筑垃圾治理试点工作。随着试点工作的开展，目前除港、澳、台外，我国 32 个省级行政区均已开展建筑垃圾综合管理和资源化利用工作，建成投产和在建的建筑垃圾年处置能力在 100 万吨以上的生产线有 150 条左右，半固定式、临时性或小规模处置企业几百家，总资源化利用量超过 2 亿吨；行业的从业企业以民营为主，逐渐有央企、地方国企、上市公司进入建筑垃圾综合利用领域。随着环保压力和天然原材料的紧缺，以建筑废弃物为原材料的再生产品市场有所好转，行业的盈利模式逐步形成，预计"十三五"的建筑垃圾资源化目标将提前完成。

四　污泥

近年来污水处理一直是我国环保行业的重中之重，污水处理能力和年处理量逐年增加，污泥产量也不断攀升。截至 2017 年底，我国拥有城镇污水处理厂 2209 座，处理能力达到 15743 万立方米／日，年处理量 465.5 亿吨。据统计，2017 年我国城镇污水处理厂污泥产生量为 5265 万吨（含水率为 80%），同比增长 1266 万吨。

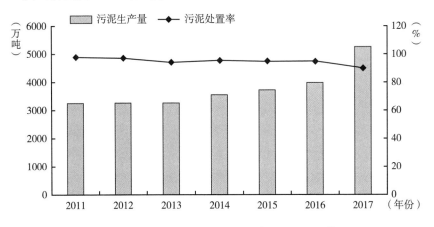

图 5 - 13　2011 ~ 2017 年全国污泥产生量及处置情况

2017年污泥处置率为90.3%，较2016年下降4.8个百分点，下降的主要原因是污泥处置能力跟不上污水处置能力的增长速度。2015年和2016年污泥处置的固定资产投资分别为18.86亿元和18.53亿元。2017年，我国污泥处置固定资产投资为21.1亿元，同比增长2.57亿元，增长13.9%。按照《"十三五"全国城镇污水处理及再生利用设施建设规划》，"十三五"期间，全国城镇将新增或改造污泥无害化处置能力60116吨/日。

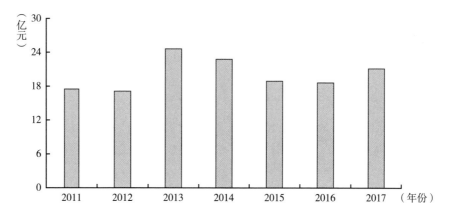

图 5-14　2011~2017年全国污泥处置固定资产投资情况

专题报告

第一章
推动我国塑料垃圾污染防治研究

一　国外推进塑料消费减量的主要措施

（一）欧盟层面的主要措施

1. 实施目标管理

2014 年欧盟修订了《包装与包装废弃物指令》，该指令对成员国提出了更高的要求，要求欧盟各成员国，以 2010 年的数据为基准，在 2017 年前减少 50% 的轻便型塑料袋（厚度为 10 微米～49 微米的塑料袋），在 2019 年前减少 80% 的轻便型塑料袋。同年 11 月欧盟理事会通过了限制塑料袋使用的法案。到 2019 年底，每人年度消费量要低于 90 个，至 2025 年降至 40 个；并准许成员国通过选择各种措施限制塑料袋的使用或者颁布禁止免费使用塑料袋的禁令达到设定年度消费量目标。

2. 推进塑料替代

在包装领域推广可降解材料替代塑料包装物。指令要求在 2019 年之前将用于包裹水果、蔬菜和糕点糖果等食品的塑料袋替换为纸袋或可降解的袋子；2018 年 1 月 16 日欧盟委员会发布了《欧洲循环经济中的塑料战略》，提出到 2030 年之前，欧盟市场上全部塑料包装都要实现可重复使用或循环再生。

3. 注重分类回收

要求根据处理方式（回收、填埋、焚烧、可降解等）的不同对包装塑料进行分类，采取差别税率征收不同额度的税费。

（二）欧洲国家的主要做法

公开文献显示，自 2011 年 1 月，意大利实施全国性禁塑令；法国将塑料制品分为一次性制品、生物基制品和全生物降解制品，并从 2018 年 1 月 1 日起，所有含有塑料微粒的化妆品都要被下架，2020 年 1 月 1 日起，家用塑料棉花棒和一次性塑料餐具也将被禁止出售；德国鼓励废塑料的堆肥处理；爱尔兰通过收税提高塑料袋价格，并将"限塑"重心放在公民意识培养上，全社会已经形成不接受、不欢迎塑料袋的氛围。

总的来看，欧盟及其成员国通过目标总量控制、税收差异化、寻找替代材料、建立鼓励机制、培养社会公众意识、实施禁塑令等措施实现了塑料减量化，对我国开展塑料减量工作具有一定的借鉴意义。

（三）美国各州的主要措施

美国的主要城市或州也采取了相关措施，减少消费领域一次性塑料制品的使用，其措施主要有以下两个方面：

1. 经济手段调控

西雅图规定如果消费者使用一次性塑料袋，需要额外支付 20 美分的税；马里布、费尔菲尔德、洛杉矶等城市禁止使用免费塑料袋，如果使用需要交纳 20 ~ 35 美分不等的税；华盛顿市在 2009 年也开始使用塑料袋征收环保税，当年 6 月 16 日通过了"一次性塑料袋限用法案"，该法案规定，购物者如果使用一次性塑料袋，不但需要向超市或商店购买，而且还需要额外支付 5 美分的环保税。

2. 推广替代材料

旧金山禁止超市、药店等零售商店使用化工塑料袋法案规定，旧金山的超市和药店等零售商只允许向顾客提供纸袋、布袋或以玉米副产品为原料生产的可生物降解塑料袋。

美国通过立法禁用、经济调控、引导利用塑料袋替代品等手段应对塑料垃圾污染，并取得了显著的成效，免费提供、使用塑料袋的领域和地域越来越少。但是也存在污染防治领域盲点，如微颗粒污染防治。

（四）日本的主要措施

1. 明确消费者的垃圾分类责任

日本于 1995 年提出，由消费者负责将包装废弃物分类，市政府负责收集已分类的包装废弃物，私有企业获政府批准后对包装废弃物进行再处理。

2. 明确生产者的包装减量责任

日本规定包装容器内空位不得超过容器体积的 20%，包装成本不得超过产品出售价的 15%。

3. 明确销售者的包装减量责任

2007 年 4 月 2 日，日本修订的《容器包装循环利用法》生效，其规定了"一年内容器包装材料使用量超过 50 吨的超市、便利店等零售店铺，有义务自主制定削减购物袋和包装纸的目标，并向政府报告每个年度的削减成绩，如发现措施不力的商家将公布其名字，环境大臣有权对商家处以 50 万日元（约合 4168 美元）以下罚款"。日本塑料减量典型做法涉及了生产、销售、消费全周期的每个环节，具有较强的可操作性和实效性，但是也未对微颗粒污染防治提出相关法律法规，未采取经济手段调控塑料袋的使用。

二　我国"限塑令"的成效与问题

（一）取得的成效

2008 年我国开始实施"限塑令"，实施十年来，限塑令在一定范围内得到了很好的执行，对白色垃圾的治理起到了重要的作用。具体体现在以下几个方面：

一是商家普遍不再提供免费塑料袋，而是出售环保购物袋与厚型塑料袋（可多次使用）；二是消费者理念转变，购物袋多次重复利用意识增强，自备购物袋或购物推车；三是不少学校等公共机构开展了宣传活动，社会公众绿色消费意识加强；四是部分地区开始一些积极的探索，推出了"禁塑令"等更为强力的措施；五是薄型塑料袋的生产和供应量都大幅度减少；六是生物降解一次性包装制品种类增多。目前利用生物降解聚合物及其与天然高分子材料等填充物共混可制备技术比较成熟的一次性制品有，日用生活中塑料购物袋、连卷袋、垃圾袋、快餐盒、刀叉勺、吸管、保鲜膜、碗、杯、盘、碟、酸奶盒、蛋糕托、桌布、筷子、手套、卫生用品、快递包装袋、快递封套用胶带、一次性酒店用品、民航用一次性餐饮具，以及农业上用的地膜、育苗钵等。

据不完全统计，在过去 10 年间，我国超市、商场的塑料袋使用量普遍减少 2/3 以上，有力遏制了一次性塑料包装袋消费快速增长的势头，累计减少塑料袋 140 万吨左右，相当于节约了 840 万吨石油、节约标煤 1200 多万吨、减排二氧化碳近 3000 万吨。

（二）存在的问题

1. 流通领域有盲点

"限塑令"规定所有超市、商场、集贸市场等商品零售场所实行塑料购物袋有偿使用制度，一律不得免费提供塑料购物袋。但是由于执法成本过高、责任主体不明确等原因，在小商店、小食杂店、小百货店以及农贸市场等场所，厚度小于 0.025 毫米的超薄塑料袋依然随处可见。

2. 线上消费零付费

随着电商、快递、外卖等新兴领域的崛起，传统的超市、集市等购物渠道被线上消费所取代，"网购"成为"限塑令"执行新的盲区，塑料制品的需求特别是塑料包装袋、快餐盒、塑料购物袋激增，塑料垃圾大量累积。

3. 农膜污染待解决

农用地膜虽然具有保温保墒的作用，但多数仅能使用一季，难以回收，特别是被翻耕入土地后更难以降解，导致土壤透气性逐年下降、单产下降、影响粮食安全。而且国家未出台任何具体举措规范农膜使用，使得农膜污染处于放任自流的状态。

4. 塑料微粒被忽视

微塑料通常被认为是粒径小于 5 毫米的塑料纤维、颗粒或者薄膜，非常容易吸附有毒有害物质，随洋流在海洋中扩散，改变海洋生态环境，对海洋生物造成危害，而且极易通过水生鱼类、贝类、海盐乃至自来水最终进入人类食物链，这对人类健康带来的风险是未知的。据调查，某美国机构对全球多个城市进行的 150 多次自来水检测，结果显示 83% 的自来水含有微塑料成分。美国科学家对 11 个品牌、共 259 罐瓶装水进行检测，结果发现居然有 93% 含有微小的塑料，而且普通瓶装水品牌的塑料纤维含量是自来水中的 2 倍。

5. 新型材料产能小

现阶段缺乏可替代现有塑料包装的绿色环保塑料包装，无毒无害、安全健康的绿色塑料包装材料技术研发严重不足。较为成熟的替代产品，由于价格、产能等方面问题，难以大规模推广。

6. 分类回收是痛点

我国目前垃圾分类不到位，大部分塑料包装作为生活垃圾被填埋或焚烧，较难进行分类回收处理。加之现存的回收企业本身良莠不齐，没有形成完整的回收系统，导致废旧塑料的回收难度大。

三　对策建议

（一）明确塑料消费减量目标

建议针对不同类型塑料制品的减量设定量化指标。如到 2020 年全面禁止超薄塑料袋、食品用塑料包装薄膜，到 2025 年，80% 的塑料制品实现回收利用。

（二）完善限塑令并严格实施

一是扩大限塑范围。将微塑料、地膜、胶带、吸管、棉花棒等纳入限塑令，并研究制定在电商、快递、外卖等行业限制使用不可降解塑料包装的相关措施。

二是明确主体责任。明确监管者、生产者、销售者、消费者等各个角色承担的责任和义务。如明确细化环保、质监、工商等部门在塑料袋生产的审批、监控、执法环节中的责任，不让违规产品流入市场；明确超市、便利店、电商平台等经营主体的减量责任；健全消费者付费制、探索推广可循环包装物的回收责任。

三是强化行政监管。丰富治理手段，严格实施并落实行政处罚措施，予以不达标生产企业、销售方高额罚款，监管不力的部门予以警告等处分。由市场监督管理部门负责一次性制品的质量监督、监督检查。检查结果直接记录到企业、商业主体的绿色评级系统，诚信系统，与企业的评级、信贷等挂钩。

（三）针对不同制品分类施策

认真梳理塑料制品在生产、生活中的应用场景，针对不同应用场景鼓励一批，禁止一批，淘汰一批。如限制鼓励食品类包装选用聚乳酸材料，禁止生产和销售含有塑料微颗粒的化妆品，禁止使用一次性塑料薄膜，淘汰超薄塑料袋、塑料吸管等。

（四）加快制定相关产业目录

一是制定限制生产和销售的一次性不可降解塑料制品目录，提出限制性的产业、税收和进出口等政策措施。如限制一些一次性塑料制品批准新建年产1000吨规模企业。一次性塑料制品包括塑料购物袋、连卷袋、垃圾袋、快餐盒、刀叉勺、吸管、保鲜膜、方便面碗、杯、盘、碟、酸奶盒、蛋糕托、桌布、筷子、手套、卫生用品、快递包装袋、快递封套用胶带等，一次性酒店用品中的六小件、民航航空飞机上用的一次性餐饮具等，以及农业上用的地膜、育苗钵、农药瓶等。

二是将可降解材料替代品、新型物流设施纳入鼓励类产业指导目录。

（五）加大经济手段调控力度

一是非降解制品实施有偿使用，探索建立回收押金制。如由商品经销者向消费者收取回收押金，回收押金在制品使用返回至回收站后，退回至消费者。

二是可降解产品生产者及使用者给予国家补贴、减免税、银行贷款等优惠政策。如对生产可降解产品或一次性制品回收企业，对其扩大产能所需的进口设备实行免税政策，实施营业所得税减免政策，对生产企业增值税采用先征后返的政策。

（六）推进包装物供给侧改革

一是淘汰落后，关停"低小散"塑料生产企业，改变现有产业格局，缓解塑料行业产业过剩的困局。如彻底关停生产不合格塑料袋的小作坊、生产超薄塑料袋企业等。

二是扶持先进，搞活新兴替代包装物的供给源头，通过税收优惠、发放补贴、研发资金等政策引导企业加快对可降解环保塑料袋等新兴替代包装物的研发和推广。如设立专项资金扶持聚乳酸材料的研发，对纸、植物纤维等替代材料的推广予以资金补贴，给予加厚农膜生产企业资金补贴或税收优惠等。

（七）健全垃圾分类回收体系

建立包装生产方、电商平台、快递企业、回收处理企业和消费者在内的多方回收体系。鼓励多种回收、重复利用方式推动包装回收。利用物流网络建设逆回收点，引导消费者将包装垃圾按照相应的标识分类投放到回收箱，由统一的收运系统回收、中转至处理中心进行再循环处理，可根据投放物材料及数量对消费者给予一定的物质奖励。鼓励快递企业与包装生产企业协议形成回收包装再利用的闭环管理模式。

（八）创建绿色活动工作衔接

积极开展绿色商场、绿色货运配送、绿色邮政、绿色快递、绿色饭店、绿色城市等绿色活动，加大活动工作衔接，树立行业绿色示范。

（九）加强塑料减量宣传引导

一是充分利用广播电视、报纸杂志、互联网等各种媒体，采取群众喜闻乐见、通俗易懂的方式，重点选择社区、村镇、学校、超市、商场、集贸市场及车站、机场、旅游景点等场所，广泛宣传"白色污染"的危害性，宣传限产限售限用一次性制品的重要意义，使广大群众和生产、销售企业牢固树立节约资源和保护环境意识，自觉合理使用一次性制品及其可降解制品，依法生产、销售合格一次性制品。

二是提倡重拎布袋子、重提菜篮子，重复使用耐用型购物袋，减少使用塑料袋，引导企业简化商品包装，积极选用绿色、环保、可降解的包装袋，鼓励群众使用可重复使用的一次性制品，共同营造节制使用一次性制品的良好氛围。

（十）科学审慎评估塑料污染

据统计，三大外卖平台日订单量在 2000 万单左右。以每单外卖用 1 个塑料袋、每个塑料袋 0.06 平方米计算，每天所用的塑料袋能铺满 168 个足球场。此外，每单外卖平均消耗 3.27 个一次性塑料餐盒，每天消耗的餐盒超过 6000 万个，摞起来高度相当于 339 座珠穆朗玛峰。虽然数据惊悚、感官冲击很大，但是不可否认，塑料是一种很好的材料，稳定性好。

从全生命周期看，塑料比纸张环保。纸袋要比塑料袋多消耗 10% 的能量，耗水量是塑料袋的四倍，造成的温室气体排放是塑料袋的 3.3 倍，结束使用周期后，纸袋还会造成 2.7 倍于塑料袋的固体废弃物。从能源消耗看，消耗石油的绝对量及占比均不大。经计算，我国每年原油消耗量 6 亿多吨，其中塑料袋每年消耗 100 万吨左右，餐盒 150 万吨左右，地膜 140 万吨左右，按 1 万吨塑料消耗 3 吨以上石油原料计算，每年消耗石油 1170 万吨。

　　问题主要在垃圾分类和规范处理，完善大城市塑料垃圾收集、分选、清理、造粒、再利用的回收系统建设，规范塑料垃圾的处置，实现其再利用。比如利用废弃塑料制作建筑用模板，其综合成本低于木模板，实现塑料垃圾的再利用，同时也节约了木材资源。

第二章
秸秆热解气化清洁能源利用研究

一 秸秆热解气化清洁能源利用主要技术

（一）生物质热解气化多联产技术

生物质热解炭汽油多联产技术，以热解炭化装置对农作物秸秆进行热裂解，产出生物炭、生物质燃气和木醋酸的技术。经多年发展，该技术已经基本成熟，目前，我国建成秸秆炭汽油多联产已达数十套，能源转化效率可达70%以上，且经济效益相对较好。

（二）秸秆快速热解液化多联产技术

秸秆快速热解液化技术是指秸秆在缺氧状态下，在极短的时间（0.5s～5s）加热到500～540℃，然后其产物迅速冷凝生产生物质油的技术。生物原油是由复杂有机化合物的混合物所组成，成分十分复杂，热值相当于燃油的一半，具有高度的氧化性、黏稠、腐蚀性、强吸湿性等特点，在直接替代传统的石油燃料方面受到了一定限制，目前可作为工业燃料直接燃烧使用。未来需要改善生物原油的物理和化学特性，提高稳定性，但技术仍有待突破。总的来看，秸秆快速热解液化技术还处于大规模产业化的起步阶段，可作为技术储备，加强相关产品产业链延伸技术的研究，并在一定范围内开展试点示范。

二 秸秆热解气化清洁能源利用存在的问题

一是法规不健全。目前，国家已制定《城镇燃气管理条例》（国务院令第583号）等法律法规，有力地保障了天然气供应，防止和减少燃气安全事故，保障公民生命、财产安全和公共安全，促进燃气事业健康发展。但尚缺乏针对农村地区的燃气管网的铺设、运营服务以及设施保护的标准法规等，企业还面临着管网被破坏、终端非法用气等风险。需要参照城镇燃料气等公用设施管理，加强安全立法与监管。

二是标准不完善。近年来，虽然我国制定了一些标准，但不适用于秸秆炭汽油多联产以及秸秆快速热解液化等技术，影响了产业的发展，亟须制定相关标准，保证产品质量，规范行业发展。

三是政策难落地。2015年11月，国家发展改革委会同农业部印发了《关于进一步加快推进农作物秸秆综合利用和禁烧工作的通知》（发改环资〔2015〕2651号），其中提出："粮棉主产区和大气污染防治重点地区秸秆捡拾、打捆、切割、粉碎、压块等初加工用电纳入农业生产用电价格政策范围，降低秸秆初加工成本。"但据了解，一方面地方电力部门以多种借口予以拒绝，另一方面其审批权在省级电力部门，审批手续较为烦琐，企业难以承担，大部分省市的相关企业尚未享受此项优惠政策。

四是环评有盲点。环境保护部制定了《建设项目环境影响评价分类管理名录》，对建设项目的环境影响评价实行分类管理。秸秆热解等技术属于新生事物，尚未列入目录，属于环评政策的盲点。只能参考列入"石化、化工"等项目类比，造成项目难以通过环境影响评价，无法开工生产。

三 对策建议

（一）实施重点工程

鼓励通过生物质热解、生物质成型燃料供热、大型沼气等不同技术路线的能源化利用，解决工业园区供热及农村清洁能源供应问题。

（二）强化技术支撑

一是推广生物质热解气化多联产等先进适用技术。二是鼓励研发生物质炭、木醋液等高附加值利用技术，研发生物原油的提纯净化等产业链延伸关键技术。三是推广生物炭等新技术、新产品在碳基肥料、土壤改良等领域的应用。

（三） 优化扶持政策

一是加大支持力度，利用中央预算内投资，拟对符合要求的秸秆高附加值综合利用项目给予固定投资 20% ~30% 的财政支持。二是健全长效机制，综合运用财政、税收、环境、科技、金融等政策手段，培育秸秆能源化利用的示范基地和骨干企业，健全鼓励秸秆能源化利用的长效机制。

（四） 加强能力建设

一是加快研究制定资源综合利用技术及产品目录，做好秸秆综合利用税收优惠政策事中事后的服务监督；二是推进秸秆综合利用标准化工作，引导企业充分运用国家标准、地方标准、团体标准等渠道，完善秸秆综合利用的标准体系；三是加强秸秆"收储运"能力建设，结合秸秆"禁烧"工作，变堵为疏，支持规模以上秸秆高附加值企业建立配套的秸秆"收储运"体系。

第三章
我国废旧手机信息安全与
回收处理情况研究

一 我国废旧手机处置基本情况

（一）产生现状

近些年，随着我国手机更新换代速度不断加快（前瞻产业研究院数据显示，目前我国用户更换手机周期为15个月），废旧手机的产生量也急剧增长。

根据工信部下属中国信息通信研究院发布的《2017年12月国内手机市场运行分析报告》，2017年1~12月，国内手机市场出货量4.91亿部，其中4G智能手机出货量4.62亿部，占比94.1%。若以2014年和2015年平均淘汰率94.5%计算，2017年手机淘汰量达到4.64亿部。预计到2020年，受5G逐步商用等因素的影响，淘汰手机将增长至约5.24亿部。

而根据中国循环经济协会《中国废旧手机回收现状和模式分析研究报告（2018）》通过手机物质流模型计算，2017年中国智能手机拥有总量约为15.85亿部，其中智能手机存量约为12.78亿部，即被消费者正在使用的智能手机约12.78亿部。而全年废旧智能手机产生量约为3.06亿部。

（二）回收现状

根据中国循环经济协会《中国废旧手机回收现状和模式分析研究报告（2018）》，我国废旧手机的最终流向主要有三种方式：第一种方式是被消费者储存，储存率约为 54.2%；第二种方式是通过二手手机专业回收商进入正规回收渠道，约占 4.7%；第三种方式是进入非正规回收渠道，约占 41.1%。在进入回收渠道的 45.8% 的废旧手机中，再利用的约为 9.7%，出口的约为 14.4%，最终处置量约为 21.7%。

1. 从正规回收渠道分析

调研显示，目前手机全生命周期中的各利益相关方，包括生产商、销售商、运营商、回收商、维修商、处理商等均参与了废旧手机的回收，不同类型的利益相关方之间基于双方优势建立了战略合作，共同开展回收，中国废旧手机的回收逐渐成长为一个产业。

具体来讲，企业多通过直接回收、以旧换新等业务方式开展废旧手机的回收。回收倾向性方面，不同利益相关方的关注重点有所区别。如，回收企业倾向于回收有高残值的废旧手机，如具有再生使用价值的 iPhone、华为、小米等；而处理企业则主要回收低残值报废手机。

回收方式方面，目前主要包括邮寄回收、上门回收和门店回收。邮寄回收由于方便快捷、空间限制小等特点，是各企业采用最为广泛的回收方式。门店回收和上门回收范围则主要基于各企业及合作企业所建设回收点/门店情况，目前主要分布在一、二线城市及经济较发达城市。费用支付方面，采用了包括现金、代购券等多种方式；此外，部分企业开展了信用回收的实践，若客户的芝麻信用分值高，可先得到回收价格的预估款，待企业收到手机并检查结束后，再结清尾款，用户体验较好。

回收后的废旧手机，基于不同的残值，流向有所区别。残值较高的旧手机翻新后/直接作为二手机进行出售，销售渠道包括回收商自有平台，其他回收商平台（线上或线下），二、三线城市及海外等；残值有限或较低的废旧手机将拆解成零部件使用、拆解成原材料出售或进行环保处置。企业在回收手机后，均进行信息删除，以确保客户的隐私安全。

2. 从非正规回收渠道分析

目前，我国的废旧手机约 90% 是通过非正规渠道回收的，一些街边小贩及游走摊贩，通过走街串巷、以货换货的方式将手机从消费者手中回收上来，再通过一级一级的中间商中转后进入最终的集散市场或拆解厂。深圳华强北一带是中国最大的废旧手机集散市场，上游整机回收商将手机送到这里，下游零件收购商再从这里买走各个零部件提炼金属或再利用。老式按键机由于残值比较低，大多直接进入拆解厂，河南商丘永城拆解了全国 70%

的老式按键机，拆解后的屏幕、摄像头、喇叭、主板、振子、外壳等部件，分别卖给不同的厂商：主板主要发往广东贵屿，在那里用于黄金、白银和稀有金属提炼；金属壳会被专门的收购商买走用于提炼锌；塑料壳当作废塑料卖给专门的回收商；屏幕、摄像头、喇叭、振动器等零部件，在废旧手机拆解作坊中都会配备这些零部件的检测仪器，对于仍然能够使用的零部件都会重新返回到深圳华强北等地进行零部件交易，进入二手机装配或者维修市场，其中屏幕的再使用率高达50%。

（三）处理现状

1. 规范的处理方式

手机处理过程的污染控制主要指对拆解过程的粉尘、拆解印刷线路板时的焊锡烟雾以及印刷线路板和电池本身的处理。印刷线路板处理的污染控制与所选择的处理工艺紧密相关，处理工艺主要包括物理干法破碎分选、物理湿法破碎分选、火法冶金和湿法冶金等。规范的处理企业在这些工艺环节都通过技术手段和环保设施确保将环境风险降低，不会造成二次污染。废弃手机电池的回收量非常低，目前国内只有武汉格林美将少量废弃电池混入矿物类原材料中处理。

2. 非正规的处理方式

废弃手机非法拆解、处理环境风险较高，近年来，由于媒体的广泛报道，广东贵屿等地区的非法拆解手机的方式广为人知。贵屿的处理方式属于简单的人工拆解和非正规的贵金属提炼方法。人工拆取手机上的主要元器件后，线路板残留元器件和锡膏通过高温加热的方式脱落。在人工拆解芯片的过程中，释放松香等有毒气体，长期吸入会致癌，这种操作对工人的身体危害极大。

拆解作坊使用热风工作台（俗称电风枪）对废弃电路板做进一步的拆解。手机印刷线路板上很多零部件拆解后能够再使用，经过简单修复后出售，用于维修或者制造其他电子产品，没有再使用价值的通过湿法冶金过程用于提炼金银等贵金属。

线路板和其他原料被露天焚烧或者投入高炉中进行冶炼，形成铜、金和其他金属的合金。如果元器件无二手使用价值，就会被磨碎成粉状，投入"王水"中进行"酸洗"，提取黄金等贵金属。目前这种酸洗主要集中在野外进行，以躲避监管。由于没有任何环保设施，这种高炉冶炼和"王水"酸洗提取贵金属的方式，对环境负面影响巨大。

二　废旧手机回收处理的信息安全问题

（一）信息擦除现状

由于手机中记录了使用者的各类信息数据，包括通讯录、照片、移动支付等数据，大部分人不相信简单删除能够清除干净。中国电子装备技术开发协会的调研结果显示，约有 84.43% 的居民担忧个人隐私泄露，而将废旧手机闲置在家中。废旧手机信息安全问题已经成为影响居民交投的首要因素。

据调查，多数二手手机在信息删除甚至恢复出厂设置后，通过特殊技术手段，依旧能够恢复电话簿、照片等隐私数据，甚至还能盗取原机主的网络支付工具密码。在某购物网站上也能轻易买到数据恢复软件。而这些隐私数据被还原后将成为不良商贩手中的"资源"，被二手手机商贩打包出售给不法分子。不仅侵犯了原机主的隐私，还可能诱发电信诈骗、勒索骚扰等违法犯罪行为。

据中国循环经济调查，非正规回收渠道，不会进行任何信息擦除工作，是手机信息泄露的最大隐患。目前市场上的各类正规回收渠道，虽然都对外宣称进行了软件擦除，但是信息擦除的相关技术能力、管理体系缺乏公信力，也加大了公众对信息泄露的担忧。

（二）信息擦除技术

为了防止二手手机中存储的数据泄露给机主造成损失，手机中的敏感数据需要通过数据销毁技术进行安全销毁。目前，数据销毁的方式有两种：一是物理数据销毁，这种技术足以有效地破坏数据，但这种方式不利于手机的二次回收和利用，同时也造成巨大的资源浪费；二是通过专业工具的数据擦除，这种软件技术是保护组织数据的完整性和隐私性的首选方法，数据擦除时间取决于储存容量的大小，需 3 分钟至 8 分钟。

目前智能手机大部分基于 Android 和 IOS 平台，其底层操作系统内核均为 Linux/Unix，在运行 Linux/Unix 系统的设备中每个存储设备（闪存、存储卡、硬盘等）的分区被格式化为文件系统，这个文件系统由两部分组成，一部分是 inode，用于存储这些数据的信息，包括文件大小、属主、归属的用户组、读写权限等。另一部分是 block，block 是用来存储数据的。inode 为每个文件进行信息索引，生成 inode 的数值。在文件系统下删除文件，并不是真实的删除存储介质中的文件，而是将文件的 inode 节点中的扇区指针清除，同时释放这些数据对应的数据块。只有当释放的数据块被系统重新分配写入新数据时，那些被删除的数据才会被覆盖，所以在删除文件后，如果没有进行过对该文件所在的数据块进行新数据写入，是可以通过一些适当的工具和方法把已经删除的数据恢复出来。因此需通过专业的数据擦除工具对二手手机进行数据擦除后再进行下一步处理。

目前，在传统的 PC 领域信息擦除技术已经很成熟，如：Department of Defense（DOD）5220.22－M（美国国防部 US DOD5220.22－M 标准的擦除算法）、Gutmannmethod 两种方法均有广泛应用及大量的擦除软件支持。但目前在手机领域信息擦除软件尚处于起步阶段。据了解，360 同城帮已推出自主知识产权的、达到世界顶级安全标准的隐私粉碎技术。该技术适用于 TLC、MLC、SLC 等各级芯片，将高低电位恢复到统一电位，在不读取设备中各项个人信息的基础上，从手机底层，无差别地逐行销毁各项数据，避免随机销毁所带来的遗漏。该技术可覆盖目前市面上所有智能手机的品牌和型号，甚至不开机的手机也能进行隐私粉碎。隐私粉碎的全过程既可以在同城帮的隐私粉碎设备上观察整体进度，也可以在被隐私粉碎的手机上全程监控。隐私粉碎结束后，同城帮还提供电子版的隐私销毁报告，并且存档备案。

三　废旧手机回收处理的成本与盈利模式

（一）二手手机销售

目前，我国二手手机价值评估没有标准可依。据调研，市场上不同品牌二手手机回收价格差异较大，从几百元到上千元不等，平均在 600 元左右。并且同一品牌二手手机在不同回收平台的回收价格也存在较大差异。

二手手机销售是目前各类回收平台盈利的主要领域，占全部种类盈利总额的 80%。盈利点是经过提供翻新、维修等服务后再出售，获得产品的差价。二手手机出售与全新机回收的差价在 500 元到 1171 元不等，可以看作平台毛利率。而管理费、营销费、销售费等会摊薄利润，净利润会低一些。

表 3 - 1 不同型号手机不同状态下价格

单位：元

手机型号	全新机售价（中关村在线）	二手手机出售价格	全新机回收价格	二手机和全新机回收差价
iphone7	4498	3299	2128	1171
三星 galaxys7	2378	1199	517	682
华为 mate9	3338	1799	1275	524
小米 5s	1939	1016	516	500

表 3 - 2 回收宝手机回收盈利情况（2018 年上半年）

单位：%

种类		回收数量占比	回收成本占比	盈利占比	盈利点
优品		10	32.00	20	面向 C 用户，作为可乐优品销售，差价 + 服务溢价
良品	有价值	85	67.95	80	面向 B 用户，商品差价
废品	有价值	5	0.04	0	无盈利

（二）手机零部件销售

一些无法二次出售或翻新使用的手机，回收价格较低，一般在 5 元 ~ 20 元不等。这些手机虽然无法二次出售或翻新使用，但部分零部件是完好的，拆解后可以继续销售。例如苹果手机 CPU300 元，屏幕 200 元，电池 50 元，镜头 + 闪光灯 3 元至 4 元。由于不同品牌手机各种零部件的价格差别较大，成本和收益难以测算。

（三）资源化利用

据专家推测，如果通过正规企业，一部报废手机的全产业链条循环成本约 16 元。单从回收材料的价值看，单台手机的价值只有 3.5 元，其中电池的回收价值约为 0.25 元，工程塑料的价值为 0.45 元。金和钯是最具回收价值的，平均一台手机的金回收价值达到 1.5 元，钯的回收价值约为 0.6 元。如果不考虑处理企业购买废弃手机的成本，当废弃手机的处理量达到一定规模时，废弃手机的处理成本基本与处理产物的价格持平或者略有盈余（据企业提供的资料，正规企业年处理 300 万部废弃手机的成本大概是 1 元/部）。但是现实情况是，正规的处理企业由于生产运营的成本高，导致在回收价格上不具有竞争力，大部分生产线处于闲置状态，仅有个别企业出于公益目的，拆解少量的手机。大部分不能再次翻新使用的废手机均流入到了一些简单酸浸的作坊提取贵金属。这些作坊没有任何污染防治措施，对环境造成了恶劣的损害。

四　政策建议

（一）完善废旧手机信息安全保障机制

1. 尽快出台手机信息擦除的标准和认证规范

让用户放心交出二手手机，需要有正规的回收途径，信息擦除是很重要的一环。但手机信息擦除面临的一个问题是我国还缺乏相关的认证标准。目前市场上从事废旧手机回收的企业都对外宣称进行了信息擦除，其中有些回收商采用的是自主研发的信息擦除技术，如360同城帮、俐通；有些回收商则与技术方签署合作协议委托清除隐私信息，如爱回收。有些回收商可以实现当面擦除，有些回收商则是回收后再进行信息擦除。由于缺少相应的标准和认证规范，消费者无法判断回收商是否真正进行了信息擦除，信息擦除是否彻底。最终导致消费者宁愿把手机闲置也不愿交给回收企业。

建议国家尽快出台手机数据擦除标准规范，设立具有国家公信力的认证体系。明确要求只有信息擦除技术和程序符合相关标准并通过认证的企业才能从事废旧手机回收业务。通过制定正规回收企业名录，在媒体上进行公示，引导公众将废旧手机交给正规回收企业。

2. 提供个性化的信息擦除服务

智能手机具有丰富的功能，除了可以用来打电话、发信息外，还可以用来游戏、娱乐、社交、处理业务等。不同用户对手机信息的安全性要求也不同。因此，需要不同的安全工具满足不同智能手机用户的需求。建议制定相关政策，要求各类平台在回收手机时，可以给用户提供如软件擦除、终端钻孔、完全粉碎等多种选项，以满足不同用户对信息安全的需求。同时告知消费者自身和企业各自所担负的信息安全责任。

（二）完善废旧手机回收网络体系

1. 合理安排回收点和相关设施

当前，影响消费者交出废旧手机的主要原因除了担心个人信息泄露或被盗用外，我国废旧手机回收物流网络不完善，是导致废旧手机回收率低的另一个原因。消费者都知道去哪里买新手机，但是普遍不知道去哪里交投废旧手机。相比之下，加拿大有完善的配套设施和信息共享平台，政府为居民提供最近的回收站信息，提高回收的便利性和针对性。澳大利亚政府更是在全国覆盖性地设立了4000个正规的旧手机回收点，方便公众自行前往或免费邮寄。美国加州2005年制定了《手机循环法案》，规定手机零售商必须免费回收消费者的废旧手机，使其能够集中回收处理。

建议由政府主导，认定一批正规的回收企业，在社区、商场、大型手机卖场、通信营业厅等场所设立专门的废旧手机回收站点，通过合理地安排回收点和相关设施，使得消费者或个体回收来源的废旧手机能够便捷安全地进入正规电子废弃物回收渠道。

2. 科学构建废旧手机回收产业链条

目前，我国废旧手机回收利用的途径尚未形成系统、稳定、完善的模式，处于自发发展阶段，存在诸多问题。

一是回收渠道多元，不利于监管。目前手机全生命周期中的各利益相关方，包括生产商、销售商、运营商、回收商、维修商、处理商等均参与了废旧手机的回收。相关利益方各自为政，缺乏相互之间的配合和业务往来，生产商、销售商、运营商网点多，覆盖面广，但是参与回收的积极性不高；回收商、维修商参与回收的积极性很高，但是仅倾向于回收具有高残值的旧手机，对于低残值的报废手机基本不回收；处理企业参与回收的积极性较高，但是倾向于低残值的废手机，由于处理成本高、收益低，又缺少稳定的回收渠道，基本上处于停滞状态。

二是产业链上下游衔接不畅。主要是废旧手机回收方与处理企业衔接不畅，由于正规企业的生产运营成本较高，废旧手机回收价格不具竞争力，部分回收商受利益驱动，有可能将回收到的报废手机重新流入非正规渠道。

因此，建议国家出台相关政策，明确废旧手机回收各利益相关方的责任。例如手机生产企业、销售商、网络运营商应当承担手机回收的义务；专业回收商不得有倾向性地回收手机，报废手机必须交由正规企业处理等。

3. 调整手机回收处理资金机制

目前电器电子废物回收利用基金制的实施出现了一些问题，而根据初步调查，二手手机销售的利润率较为可观，这与其他电器电子产品有很大区别。因此，建议将手机从一般电器电子产品中剥离出来，建立独立的生产者责任延伸制度体系，特别是要形成相对独立的手机回收处理资金机制。以下几种调整方案可供参考，具体包括：

（1）加强对手机回收企业的监管，明确手机回收处理链条上各利益方的责任，在开展充分调研和测算的基础上，通过一些政策性措施的实施，用二手手机销售所获利润的一部分弥补正规企业开展手机最终拆解、材料回收和处置方面的成本，形成全生命周期链条上的平衡。

（2）建立目标制，由相关政府部门（如国家发展改革委）制定手机回收利用目标，由第三方机构（如行业协会等）来组织实施。具体实施过程中，可以利用二手手机销售所获利润的一部分建立单独的基金，支持全链条的废旧手机回收利用活动，以推动回收利用目标的实现。

（3）针对废弃电器电子产品的处理成本的补贴，可尝试建立政府、手机生产商、销售商、回收与处理企业以及消费者共同参与的创新模式。通过政府的相应政策引导，使手机回收循环利用产业链中的受益方，包括手机生产商、销售商、回收企业和消费者等按不同标准，支付处理企业废弃手机无害化处理费用，平衡链条中各相关方利益。

在明确具体调整方案的基础上，由相关政府部门和行业协会等制定配套措施和执行细则，规定电器电子废弃物的回收、拆解、处理资质取得方式及操作流程，制定相关的标准和要求，并对电子废弃物回收企业和处理企业的主体资格、行为规范、技术流程、资金缴纳和获得等做出规定。

应整合行政管制手段与经济调节手段，发挥组合优势。其中经济激励手段在完善生产者责任延伸制度中具有重大的意义，对于政府来说，不仅需要发挥制定规则、发出命令、监督、处罚的作用，更要注重借助于经济杠杆，将强制性的行政手段与经济调节手段相结合，才能很好地调节社会关系，并调动社会主体的自愿行动。

（三）规范废旧手机处理行业

1. 严厉打击散乱污的作坊式手机处理企业

一是加强对个体回收者的规范，严格禁止他们私自收集并拆解处理废旧电器。政府可以采取引导的方式，通过就业培训和政策安排，将这些个体回收者纳入政府设立的回收机构或正规的回收企业之中。二是对于部分利用落后野蛮工艺回收手机中贵金属、不采用任何污染治理措施的作坊式企业，必须予以严厉打击。逐步建立我国废旧手机等电器电子废弃物回收处理秩序。

2. 支持正规回收处理企业

一是应鼓励建立废旧手机专业化处理企业，并对这些企业采取税收优惠、资金补贴等激励措施，帮助和扶持正规的回收处理企业。二是合理规划废旧手机回收处理行业，根据废旧手机市场容量，合理控制处理企业数量，确保每家处理企业每年的处理量不少于1000万部手机，避免企业一哄而上，造成产能过剩和恶性竞争。

（四）开展试点示范

可结合国家正在推动实施的"无废城市"试点建设，指导试点城市在"无废城市"创建过程中，落实生产者责任延伸制，建立废旧手机逆向回收体系，创新废旧手机回收处理模式，为在全国范围内引导和规范废旧手机回收处理先行探索经验。

第四章
中药渣资源化利用探讨

一　行业现状

我国是世界上最大的药材生产国，国家高度重视中药产业发展，把中药产业确定为我国重大战略产业，在生产中药的同时每年产生中药渣等废弃物约1300万吨。目前针对中药渣的处理方式主要有饲料化、肥料化、能源化、合成化学品等。

（一）饲料化

中药渣中除含有大量纤维素、半纤维素、木质素、粗蛋白质、粗脂肪、矿物质、氨基酸外，还含有维生素、糖类及各类微量元素等，同时还含有大量生物活性物质，可用作动物饲料。

中国科学院亚热带农业生态研究所李华伟等[1]通过研究证明围产期母猪饲粮添加中药渣和发酵中药渣制剂虽然造成哺乳仔猪一定程度的腹泻，但可增加仔猪初生窝重以及断奶窝重，添加发酵中药渣效果更好。

青海大学吴华等[2]研究在饲养岭南黄鸡的饲料中添加甘草药渣，能够改善胴体品质，提高鸡肉的保水能力，增加鸡肉中蛋白质的含量，同时4%的甘草药渣添加量能提高肉鸡的屠宰率和全净膛率。

无限极（中国）有限公司刘瑜彬等[3]研究在猪饲料中添加发酵中药渣，可以在一定程度上促进生猪的生长和提高猪肉品质。

（二）肥料化

中药渣富含有机质及氮、磷、钾等成分，质轻，通气性好，可改善土壤的通透性，可作为轻基质原料和有机肥。

南京师范大学夏文静等[4]研究以中药渣、玉米秸秆、麸皮和水为原料，以平菇为菌种发酵生产有机肥，中药渣5.0克、麸皮5.0克、玉米秸秆10.0克时发酵产的有机肥符合国家标准，pH5.72，N＋P＋K含量为5.51%，有机质含量为49.66%。

河北大学刘炜等[5]采用微波法去除土霉素药渣中土霉素残留，并将微波处理后的药渣用于有机肥添加剂，当固液比为1：4时，6g药渣与水的混合物，经过微波功率为200W、温度为140℃的微波处理40mm后，土霉素残留的去除效果最好，平均去除率达93.33%，有机物的含量从54.24%降至48.33%，同时其含氮总量为38.65%。

遵义师范学院金茜等[6]用贵州百花医药股份有限公司的新鲜中药渣栽培姬菇，研究证明用药渣栽培的姬菇与用高粱壳栽培的姬菇相比，氨基酸总量提高了4.38%，必需氨基酸总量提高了2.13%，同时呈现鲜甜味物质含量提高了2.5%，用中药渣栽培的姬菇呈现特别鲜美的味道。

（三）能源化

中药渣是一种典型的富含木质纤维素的高含水工业生物质废弃物，具有挥发分高，灰分少，热值高的特点，排放量大且相对集中，是重要的生物质资源，可热解气化或者厌氧发酵等制备能源。

山东大学董玉平等[7]以生产杞菊地黄丸过程中产生的药渣为原料，采用带有二级返料装置的循环流化床，证明中药渣具有良好的气化特性，且当水蒸气配比为0.4时，燃气热值达到最大值6200kJ/m³。

浙江大学张晓虹等[8]通过分析某制药企业的废药渣资源化及洁净焚烧的可能性，开发建设了特种流化床焚烧处理装置，并对排放烟气及灰渣进行了检测，证明采用焚烧方式处理药渣为企业生产提供用气，具有很好的环境效益和一定的经济效益。

天津大学陈冠益等[9]以生产六味地黄丸过程中产生的中药渣为原料，在下吸式固定床装置上研究了中药渣水蒸气气化特性，在汽化温度为800℃，水蒸气与生物质质量之比（S/B）为1.0时，气化效果最佳，气化效率高达72.91%。

山东百川同创能源有限公司采用国家科技支撑计划"先干化、再汽化、后制气"的先进技术，将高含水中药渣干化预处理后送入生物质循环流化床气化炉进行气化，利用高温燃气燃烧产生的热量制取蒸汽，实现了中药渣的高效能源化利用，并在山东步长制药股份有限公司成功示范应用，且通过气味治理，创造了一个良好的生产环境。

（四）有效成分提取

中药材在提取有效成分后，药渣还有多种其他有效成分，通过对其他有效成分的提取可以进一步提高药渣的附加值。

湖南中医药大学潘雪等[10]采用催化转化的工艺，将黄芪药渣转化为具有经济价值的乳酸甲酯，收率可达 65.2%。

南京中医药大学闫精杨等[11]研究从银杏二萜内酯葡胺注射液生产制造过程中产生的银杏叶废渣中提取聚戊烯醇和总黄酮，采用热回流法，操作简单，杂质含量低，便于后期的纯化处理，减少了有效成分的损耗。

天津中医药大学王娜等[12]以川贝定喘颗粒的药渣为原料，采用化学方法先后经过酸和碱的处理，提取药渣中的水不溶性膳食纤维（IDF），最高提取率可达 64.8%。

二　存在问题

中药渣饲料化应用，由于其来源和组成成分复杂，其安全性、稳定性、营养成分等均缺乏深入的研究，尚未实现工业化和产业化；中药渣肥料化应用，生产周期长，且易散发恶臭气味，同时中药渣残余药效对农作物等的影响及食品安全性等还有待进一步探讨；中药渣有效成分的提取目前由于受物质特性、提取技术等的限制，目前仍处于实验室阶段。中药渣能源化利用，如热解气化等，可以实现药渣处理与企业生产无缝衔接，并将药渣转化为蒸汽作为化石能源的有效补充，是国家大力提倡的清洁能源化项目，但是前期设备投资较大，限制了技术的推广应用。

三　政策措施

中药渣具有重要的开发和利用价值，现仍有许多研究成果处于实验室阶段，如何实现中药渣的资源化利用是一项艰巨而富有挑战性的任务。建议针对不同的药渣采用不同的处理方式，尽可能实现药渣效益最大化，同时借鉴山东步长制药股份有限公司等良好的中药渣转化利用方式，形成中药渣资源化利用的最佳商业化应用模式，形成产业体系，解决中药渣环保问题的同时实现药渣的资源化利用。建议政府加强中药渣转化利用产业技术政策的先导性，配套中药渣处理扶持政策，积极探索建立中药渣处理相关考核指标体系，实现中药渣的清洁高值转化利用。

参考文献

[1] 李华伟、孔祥峰、祝倩等：《围产期饲粮添加发酵中药渣对母猪粪便微生物及其代谢产物的影响》，《天然产物研究与开发》2017 年第 29 期，第 658～663 页。

[2] 吴华、张辉、段启辉：《甘草药渣对放牧肉鸡肉品质的影响》，《青海大学学报》（自然科学版）2010 年第 28（3）期，第 58～61 页。

[3] 刘瑜彬、葛亚中、孙晓燕等：《发酵中药渣在生猪无抗养殖中的应用》，《中国食物与营养》2018 年第 24（4）期，第 19～22 页。

[4] 夏文静、于玮玮、周惠等：《平菇发酵中药渣产生物有机肥的研究》，《安徽农业科学》2017 年第 45（28）期，第 113～114，121 页。

[5] 刘炜、闫正、孙宏丽等：《土霉素药渣作为有机肥添加剂的研究》，《农业与技术》2016 年第 36 期，第 51～54 页。

[6] 金茜、李华刚、令狐金卿：《中药渣和高粱壳栽培的姬菇中氨基酸含量的研究》，《食品工业》2015 年第 36（12）期，第 212～214 页。

[7] 董玉平、张彤辉、常加富等：《中药渣双回路循环流化床气化试验》，《新能源》2013 年第 33（10）期，第 127～132 页。

[8] 张晓虹、王勤：《某制药企业药渣洁净焚烧资源化处置的研究》，《杭州化工》2014 年第 44（4）期，第 28～30 页。

[9] 陈冠益、郭倩倩、颜蓓蓓等：《中药渣水蒸气气化制备合成气研究》，《可再生能源》2017 年第 35（3）期，第 345～353 页。

[10] 潘雪、邹蔓姝、谢菁琛：《催化转化中药渣合成乳酸甲酯》，《科学大众》（科学教育）2016 年第 10 期，第 185～186，192 页。

[11] 闫精杨、江曙、刘培等：《银杏叶药渣中聚戊烯醇和总黄酮的综合提取工艺研究》，《南京中医药大学学报》2017 年第 33（1）期，第 104～108 页。

[12] 王娜、李峰、韩宏钰等：《中药废弃药渣中提取水不溶性膳食纤维的工艺研究》，《广州化工》2017 年第 45（19）期，第 64～67 页。

第五章
循环经济示范试点工作总结

一 园区循环化改造

（一）国家层面

2011～2017年，国家发展改革委会同财政部批复同意了7批共129个园区开展循环化改造示范试点建设。截至2019年4月，两部委共组织了3次关于园区循环化改造示范试点的终期验收工作，已有44个试点园区通过终期验收，同时有7个园区被撤销示范试点称号。

2015年，为推动园区循环化改造工作，加强循环化改造示范试点园区监督管理，提高中央财政资金使用效益，两部委出台了《园区循环化改造示范试点中期评估及终期验收管理办法》，对中期评估、实施方案调整以及终期验收的有关要求进行了详细说明。

（二）部分重点省份情况

1. 广东省

2014年4月，广东省人民政府印发《加快我省循环经济发展的实施方案》（粤府函〔2014〕72号），明确提出："引导园区和企业加大投入，推进国家级和省级开发区、产业基地及经省政府批准认定的各类园区实施循环化改造，优先支持位于国家和省重点生态功能区范围内的园区（含开发区、产业基地）实施循环改造，加快园区废物利用、资源能源分质梯级利用、水资源分类使用和循环利用、公共服务平台等基础设施建设，实现园区内项目、企业、产业有机耦合和循环链接。到2015年，推动20个园区实施循环化改造；到 2020 年，推动 50 个园区实施循环化改造。"2014 年 7 月，广东省经信委印发《广东省推进园区循环化改造工作实施方案》；2016 年 12 月，广东省经信委、财政厅联合印发《广东省国家级园区循环化改造管理办法》（粤经信节能函〔2016〕222 号）。

2014 年以来，在以上文件的指导下，广东省积极组织开展了园区循环化改造工作，分 5 批确定了 110 个园区开展循环化改造试点建设，其中 2014 年 13 个，2015 年 20 个，2016 年 30 个，2017 年 25 个，2018 年 22 个。目前，部分试点已完成验收工作。

2. 浙江省

2013 年 12 月，浙江省人民政府发布《省政府办公厅转发省发改委、省财政厅关于浙江省园区循环化改造推进工作方案的通知》（浙政办发〔2013〕146 号），在全省范围内启动省级园区循环化改造示范试点建设；2014 年 8 月，浙江省财政厅、发展改革委印发《浙江省循环经济发展专项资金管理暂行办法》（浙财建〔2014〕164 号），明确对省级循环化改造示范试点园区建设进行资金支持；2016 年 6 月，浙江省发展改革委印发《浙江省循环经济发展"十三五"规划》（浙发改规划〔2016〕348 号），明确提出"建设一批循环经济示范园区。按照全省园区循环化改造工作部署，加快推进现有国家级和省级园区循环化改造试点建设，继续创建一批国家级和省级园区循环化改造试点，到 2020 年力争培育 50 个省级以上循环化改造示范园区"。2014 年以来，浙江省已累计将 21 个园区确定为省级园区循环化改造示范试点，并给予了一定的资金支持。

二　国家"城市矿产"示范基地

2010～2015 年，国家发展改革委会同财政部批复同意了 6 批共 49 个园区开展国家"城市矿产"示范基地建设。截至 2019 年 4 月，两部委共组织了 4 次关于"城市矿产"示范基地的终期验收工作，已有 27 个示范基地通过终期验收，同时有 9 个示范基地被撤销示范基地称号。

2015 年，为推动国家"城市矿产"示范基地建设，加强监督管理，提高财政资金使用效益，两部委出台了《国家"城市矿产"示范基地中期评估及终期验收管理办法》，对中期评估、实施方案调整以及终期验收的有关要求进行了详细说明。

三 餐厨废弃物资源化利用和无害化处理试点城市

2011～2015 年，国家发展改革委会同财政部、住建部批复同意了 5 批共 100 个城市（区）开展餐厨废弃物资源化利用和无害化处理试点建设。截至 2019 年 4 月，三部委共组织了 4 次关于餐厨试点城市的终期验收工作，已有 52 个试点城市通过终期验收，同时有 15 个城市被撤销试点称号。

2015 年，为推动餐厨废弃物资源化利用和无害化处理试点工作，加强监督管理，提高财政资金使用效益，三部委出台了《餐厨废弃物资源化利用和无害化处理试点中期评估及终期验收管理办法》，对中期评估、实施方案调整以及终期验收的有关要求进行了详细说明。

四 资源循环利用基地

（一）国家层面

2017 年，国家发展改革委出台《关于推进资源循环利用基地建设的指导意见》（发改办环资〔2017〕1778 号），提出到 2020 年，在全国范围内布局建设 50 个左右资源循环利用基地，基地服务区域的废弃物资源化利用率提高 30% 以上，探索形成一批与城市绿色发展相适应的废弃物处理模式，切实为城市绿色循环发展提供保障。

2018 年 10 月，国家发展改革委会同住建部印发《关于成都市长安静脉产业园等 50 家单位资源循环利用基地实施方案的复函》（发改办环资〔2018〕1249 号），在全国范围内批复同意了 50 个城市（县）的资源循环利用基地实施方案，要求各基地建设单位按照实施方案推进基地建设。

（二）部分重点省份情况

1. 河南省

2016 年 4 月，河南省人民政府办公厅印发《关于推进静脉产业园建设的指导意见》（豫政办〔2016〕43 号），提出"到 2020 年，以废金属、废塑料、报废机动车、废旧机电、废旧电器电子为主的'城市矿产'开发利用水平明显提升，以生活垃圾、建筑垃圾、餐厨废弃物为主的城镇低值废弃物的集聚化、规模化处理能力明显增强，与新型城镇化进程相适应的再生资源回收体系基本形成，全省建成一批模式可复制、可推广的静脉产业示范园"。

2016 年 12 月，河南省发展改革委将濮阳市、宝丰县等 9 个园区确定为省静脉产业园示范试点。2018 年 2 月，河南省发展改革委印发《河南省静脉产业园建设三年行动计划（2018~2020 年）》（豫发改环资〔2018〕148 号），提出"到 2020 年，布局建设一批工艺技术水平一流、协同处置效应明显、生态环境友好的静脉产业园"；2018 年 9 月，河南省发改委会同有关部门印发了《2018 年全省静脉产业园建设工作要点》，对各市（县）静脉产业园的布局、方案编制和审查、项目推进、组织实施等提出了相关要求，并指明了建设方向。

2. 浙江省

2017 年 7 月和 2018 年 2 月，浙江省发展改革委印发《浙江省静脉产业基地建设行动计划》（浙发改资环〔2017〕625 号），《关于开展省级静脉产业城市（基地）试点工作的通知》（浙发改资环〔2018〕85 号），提出到 2022 年，以设区市本级和部分废弃物产生量大的县（市、区）为重点，创建一批省级静脉产业示范城市和若干省级静脉产业示范基地。2018 年 12 月，将丽水市等 11 个城市确定为省级静脉产业示范城市（基地）试点（浙发改资环〔2018〕622 号）。

五　再制造

2008 年 3 月，国家发展改革委确定了第一批汽车零部件再制造试点企业名单（发改办环资〔2008〕523 号），同意中国第一汽车集团公司 等 3 家汽车整车生产企业和上海大众联合发展有限公司等 11 家汽车零部件生产企业开展汽车零部件再制造试点。

2012 年 4 月，国家发展改革委组织开展了对第一批汽车零部件再制造试点企业的验收工作，确定济南复强动力有限公司等 9 家企业共计 136 个型号的汽车零部件产品通过验收（国家发展改革委 2012 年第 8 号公告）。

2013 年 3 月，国家发展改革委确定了第二批再制造试点单位名单（发改办环资〔2013〕506 号），同意北京奥宇可鑫表面工程技术有限公司等 28 家单位开展再制造试点工作。

2017 年 4 月，国家发展改革委组织开展了对第二批再制造试点的验收工作，确定沃尔沃建筑设备（中国）有限公司等 19 家单位通过验收，撤销北京首特钢报废机动车综合利用有限公司等 8 家单位的再制造试点，大连报废车辆回收拆解有限公司的再制造试点转地方跟踪实施（发改办环资〔2017〕654 号）。

第六章
国际（地区）循环经济动态回顾

一 政府类

（一）中欧签署关于循环经济合作的谅解备忘录

2018 年 7 月 16 日，在李克强总理和欧洲理事会主席图斯克、欧盟委员会主席容克的见证下，国家发展和改革委员会主任何立峰与欧盟委员会副主席卡泰宁共同签署了《关于循环经济合作的谅解备忘录》，双方决定建立循环经济高级别对话机制。中欧同意将向循环经济转型作为合作重点，认为提升资源利用效率有利于实现应对气候变化、推动可持续发展目标，并同意在此领域加强合作，支持开展联合行动。

（二）欧盟塑料战略

2018 年 1 月，欧盟通过了首个欧洲范围内应对塑料制品的战略－欧盟塑料战略（A European Strategy for Plastics in a Circular Economy）。该战略将在促进增长和创新的同时保护环境免受塑料垃圾的污染。根据战略制订的新计划，到 2030 年所有欧盟市场上的塑料包装都将是可回收的，一次性塑料制品的使用将减少，故意使用微塑料的行为将受到限制。欧盟将使塑料回收对企业来说有利可图，减少塑料浪费，禁止海洋塑料污染，与世界各地的伙伴一起提出全球解决方案并制定国际标准。

（三）欧盟委员会通过禁止一次性塑料制品提案

2018 年 10 月，欧洲议会以压倒性多数投票通过了禁止一次性塑料制品提案，拟于 2021 年在欧盟所有成员国禁止使用一系列一次性塑料制品，这些制品包括塑料吸管、餐盘、气球棒、搅拌器、棉花棒、氧化性可分解塑料包装和聚苯乙烯快餐容器。对于其他尚无理想替代品的一次性塑料，例如包装袋、湿巾、女性卫护用品，生产商则要支付废物管理和污染治理的费用，有些还需标注塑料成分和垃圾处理信息。此外，到 2025 年，对于一次性食物容器（比如汉堡盒及三明治包装纸）以及含塑料的香烟过滤嘴，成员国应将使用量分别降低 25% 和 50%。塑料瓶的回收率必须达到 90%，海滩上含有塑料的废弃渔具则要减少 50%，并在 2050 年前实现 15% 的回收率。

（四）芬兰《从循环利用到循环经济——2023 年国家垃圾计划》

芬兰政府于 2018 年 1 月推出了《从循环利用到循环经济 – 2023 年国家垃圾计划》（From Recycling to a Circular Economy-National Waste Plan to 2023，以下简称《计划》），旨在减少欧盟废弃物框架指令（2008/98/EC）要求的废物数量和危害性。该《计划》覆盖了芬兰的整个地理区域（陆地岛屿除外，这些岛屿将自行制订计划）。《计划》涉及四个重点领域：建筑垃圾、可生物降解废弃物、城市垃圾及废弃电子电气设备。

四个重点领域具体目标如下：

1. 建筑垃圾

（1）减少建筑垃圾数量

（2）建筑垃圾的回收率提高到 70%

（3）在管理相关风险的同时增加建筑垃圾材料回收

（4）在建筑垃圾的统计中实现更高的准确性和正确性

2. 可生物降解废弃物

（1）到 2030 年，食物浪费减半

（2）回收所有城市垃圾中 60% 的生物废弃物

（3）增加使用再生原料制成的肥料产品，并用这些产品取代由原始原材料制成的肥料

3. 城市垃圾

（1）减缓城市垃圾量相对于国内生产总值的增长，实现相对脱钩

（2）回收 55% 的城市垃圾

（3）提高包装废弃物的回收利用（至少达到《废弃物框架指令》中的目标）

4. 废弃电子电气设备

（1）延长电子电气设备的使用寿命并提高利用率

（2）减少混合废物中废弃电子电气设备的比例并促进其回收利用

（3）更有效地回收电子电气设备中的关键原材料和有价值的材料

（4）在循环的过程中去除废弃电子电气产品中的有害物质

（5）加强对二手电子电气设备和废弃电子电气设备的出口监管

（五）法国循环经济路线图

2018 年 2 月，法国总理公布了该国的循环经济路线图（Roadmap for Circular Economy）。路线图要求公民、消费者、地方政府、企业和国家做出广泛努力，以确保能源/生态的成功过渡，并结束法国生产 - 消费 - 丢弃的线性经济模式。

该路线图的目标包括：

1. 减少与法国消费相关的自然资源的使用：2010～2030 年期间相对于 GDP 的资源消耗减少 30%

2. 与 2010 年相比，到 2025 年，填埋的无害废弃物数量减少 50%

3. 2025 年实现 100% 塑料回收

4. 减少温室气体排放：由于塑料的回收利用，每年可避免额外排放 800 万吨二氧化碳

5. 增加包括新职业在内的 30 万个工作岗位

（六）斯洛文尼亚循环经济路线图

2018 年，斯洛文尼亚发布《循环经济路线图》（Roadmap Towards the Circular Economy in Slovenia），该路线图为斯洛文尼亚制定指导方针，以便有条不紊地进行循环经济的系统性过渡，并确定了以下四个优先领域：

1. 食品：食品的生产、加工、运输、销售、消费以及有机废物的收集和处理的所有阶段

2. 以森林为基础的价值链：木材的保存、生产、加工、运输、销售、废木材处理等所有阶段，以及更广泛的纳米技术，旅游业，建筑（包括高层建筑）

3. 制造业：将原材料转化为产品、半成品的企业及其供应链内的企业

4. 流动性：所有与人员和货物流动相关的系统，包括不同的运输方式，从公共到私人、基础设施、与移动相关的习惯等。

（七）英国政府新废弃物处理计划

2018 年 12 月，英国政府启动新废弃物处理计划（Our Waste，Our Resources：A Strategy for England）。该计划是配合英国《绿色未来：英国改善环境的未来 25 年计划》，希望处理日益严重的塑料污染和厨余垃圾。计划要求生产者承担回收废弃物的全额费用，也让零售商和制造商支付清理包装材料所衍生的垃圾。

计划包括以下几个目标：

1. 向再生成分占比不足 30% 的一次性塑料征税
2. 在有替代品的情况下，考虑禁止塑料包装
3. 立法允许政府明确可被地方政府和垃圾运营商收集的材料名单
4. 构建针对瓶子和容器的押金退款体系
5. 确保所有家庭的厨余垃圾得到收集
6. 努力建立一个更强的英国回收市场

（八）2022 年英国将对不可再生塑料产品征税

2018 年 10 月，英国政府表示，计划对那些制造或进口可再生材料含量低于 30% 的塑料包装者征收新税。该措施将于 2022 年 4 月开始实施，旨在减少浪费，帮助应对气候变化。在宣布征税的同时，政府还决定拨款 2000 万英镑来解决塑料问题，其中 1000 万英镑用于塑料研发，1000 万英镑将在 2019～2020 年用于支持技术创新，以促进循环再造和减少废弃物，如智能垃圾桶。

（九）丹麦发布新循环经济发展国家战略

2018 年 9 月，丹麦政府提出了新的循环经济发展战略（Strategy for Circular Economy）。政府将投资 1600 万欧元支持 15 项具体措施，充分发挥材料和产品再循环利用的潜力，最大限度地减少浪费。丹麦新循环经济发展国家战略包括 6 个重点领域、15 项具体行动和举措。其主要目标是加强企业循环转型的驱动力，通过数据和数字化支持循环经济，通过设计促进循环经济，通过循环经济改变消费模式，为废物和再利用商品创造良好的市场运行环境，从建筑物和生物质中获得更多价值。

1. 新循环经济发展国家战略 6 个重点领域为：

（1）加强企业作为循环过渡的推动力

（2）通过数据和数字化支持循环经济

（3）通过设计促进循环经济

（4）通过循环经济改变消费模式

（5）为废物和再生原料创造一个正常运作的市场

（6）从建筑物和生物质中获取更多的价值

2. 15 项具体措施为：

（1）促进中小企业的循环发展

（2）为具有循环商业模式的企业设立单独的切入点

（3）扩大循环商业模式的融资渠道

（4）通过商业数据来支持数字化的循环

（5）将循环经济纳入产品政策

（6）促进丹麦参与欧洲循环标准工作

（7）推动循环采购

（8）增加公共采购的总体拥有成本的关注度

（9）促进更协调的家庭垃圾的收集

（10）在市场上为废物和再生原料创造公平的竞争环境

（11）放宽电子废弃物的管理

（12）建立处理循环经济监管壁垒的基金

（13）发展一个自愿的可持续发展课程

（14）推广选择性拆除

（15）从生物质中获取更多价值

（十）荷兰循环经济 2050 战略目标

2016 年，荷兰政府制定颁布"循环经济 2050"（A Circular Economy in the Netherlands by 2050），明确了荷兰发展循环经济的战略目标：到 2030 年将一次原料的使用量减少 50%，并到 2050 年实现 100% 的循环经济。荷兰将率先从食品与生物质、塑料、制造业、建筑和消费品五大领域开始推动发展循环经济。

（十一）德国新包装法于 2019 年生效

德国新包装法于 2019 年 1 月 1 日生效。该法规旨在通过为不同的包装材料设定更高的回收目标，激励包装生产商考虑和创造包装设计中的可回收性，促进可重复使用的包装，从而提高回收利用率，预防包装废弃物。作为该法案的一部分，不同包装材料的回收目标将会增加，到 2022 年，将从目前的 36％提高到 63％。该法案还将鼓励可重复使用的包装，目标是可重复使用的饮料包装达到 70％。此外，该法案还将鼓励包装生产商将可回收性的考虑纳入包装设计中。

（十二）瑞典 2045 年温室气体零排放目标

瑞典于 2017 年 6 月通过气候政策框架，框架要求到 2045 年向大气排放温室气体净排放量为零，此后应实现负排放；到 2030 年，国内运输（不包括国内航空）的排放量与 2010 年相比将至少减少 70％；到 2030 年，瑞典在欧盟成果共享法规（Effort Sharing Regulation，ESR）涵盖的领域的排放量应至少比 1990 年减少 63％；2040 年，排放量应至少比 1990 年减少 75％。

（十三）日本第四次循环型社会形成推进基本计划

日本于 2018 年实施的《第四次循环型社会形成推进基本计划》（以下简称《计划》）是在《循环型社会推进基本法》（2000 年实施）基础上修订，为建立健全日本循环型社会指明了中长期的发展方向。《计划》针对建立可持续社会的综合措施、维持基本的"3R"原则和废物管理、区域循环与生态圈、废物管理和环境修复、国际资源循环流通、整个生命周期的资源循环及灾害废弃物管理系统，总体要求是到 2025 年：资源产出率达 490,000 日元/吨；资源循环利用率达 18％；废弃物循环利用率达 47％；最终处置量（填埋量）减少至 1300 万吨。

（十四）韩国首尔市政府 2022 年塑料减量目标

2018 年 7 月，首尔市政府承诺将通过"首尔无一次性塑料"项目，在 2022 年之前将一次性塑料的使用量减少 50％并实现高达 70％的回收利用。措施包括，从 2019 年开始，所有一次性塑料用品将从公共机构中移除，首尔附属机构的办公楼内不使用一次性物品；首尔市政府办公楼将限制员工和持一次性杯子的市民进入，并在每个入口安装临时收集箱；独立住宅区将首先实施安装回收设备，最大限度地回收使用过的一次性物品等。

（十五）泰国 2021 年完全禁止进口废塑料

2018 年 11 月，泰国总理府召开"解决进口垃圾问题会议"，会议决定，泰国 2019 年的进口塑料废品不得超过 7 万吨，2020 年不超过 4 万吨，2021 年泰国将不再进口塑料废品。

（十六）印度城市限制使用塑料措施

2018 年 6 月，在世界环境日到来前夕，印度哈里亚纳邦政府宣布禁止在该邦所有政府部门使用一次性水杯；泰米尔纳德邦政府宣布，从 2019 年 1 月 1 日起全面禁止生产、销售、储存和使用一次性塑料。

二 企业类

（一）苹果公司的闭环供应链目标

2017 年，苹果公司发布"2017 年度环境报告"，报告中指出，苹果的目标是实现"闭环"供应链，即所有公司的产品都使用可回收或可再生材料制造，借此将同等数量的材料返还给市场。苹果公司致力于确保供应链产生的所有废弃物都能得以重复使用、循环利用、制成堆肥，或在必要时转换成能源。

（二）H&M 集团可持续发展战略目标

H&M 集团 2017 年可持续发展报告中提到该集团三大关键战略目标，包括 100% 引领时装行业变革、100% 封闭循环和可再生以及 100% 公正和平等。其中，100% 封闭循环和可再生的主要目标包括，在 2020 年前实现 100% 使用可持续棉花，在 2030 年之前实现 100% 使用来自回收或其他可持续来源的材料。

（三）星巴克将淘汰一次性塑料吸管

2018 年 7 月，星巴克宣布将在未来两年内在全球所有门店逐步淘汰一次性塑料吸管。星巴克将提供可回收的无吸管盖子以及替代材料的吸管，如纸张或可降解塑料。美国西雅图市及加拿大的星巴克门店将在 2018 年秋季率先启用环保吸管。

（四）宜家家居宣布 2030 可持续发展目标

2018 年 6 月，瑞典宜家（IKEA）品牌所有权的 Inter IKEA 更新了其于 2012 年推出的可持续发展战略报告，宣布到 2030 年公司在可持续发展方面的最新承诺：

1. 到 2020 年，全球范围内的宜家门店内的餐厅停止使用一次性塑料制品

2. 用新的环保方法制作所有宜家产品，在过程中只使用可再生及回收材料

3. 提供能够让客户将产品更便捷地搬运回家的服务

4. 增加宜家餐厅中的素食比例，比如将在全球门店餐厅推出的素食热狗

5. 通过与家居产品供应商合作，将每件产品的平均碳足迹减少 70%

6. 到 2025 年实现送货上门过程中零排放

7. 到 2025 年，将家用太阳能解决方案的覆盖范围从现在的 5 个市场推广至 29 个市场

（五）三星电子承诺 100% 可再生能源供电

2018 年 6 月，电子品牌三星公开承诺，2020 年前将在中国、美国以及欧洲三地的运营实现 100% 可再生能源供电。三星的承诺还包括：2020 年前，实现 100% 可再生能源供电覆盖中国、美国以及欧洲所有的工厂、办公楼、运营设施等；支持韩国政府 2030 年可再生能源消费比例达 20% 的目标，并将陆续在京畿道总部及两家半导体工厂开发光伏和地热项目；2019 年加入 CDP 供应链计划，带领 100 家供应商设立可再生能源转型目标。

（六）雀巢公司 2025 年可回收包装材料目标

雀巢公司于 2018 年 4 月宣布，计划到 2025 年，公司实现包装材料的 100% 可回收再利用或可重复使用。公司重点关注 3 个核心领域：消除非可回收塑料；鼓励使用回收率更高的塑料；并消除或改变复杂的复合包装。

（七）飞利浦照明发布 2016～2020 年可持续发展计划

2016 年，飞利浦照明发布 2016～2020 五年可持续发展计划——"闪亮生活，美好世界"。该计划将在 2020 年达成下列重要承诺：

1. 可持续营业收入：80% 的营业收入来自有益于环境与社会效益的产品、系统和服务

2. 可持续运营：商业运营实现 100% 碳中和，并采用 100% 可再生电力

三 国际组织及机构

（一）英国塑料公约

废物与资源行动计划组织（WRAP）与艾伦·麦克阿瑟基金会在英国政府新的废弃物处理计划下发起了"英国塑料公约"（A Roadmap to 2025-The UK Plastics Pact），将来自整个塑料价值链的企业与英国政府和非政府组织合作来解决塑料垃圾问题。

该公约为 2025 年制定了以下目标：

1. 市场上 100% 的塑料包装都可以回收、重复使用或堆肥

2. 70% 可有效回收

3. 所有塑料包装的平均回收率为 30%

4. 采取措施，消除有问题或不必要的一次性塑料包装物品

（二）新西兰塑料包装声明

2018 年 6 月，12 家国际及新西兰本地的企业签署了《新西兰塑料包装声明》（NZ Plastic Packaging Declaration），承诺将在 2025 年或更早的时候，在新西兰的工厂中使用 100% 可重复使用、可回收或可分解的包装并每年向新西兰环境部上报进展情况。其中，已经签署了新西兰塑料包装声明的本地企业包括 Foodstuffs 食品公司、Countdown 连锁超市、新西兰邮政局和 Frucor Suntory 公司。签署宣言的其他跨国公司包括安姆科、欧莱雅、玛氏、百事可乐、可口可乐、联合利华以及雀巢。

（三）艾伦·麦克阿瑟基金会启动《新塑料经济全球承诺》

艾伦·麦克阿瑟基金会（以下简称基金会）于 2010 年在英国成

立，是一个致力于促进循环经济发展和全球可持续发展的慈善基金会，目前基金会重点关注塑料及纺织领域。2018年10月，由该基金会与联合国环境规划署共同发起的《新塑料经济全球承诺》（以下简称《承诺》）正式启动。《承诺》得到世界自然基金会、世界经济论坛、消费品论坛、40所大学、机构以及学者支持，旨在追本溯源消除塑料废弃物和解决塑料污染问题。包括世界最大的包装生产商、品牌商、零售商、回收厂商以及政府和NGO组织在内的共250家机构共同签署了一项全球承诺。签署方包括占比全球塑料包装行业20%的公司，如达能、H&M集团、欧莱雅、玛氏、百事可乐、可口可乐和联合利华等知名消费品企业，安姆科和诺瓦蒙特等主要塑料和包装生产商，以及资源管理企业威立雅。

《承诺》的目标包括：

1. 消除问题包装或不必要的塑料包装，从一次性包装模式向重复使用包装模式转变

2. 通过创新，确保100%的塑料包装在2025年之前可以被轻易地、安全地重复使用、回收或堆肥

3. 通过显著增加重复使用或回收的塑料量，以及将回收来的旧材料制成新包装或产品，实现对已生产塑料的循环使用

（四）世界循环经济论坛

世界循环经济论坛（WCEF）（以下简称论坛）是由芬兰政府和芬兰创新基金会（Sitra）共同发起的一项全球倡议。论坛汇集了来自世界各地的商界领袖、政策制定者和专家，共同寻求全球最佳的循环经济解决方案。论坛探讨企业如何抓住新机遇，通过循环经济获得竞争优势，以及循环经济如何有助于实现联合国可持续发展目标。第一届论坛于2017年6月在芬兰赫尔辛基举办，来自近100个国家的1600名参与者参加。2018年，第二届世界循环经济论坛在日本横滨召开。2019世界循环经济论坛将在芬兰赫尔辛基召开。

（五）加速循环经济平台启动

加速循环经济平台（PACE：the Platform for Accelerating the Circular Economy）于2018年世界经济论坛年会期间启动，皇家飞利浦公司首席执

行官万豪敦（Frans Van Houten）、全球环境基金首席执行官兼主席石井菜穗子（Naoko Ishii）担任平台的联合主席，埃森哲战略、世界经济论坛、世界资源研究所、艾伦·麦克阿瑟基金会和国际资源小组等组织机构是平台的主要知识合作伙伴。该平台是一个公私合作机制和项目加速器，致力于快速、规模化实现循环经济。PACE 现已召集来自中国、东南亚、欧洲和非洲等国家和地区 50 多位 CEO、部长和专家，围绕塑料、电子产品、食品与生物经济以及商业模式和市场转型等四个重点领域开展项目合作，充分发挥成员领导力作用，促进公私合作机制，共同努力克服障碍，推动全球循环经济的发展。2019 年，世界资源研究所将支持平台的进一步扩大，以及在荷兰海牙建立循环经济行动中心。

2018 年中国循环经济协会成为 PACE 的成员之一。

（六）全球循环经济奖发起

"全球循环经济奖"由世界经济论坛和全球青年领袖论坛联合发起，携手埃森哲战略共同举办，旨在表彰在商业和社会领域中为循环经济做出杰出贡献的个人、企业或组织，以推动循环经济在全球的发展。奖项共设立七个类别，分别是领导力奖、跨国公司奖、中小企业奖、公共部门奖、投资者奖、技术颠覆奖和大众选择奖。

表 6 - 1　2018 年"全球循环经济奖"各奖项第一、二名获得者名单

奖项	第一名	第二名
循环经济领导力奖	万豪敦（Frans van Houten）（皇家飞利浦公司首席执行官）	樊尚·比鲁塔（Vincent Biruta）（卢旺达环境部长）
循环经济跨国公司奖	宜家家居（IKEA）	格林美股份有限公司
循环经济中小企业奖	Apto 解决方案有限公司（Apto Solutions）	perPETual 环球技术有限公司（perPETual Global Technologies Limited）
循环经济公共部门奖	芬兰创新基金会（SITRA）	西开普工业共生计划（WISP-Western Cape Industrial Symbiosis Programme）
循环经济投资者奖	荷兰银行（ABN AMRO Bank NV）	闭环伙伴公司（Closed Loop Partners）
循环经济技术颠覆者奖	AMP Robotics 公司（AMP Robotics）	苹果公司（Apple）
循环经济大众选择奖	Banyan Nation 回收公司（Banyan Nation）	Instock 公司（Instock）

表 6-2　2017 年"全球循环经济奖"各奖项第一、二名获得者名单

奖项	第一名	第二名
循环经济领导力奖	威廉·麦克唐纳（WilliamMcDonough）（麦克唐纳创新公司首席执行官）	弗兰斯·蒂默曼斯（Frans Timmermans）（欧盟委员会第一副主席）
循环经济跨国公司奖	耐克公司（NIKE）巴塔哥尼亚公司（Patagonia）	/
循环经济中小企业奖	MBA Polymers 回收公司（MBA Polymers，Inc.）	I:CO 公司（I:CO）
循环经济政府、城市及地区奖	苏格兰政府	中国循环经济协会
循环经济投资者奖	SJF 风险投资公司（SJF Ventures）	荷兰国际集团（ING Bank）
循环经济数字颠覆者奖	卢比肯环球公司（Rubicon Global）	Peerby 公司（Peerby）
循环经济大众选择奖	Bioelektra 集团（Bioelektra Group）	黑熊公司（Black Bear）

典型案例

第一章
地　方

一　浙江省循环经济重点工作及成绩

2017 年浙江省能源、水、土地、矿产等资源利用效率居全国前列，其中，万元 GDP 用水量 34.7 立方米，农田灌溉水有效利用系数达到 0.592；资源循环利用水平较高，达到国内先进水平，秸秆综合利用率达到 93.35%，纸张循环利用率达到 80%。主要污染物减排完成国家下达的任务。

（一）循环型经济体系逐步形成

一是农业方面，全面完成现代生态循环农业"一控两减三基本"目标任务。畜禽粪污资源化高水平利用工作有效开展，全省使用有机肥 111 万吨，沼液资源化利用 861 万吨，畜禽粪污综合利用率达到 97%。农药废弃包装物回收处置量不断增加，回收农药废弃包装物 4445 吨。二是工业方面，2017 年全省共创建国家级绿色工厂 20 家，国家绿色设计产品 19 个，国家绿色园区 2 个，国家绿色供应链管理示范企业 1 家。三是服务业方面，全省环境服务业发展飞速，环境服务从业法人单位达到 661 家，营业收入达到 372 亿元；稳步推动绿色旅游饭店创建与提升，400 余家饭店完成申报与复核工作，领先全国其他地区。四是节能环保产业规模不断壮大，总产出预计达到 9000 亿元左右，环保产品生产规模居全国第二，环保服务业产值居全国第四。五是园区循环化改造全面推进，已有 68 个省级以上园区（开发区）实施循环化改造，超额完成国家和省政府考核目标。

（二）循环型城乡体系不断建立

一是城镇生活垃圾过快增长的问题初步得到解决，2017 年全省城镇生活垃圾处理总量日均 6.8 万吨，新增生活垃圾处置能力 1.23 万吨/日，新增危险废物处置利用能力 108 万吨。二是印发了《浙江省城镇生活垃圾分类实施方案》和《浙江省城镇生活垃圾分类管理办法》，保障全省城镇生活垃圾分类工作的顺利开展。三是绿色循环农业发展成果颇丰，实施 21 个区域示范项目，完成 1050 个现代生态循环农业示范主体建设。四是农村生活污水和生活垃圾得到有效处置，截至 2017 年底，完成治理村近 2.1 万个，出台《关于扎实推进农村生活垃圾分类处理工作的意见》，全省已有 11475 个村的生活垃圾收集处理达到分类处理标准。五是印发《浙江省静脉产业基地建设行动计划》，正式启动省级静脉产业示范城市（基地）试点工作，重点建设海盐、衢州、台州等静脉产业基地。六是印发水资源"双控行动"实施方案，改造老旧供水管网 1152.2 公里，改造老旧小区节水器具 7.37 万套，348 家企业完成省级节水型企业创建，节水型社会建设顺利开展。

（三）循环型制度体系成效显著

一是印发《浙江省生态文明建设目标评价考核办法》《浙江省绿色发展指标体系》《浙江省生态文明建设考核目标体系》，促进生态文明建设的开展。二是继续推进绿色金融改革创新，截至 2017 年 7 月，全省绿色信贷余额达到 7443 亿元，且资产质量优良。湖州、衢州获批创建全国绿色金融改革创新试验区。

二　上海市循环经济发展情况及成绩

（一）循环经济发展整体情况

1. 大宗工业固废

2017 年，上海市主要工业固废排放利用量较上年呈现下降趋势，粉煤灰、冶炼废渣、脱硫石膏三类固废排放量和利用量约 1000 万吨，综合利用率保持在 98% 左右。据不完全统计，上海市利用大宗工业固废协同处置利用建筑垃圾等城市废弃物，生产水泥 300 万吨、再生混凝土 500 万立方米、预拌砂浆 380 万吨、新型墙体材料约 1000 万立方米，全年实现产值近 70 亿元。

2. 废旧电子电器产品

目前，上海拥有 8 家经批准的规模型电子废物专业处理企业，其中上海电子废弃物交投中心有限公司、伟翔环保科技发展（上海）有限公司、上海新金桥环保有限公司、森蓝环保（上海）有限公司、鑫广再生资源（上海）有限公司 5 家公司获国家"废弃电器电子产品处理资格证书"。

5 家企业总核准电子废弃物年处置能力为 19.35 万吨，但产能放空较大。2017 年，5 家企业合计回收废弃电器电子产品 52621.22 吨，处置 52224.98 吨，处置率达 99.25%。

3. 工业再制造

2017 年底，上海市拥有国家发展改革委、工信部等试点示范再制造企业 12 家。据不完全统计，2017 年全市再制造产值约 44 亿元，比上年增长 10%。全年再制造航空发动机 102 台，再制造汽车发动机近 4000 台、汽车变速箱 4.5 万台、火花塞 50 万只、各类汽车外饰（大灯等）1 万个，再制造高效电机 1 万千瓦时、各类打印耗材（硒鼓、墨盒）800 万只，再制造各类中小型工程机械零部件（缸盖、油泵、水泵、液压泵、连杆等）9 万余个，各类大型工程机械零部件（不锈钢结晶器、船用活塞等）600 余个，再制造各类炉辊 8000 平方米。

4. 再生能源利用

2017 年，共回收各类再生资源 700 万吨，比上年减少 1.64%。其中，回收废钢铁 427 万吨、废有色金属 54 万吨、废纸 106 万吨、废塑料橡胶 22 万吨、废玻璃 45 万吨、废电器电子 4.3 万吨（总 129 万台件，其中电视机 90 万台（31910 吨）；电冰箱 3 万台（1320 吨）；洗衣机 11 万台（2937 吨）；空调器 9 万台（3445 吨）；微型计算机 16 万台（3278 吨））、报废机动车 5.7 万吨（16700 辆）、其他（旧家具、棉麻织物、木材等）36 万吨。

5. 资源综合利用发电

2017 年上海市发电设备容量 2400 万（千瓦），累计总发电量 865 万（万千瓦时），同比增长 3.97%；最高用电负荷 3268 万（千瓦），同比增长 4.14%。其中可再生能源发电 38 万（万千瓦时），同比增长 26.67%；清洁能源发电 19 万（万千瓦时），同比增长 31%。可再生能源发电量在电网总发电中占比逐年上升，达到 4.5%。

利用余热、余压和富余可燃气发电是本市资源综合利用的一大特色。在"其他类"发电中，利用余热、余压、余汽发电的企业 7 家，期末发电设备容量 76.3 万（千瓦），全年累计发电 37.2 万（万千瓦时），同比增长 0.8%；垃圾发电企业 10 家，期末发电设备容量 26 万（千瓦），同比增长 18.72%，累计总发电 17.6 万（万千瓦时），同比增长 23.94%。此外，太阳能光伏发电设备容量 58 万（千瓦），累计发电 2.6 万（万千瓦时），同比增长 160%；其中个人家庭安装用户达 1.2 万户，累计发电 1.3 万（万千瓦时）。

（二）循环经济工作取得的成绩

1. 产业化基地建设取得进展

通过布局优化和结构调整，资源综合利用产业化基地建设得到了较快发展，为废弃资源的综合利用和安全处置提供了有力支撑。一是形成以宝武环科、中冶环工为骨干的冶金渣循环利用产业基地。二是形成以伟翔环保、鑫广再生资源、电子废弃物交投中心、新金桥环保、森蓝环保等为主的废旧电器电子物处置利用基地。三是形成以集惠瑞曼迪斯、升达废料为主体的上海化工区危险废物处置及循环利用基地，为上海化工区等周边区域的循环化发展提供了产业补链和配套。四是形成以临港国家再制造产业示范园区为核心的再制造产业集群。五是形成以中器环保、正丝等为主体的再生能源基地。中器环保科技在市有关部门协调支持下，开辟了生物柴油的新应用。六是形成了以城建物资为主的城市建筑垃圾综合利用产业基地。

2. 科技创新成为行业转型升级的"驱动器"

充分发挥上海市科创资源优势，强化科技创新对资源循环经济产业发展的战略支撑功能，推动资源集约高效利用。上海市循环经济协会等行业组织聚焦新产品、新工艺、新应用的研发创新，组织开展示范交流、成果转化和应用，取得积极效果。钢渣透水技术和产品，特种建材脱硫石膏系列技术、产品，污泥淤泥利用技术与产品，环保砖技术与产品，改性 S95 级矿渣粉制备关键技术与产品，含汞灯具处置成套装备等创新成果开始在上海市和长三角及周边地区示范推广，并进行产业化合作。COREX（熔融还原）竖炉清空技术，CDQ 锅炉在线维修技术，适用于铜渣缓冷工艺的焊接式球底渣包的研制与应用，大宗固体废弃物用于绿色建材的关键技术集成与产业化示范分获 2017 年度"中国循环经济协会科学技术奖"。

3. 坚持"两化"融合,"互联网＋"稳步推进

近年来,全行业积极探索互联网、大数据、信息化在资源综合利用产业发展中的应用。"东方循环""恒源宝""绿智汇"和"百年建筑"4家电商企业,各有侧重拓展业务,"互联网＋"在产业发展中的影响力不断扩大。

4. 政策扶持助推产业稳健发展

废弃物的综合利用、再生利用、循环利用具有显著的社会效益、环保效益,一直受到国家和地方政府的高度重视和政策扶持。上海市政府发布了《上海市建筑垃圾处理管理规定》。上海市发展改革委和上海市财政部发布了上海市循环经济与综合利用专项资金扶持政策等。

5. 聚焦解决城市发展"难点""短板"问题

汽车退役电池方面,上海市经信委协调有关方面形成了安全处置和再生利用方案,已报工信部并通过专家评审。电子废弃物方面,上海市经信委协调有关处置利用单位,形成了"扩大处置能力、循环综合利用、各方协同处置、安全环保托底"的综合解决方案。城市危废的安全处置和资源化利用方面,上海市经信委、上海市环保局协调宝武集团环科公司,充分利用现有设施提升改造,当年消纳属危化品的废弃油桶1.23万吨,既做到了环保安全处置,又实现了资源循环利用,同时还利用"五违四必"产生的建筑垃圾近100万吨,生产各类建材产品。建筑垃圾的本地化、资源化处置利用方面,上海又宏环保科技公司投资建设上海市首条高标准处置废弃混凝土再生利用生产线,当年处置利用建筑废弃物40万吨,做到100%循环利用。淤泥污泥利用方面,上海萌砖节能材料科技公司、上海鑫晶山建材开发公司等提升了规模化处置利用水厂污泥、污水厂污泥、河道污泥的能力,全年处置利用近数十万吨。

6. 推进建立长三角资源循环利用协同发展机制

随着长三角经济一体化程度的不断提高,废弃物跨省流动处置的利用量逐年增加。在大宗工业固废领域,2017年度上海市利用长三角地区外省市资源量达520万吨左右,同时,江、浙、皖三省利用上海市资源量200万吨左右,其他领域的互利互用也十分活跃。

第二章
园 区

一 山西交城经济开发区

（一）基本情况

山西交城经济开发区（以下简称"开发区"）前身为吕梁夏家营生态工业园区，成立于 90 年代后期，2006 年 9 月省政府审批并经国家发展改革委核准为省级经济开发区，更名为山西交城经济开发区，涉及天宁镇和夏家营两镇，审核面积 13 平方公里，规划面积 64 平方公里。开发区是全省首批依据循环经济理念开发建设的生态工业园区，先后被确定为省级示范园区、全省循环经济试点园区和省级新型工业化产业示范基地、全省转型综改"一市两园"中的产业转型园。

（二）循环经济产业链

开发区以园区能源供应系统（电力岛、热岛、气岛）为核心，向外辐射，积极推进产业间深度融合，通过能源的集中供应，以及粉煤灰、炉渣、焦炉煤气等产业废弃物和副产品的综合利用，发挥系统集成效应，把开发区内煤焦化、煤化工、冶金、装备制造、新材料、建材等产业紧密结合起来，构成开发区的产业链骨架。此外，针对煤焦化及煤化工、装备制造、新能源新材料等产业，积极推进产业链的纵向延伸，提高产品附加值，提高资源产出效率；通过能源梯级利用、水资源循环利用，促进园区产业发展区与生活区之间的融合，实现社会层面大循环。

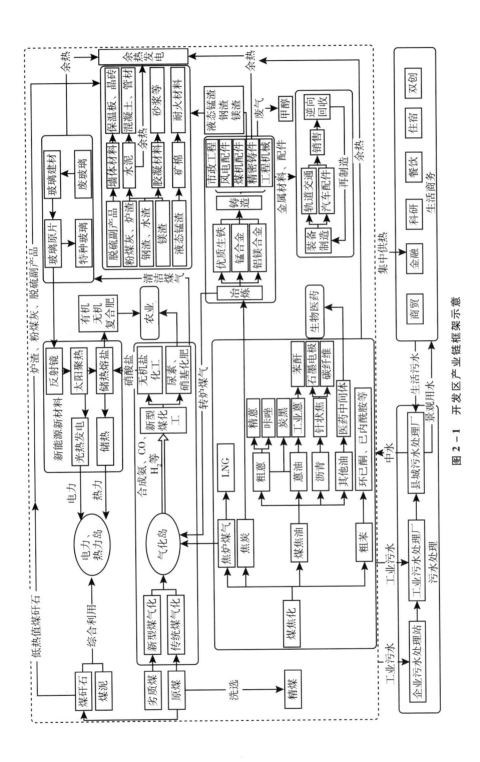

图 2-1 开发区产业链框架示意

（三）循环经济亮点

1. 实现传统煤焦产业向新型煤化工产业转变

按照能化共轨和循环经济理念，加大煤炭资源加工转化深度，以宏特煤焦油深加工和华鑫集团焦炉煤气制硝基化肥产业为导向，大力发展焦炉煤气、煤焦油、焦化苯三个煤基精细化工，以及煤基化肥等新型煤化工，不断优化产品结构，提高产品精细化率，促进产业多元化发展，提高产品附加值，实现由"只焦不化"向"焦化并举"的产业升级转型。

2. 实现煤化工产业链的延伸

依托开发区附近的浅层煤炭资源和先进的煤气化技术，以原煤用于完全煤气化为主，焦炉煤气、劣质煤综合利用为补充进行多联产，并与下游化肥、无机盐化工产业进行耦合，建成以合成氨为主的化肥，以硝酸钾、硝酸铵钙、碳酸钾为代表的无机盐化工生产基地，产品规模达到200万吨。

大型煤气化。以华鑫肥业、润锦化工、红星化工、金兰化工、三喜化工等龙头企业为主，积极推进兼并重组，引导生产要素向优势企业集中，支持相关企业以硝基复合肥产品为主导，开发高效、环保新型肥料，利用合成氨、氢气、氮气、一氧化碳、甲醇等开发食品级、医药级和工业级硝酸盐产品。

焦炉煤气综合利用。建立健全焦炉煤气回收利用体系，以山西润锦化工有限公司焦炉煤气综合利用多联产项目为引领，利用焦炉煤气生产 LNG（液化天然气）、合成氨和尿素等附加值高的化工产品。

劣质煤综合利用。依托美锦能源有限公司，以周边煤矿劣质煤为原料，通过改造现有过剩焦化产能装备，转变技术路径，转化和改善焦炭商品用途，推进焦炭能源向完全"气化焦产品"转变，并用劣质煤制气生产硝基产品。

（四）效益分析

2017年，开发区实现地区生产总值57.816亿元，区内规模以上企业完成工业增加值45.13亿元，较去年同比增长79%；完成工业总产值150.43亿元，较去年同比增长55%；主要资源产出率492.22元/吨，能源产出率3567.57万元/吨标煤，水资源产出率760.91元/吨，一般工业固体废物综合利用率为68.7%，规模以上工业企业重复用水率为95%。

（五）推广价值

山西交城经济开发区循环经济发展模式对于以煤焦化、煤化工等为主导产业的园区具有一定的借鉴意义。

二 湖北老河口市资源循环利用基地

（一）基本情况

老河口资源循环利用基地位于襄阳老河口市，以老河口经济开发区循环经济产业园和洪山嘴工业园为依托建设，总规划面积20.64平方公里。基地所在的循环经济产业园是老河口市秉承绿色发展理念打造的特色园区，是老河口市"一区六园、产业分区"的重要组成部分。2013年被襄阳市确定为首批挂牌的14个特色产业园区之一，2012年被国家商务部、财政部列为国家区域性大型再生资源利用基地，2015年被国家工信部列为国家新型工业化产业示范基地，2017年被国家发展改革委、住建部列为国家资源循环利用基地。

（二）循环经济产业链

基地立足老河口市产业基础，服务襄阳市现实需求，重点发展资源循环利用产业。目前已形成垃圾污泥协同处置、废钢高值化利用、废铅酸蓄电池全元素利用、废轮胎全产业链利用、废纸产品化利用、废塑料高值化利用、废旧锂电池梯级利用七大产业链，并积极培育建筑垃圾资源化利用和废旧纺织品再生利用两条产业链，年可消化处理各类固废100万吨。基地坚持河谷组群、产业互补、错位发展、突出特色的发展思路，依托葛洲坝环嘉、湖北楚凯、湖北业茂公司、湖北金赞阳等龙头企业，初步建立起集废弃物回收、再生利用加工、新产品制造于一体的资源循环利用产业体系，探索形成了具有区域特色的城市低值废弃物协同处理和资源化高效利用的新模式，循环经济产业链见图2-2。

（三）循环经济亮点

基地在充分利用、规范和整合已有资源回收渠道的基础上，采用新技术、

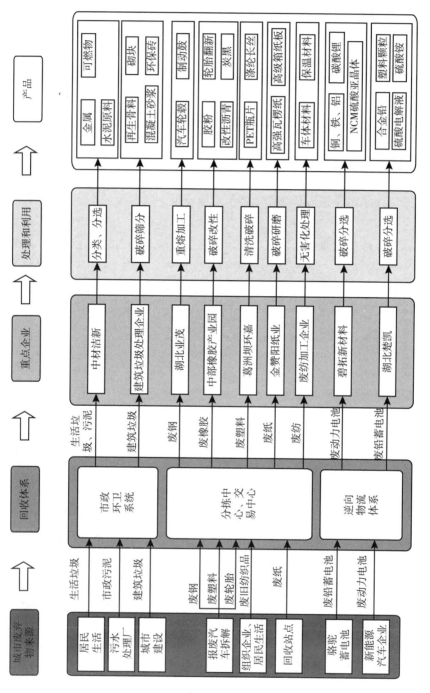

图2-2 老河口资源循环利用基地总体产业链示意

新模式不断优化和完善回收体系，形成了"两网融合""互联网＋再生资源""逆向物流"协调互补的资源回收利用网络体系。

1. "两网融合"回收体系

建立了较为完善的城乡垃圾收运体系，实现了村镇生活垃圾收运全域覆盖，同步建立起再生资源收集、分拣、利用的良性运行机制和长效管理机制，实现再生资源回收利用与垃圾分类"两网融合"。在收集环节，对生活垃圾分类设施进行系统优化，从源头减少可再生资源进入垃圾清运体系。在转运和分拣环节，实施垃圾源头分类、分类运输、分类处置的全流程管理，防止分类好的垃圾在转运环节重新混杂。在处理环节，再生资源进入分拣加工中心处理，生活垃圾直接运到葛洲坝老河口水泥厂进行协同处置。

2. "互联网＋再生资源"的回收体系

依托湖北业茂、葛洲坝环嘉等龙头企业，在线上线下进行再生资源回收体系布局。在线下，积极与襄阳市及周边再生资源回收企业合作建设大型废钢、废橡胶、废塑料、废纸等专业性分拣加工中心，提高再生资源回收规模化、专业化水平；在线上，利用"互联网＋"技术打造新型回收信息共享交易平台。通过线上与线下交互，实现"互联网＋再生资源"的城市废弃物处理一体化、数据化管理。

3. "逆向物流"回收体系

依托湖北楚凯公司，联合产业链上主要参与企业，不断优化供应链逆向物流网点布局，采用"以旧换新"回收激励方式开展回收工作，建立了废旧铅酸蓄电池"逆向物流"回收体系，推动了废旧铅酸蓄电池"生产－消费－回收－利用"的良性循环。

（四）效益分析

2018 年，老河口资源循环利用基地协同处理生活垃圾、市政污泥等固废 10.5 万吨，年回收利用各类再生资源 150 余万吨，其中废纸 50 万吨，废钢 60 万吨，废轮胎 10 万吨，废塑料 8 万吨，废铅蓄电池 22 万吨，废锂电池 5000 吨，利用率达到 100％，产值达到 100 亿元。

（五）推广价值

老河口循环经济产业园发展模式对于中东部地区以再生资源为主、兼顾城市废物协同处理的资源循环利用基地具有一定的借鉴意义。

三 辽宁盘锦辽东湾新区

（一）基本情况

盘锦辽东湾新区成立于 2005 年 12 月，于 2010 年 10 月被省政府确立为辽宁省综合改革试验区，于 2012 年 2 月被工信部批准为"国家级新型工业化产业示范基地"（石油化工产业），2013 年 1 月经国务院批准升级为国家经济技术开发区（国办函〔2013〕16 号），规划面积为 6.225 平方公里，2017 年 6 月被国家发展改革委、财政部确立为"国家循环化改造园区示范试点"。

（二）循环经济产业链

辽东湾新区围绕石化及精细化工、特色装备制造、港口物流等支柱产业，积极推进产业链的纵向延伸，提高资源产出效率；通过配套发展现代服务业和静脉产业，积极与水泥、建材行业加强循环链接，不断增强主导产业链的横向耦合，提高园区整体循环经济产业链关联度，力争实现企业间、行业间、产业间共生耦合，物料闭路循环，促进原料投入和废物排放的减量化、再利用和资源化，以及危险废物的无害化和资源化处理。通过园区与城市之间能源梯级利用、水资源循环利用，促进港产城融合，实现社会层面大循环。辽东湾新区产业链体系见图 2-3。

（三）循环经济亮点

延伸石化及精细化工循环经济产业链。以兵器精细化工及原料工程项目为龙头，以宝来石化、和运集团、台湾长春石化、台湾联成化学、瑞德化工等骨干企业的重点项目为支撑，着力推进军民融合发展，全面提升炼化一体化能力，拉伸产业链条，逐步实现新区从油气加工、有机化工、高分子聚合物、化工新材料到精细化工的全产业链发展，建成世界级石化及精细化工产业基地。

提升装备制造循环经济产业链。立足石油开采、炼化、港口物流等相关的市场需求，积极发展海洋工程装备制造、船舶制造、石化装备制造、高强度挤压型材、特种车辆等高端装备制造产业，形成配套能力强、内部协作紧

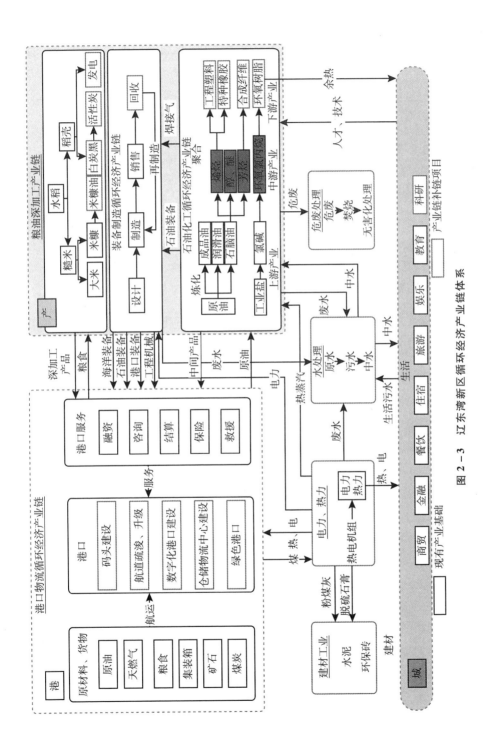

图 2-3　辽东湾新区循环经济产业链体系

密、集群发展的态势，实现装备制造产业规模化扩张、高端化升级。

拓展港口物流服务型循环经济产业链。依托区位、交通和产业优势，发挥盘锦港中心作用，围绕石化产品、粮食、大型设备，构筑仓储、中转、加工、采购分拨配送等专业化物流服务体系，拓展高端增值服务功能，形成高端港口物流产业链。

（四）效益分析

2018 年，开发区实现地区生产总值 130.3 亿元，同比增长 20%，区内规模以上企业完成工业增加值 121.4 亿元，较去年同比增长 24.2%；公共财政预算收入实现 29.4 亿元，同比增长 50%；外贸出口总额实现 7 亿元，同比增长 32%。

（五）推广价值

盘锦辽东湾循环经济发展模式创新引导传统石化、装备制造产业转型升级，对于石化产业园和特色装备制造基地建设具有一定的借鉴意义。

第三章
企　业

一　山东琦泉集团有限公司

（一）基本情况

琦泉集团始创于 1989 年，是一家以生物质热电联产为主营业务，致力于为行业提供生物质能"设计咨询、电力建设、环保制造、碳资产管理、技术研发"全产业链服务的综合性企业集团。旗下拥有下属公司 39 家，其中发电公司 19 家，分布全国六省、十四个地市，总装机超九十万千瓦，位居山东第一、全国前三。2017 年实现销售收入 22 亿元，利税 5 亿元，先后被授予国家级"生物质能供热示范企业"，"高新技术企业"，"资源综合利用企业"，山东省首批重点培育的"循环经济示范企业"，"山东省循环经济十大创新科技成果奖"，"中国循环经济 2018 年度最佳实践"等多项荣誉称号，当选中国循环经济协会副会长、山东省循环经济协会会长单位。

（二）循环经济特征

1. 实施余热供暖

琦泉集团率先实施低真空循环水供暖，开创了生物质机组余热供暖先河，供暖面积达 550 万平方米，每个供暖季可节约标煤 2.2 万吨，减少粉尘排放量 108 吨，减少二氧化硫排放 83 吨。

2. 实现由两级向四级能源利用的跨越

琦泉突破传统热电联产两级用能模式，形成"热、电、风、水"四联供的用能模式。通过四级能源利用，热效率提高到 70％ 以上。

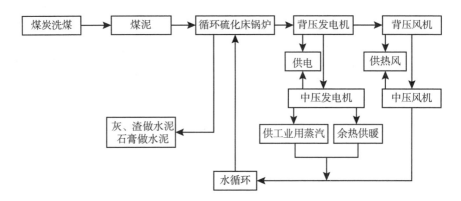

图 3 - 1　热、电、风、水四联供循环用能模式

3. 污染物减排

琦泉集团研发生产的搪瓷管空预器及高温复合滤筒等环保设备，锅炉采用在线清灰系统，实现了 SO_2、NOx、颗粒物等污染物的超低排放。

4. 废物资源化利用

琦泉集团将生物质燃料燃烧后产生的大量底渣用于生产 7341 环保新材料，应用于海绵城市、河道护坡、污水处理等领域，极大地提高了灰渣的附加值，实现了经济性再利用。

（三）产业链条

琦泉集团做精做深生物质能源应用的各个环节，构建吃干榨净、筛选细分和梯级利用的生物质能循环产业链。

生物质发电项目原料来源于农村农作物秸秆、树皮等农林废弃物。农林废弃物按精准掺烧配比送入锅炉燃烧、产生的水蒸气推动汽轮机做功，经发电机转换为绿色电力，源源不断地输送到千家万户；余热为周边居民提供清洁取暖，产生的蒸汽满足齐鲁制药、郓城木板加工企业蒸汽需求，替代燃煤小锅炉，剩余的底渣利用其黏性的特性制作成 7341 环保新材料，广泛用于海绵城市、污水处理厂、河道护坡、生态湿地等领域，灰做钾肥还田，过程中产生的二氧化碳通过光合作用回归农作物，整个过程无废弃物和二氧化碳排放，做到有限资源，无限循环，真正实现了变废为宝、零排放的循环产业链。

2017 年琦泉集团发电量超过 25 亿千瓦时，供暖面积 483 万平方米，供

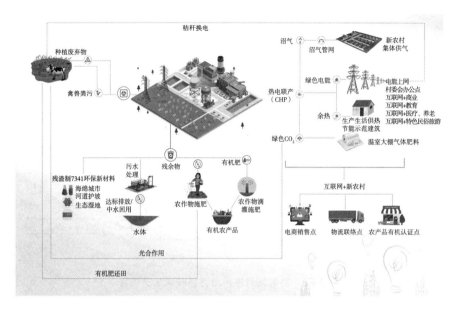

图 3-2 循环产业链条示意

汽 37.2 万吨，消耗燃料 260 万吨，减少二氧化碳排放 150 万吨，替代原煤 60 万吨。

（四）重点技术

琦泉集团首创高温高压中间再热机组，将锅炉出口高温高压蒸汽直接送入汽轮机中，推动汽轮机做功，做功后的蒸汽被循环水冷却凝结为水，经各级加热器作为给水循环做功。中间再热技术将汽轮机（高压部分）内某一中间压力的蒸汽全部引出，再次加热成为高品质的蒸汽，然后回到汽轮机（低压部分）内继续做功的过程（如图 3-3）。

高温超高压中间再热技术提高生物质锅炉综合热效率 8%，每台生物质锅炉每年增加效益 1445 万，整个周期增加效益 2.652 亿元，填补国内空白，引领中国生物质技术进入第三代，获"中国循环经济 2018 年度最佳实践"荣誉称号。

兰陵琦泉生物质发电项目位于临沂市兰陵县，装机容量 2×40MW，运用"高温超高压中间再热技术"，2017 年，厂用电率低至 8% 左右，发电原杆电耗降至 1.1kg/kWh，全厂热效率约为 38%，共消耗农林废弃物 56.67

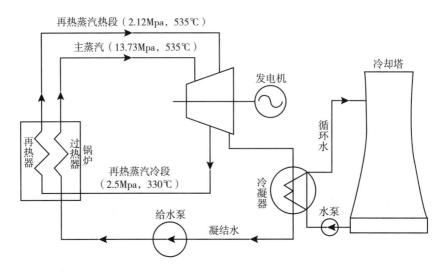

再热蒸汽热段（2.12Mpa，535℃）

主蒸汽（13.73Mpa，535℃）

发电机

冷却塔

再热器

过热器

锅炉

再热蒸汽冷段
（2.5Mpa，330℃）

循环水

冷凝器

水泵

给水泵

凝结水

图 3 - 3　高温超高压中间再热技术工艺流程

万吨，生产绿色电力 46737.84 万 kWh，再热蒸汽 30.68 万吨，节约热力 89.15GJ，节约标准煤 19.82 万吨。

（五）管理措施

琦泉以每个公司为中心设立多个燃料收购点，研发"互联网＋"的燃料收储新模式－柴火社 APP，完善原料收储工作。以秸秆收购为抓手，成立精准扶贫办公室，初步形成了"党支部＋龙头企业＋专业合作社＋贫困户"的模式，多措并举技术创新，拥有专利技术 260 余项，研发底渣制砖、低成本燃料烘干等新技术，废物利用、节能降耗、循环发展；投资成立加工中心，制作成生物质成型燃料、生物质炭等，建成周边木材加工企业蒸汽供应基础设施，制作各种蒸吨的生物质锅炉，为周边乡镇居民提供生物质炉具；引进第一条高温复合滤筒生产线，建设中国第一个示范工程，烟气达到超低排放水平，填补了国内空白，引领行业进入超低排放新时代。

（六）效益分析

1. 经济效益

生物质发电负荷稳定，是优质绿色电力，还可供暖、供蒸汽。从不同供暖方式的经济性比较看，同样条件下，燃煤取暖成本 22 元/建筑平方，天然气 37 元；电取暖 47 元，生物质能等余热供暖成本是 15 元/建筑平方。

琦泉集团发电量超过 25 亿千瓦时，销售收入 22 亿元，利税 4.8 亿元，供汽 37.2 万吨，为促进经济发展做出积极贡献。

2. 环境效益

农林废弃物焚烧导致雾霾频发。近年来国家出台秸秆禁烧和秸秆还田政策大力治理环境，却无法解决秸秆还田导致腐烂产生大量沼气，造成温室气体排放激增。

生物质燃料的本身特性，能够有效降低烟尘和有害气体排放水平，保护环境，不会增加大气二氧化碳总量，并且替代燃煤指标，降低温室效应。琦泉集团 2017 年消耗农林废弃物 260 万吨，减少二氧化碳排放 150 万吨，替代原煤 60 万吨。旗下济南玮泉通过中国温室气体自愿减排项目审核，成为全国第一家 CCER 项目备案并成功交易的生物质发电企业。

3. 社会效益

琦泉集团生物质热电联产项目所选地基本都是农业种植区和木材加工基地周边，每年产生的大量农作物秸秆和林木业废弃物，需要通过工业化方式大量利用，同时，各县对集中供热也有着迫切需要。

琦泉集团把项目周边地区的农林废弃物转化为社会效益，通过秸秆收购和灰渣返田可提高当地农民收入，增加就业水平，有效解决"三农"问题，拉动当地其他产业的发展，建设生物质成型燃料生产加工中心，带动农民发展生物质燃料产业，结合琦泉集团旗下中琦环保公司制作各种蒸吨的生物质锅炉，可解决周边 10 公里范围内的分散居民冬季取暖难题，建设完善的蒸汽供应基础设施，满足齐鲁制药、伊利、木材加工企业等蒸汽需求。从本质上说，生物质能热电联产项目是综合利用工程、集中供热工程、节能工程、环保工程、支农工程，可节省煤炭资源、减轻空气污染、改变城乡面貌、增加农民收入、提高居民生活质量，是国家大力提倡的循环经济的具体实践，必将对美丽新村发展起到示范作用。

2017 年琦泉集团依托收购农林废弃物增加农民收入 7.76 亿元，相当于解决几十万贫困人口就业问题，供暖面积 483 万平方米，供汽 37.2 万吨，服务 4.1 万户老百姓。

（七）推广价值及条件

随着经济飞速发展，能源消耗日益增长，化石能源因不可再生性，正在逐渐枯竭。近年来，我国雾霾频发，而人民对环境质量的要求越来越高。为有效改善大气环境，各部委先后出台相关政策法规，逐步取消自备燃煤锅炉，因此开发利用洁净新能源成为必然选择。生物质能占世界一次能源消耗的14%，是排在化石能源煤、油、气之后的第四大能源。与其他能源相比，生物质是唯一一种可以提供气体、液体和固体三种形态燃料的能源资源，具有分布广、洁净性及可再生性好等特点。我国是农业大国，生物质资源尤其丰富，主要分布在农村，产业基础扎根于农村县域经济，与亿万农民天然联系，兼具绿色环保、精准扶贫、园区配套、民生供暖、美丽乡村、贡献税收六大属性，有效利用农林废弃物转化为清洁能源，疏导了废弃物去向，降低了环境污染，节约化石燃料，改善能源结构，为农民增收、增加就业、美化环境，符合循环经济"资源－产品－废弃物－再生资源"的可持续发展模式。

综上所述，发展生物质热电联产，是构筑稳定、经济、清洁、安全能源供应体系，突破经济社会发展资源环境制约、发展农业循环经济的重要途径。

二　常州汉科汽车科技有限公司

（一）基本情况

常州汉科汽车科技有限公司是高新技术企业，公司主营业务包括汽车铝合金车身件再制造研发、生产、加工、销售，再制造技术培训认证，金属表面填平新材料（液体合金）研发、生产、销售等。公司拥有9个商标权、23个专利，编制了5项企业标准。

（二）循环经济特征

通过公司自主研发的再制造铝合金车门壳整形工艺、技术、材料、设备与工具实现了废旧车身件的规模化再制造，解决了铝镁合金车身件难以修复的行业难题，让坏损、废旧车身件通过再制造进入正常的配件流通市场，降低了资源消耗，减少了废旧车身件处理导致的污染物排放。

（三）产业链条

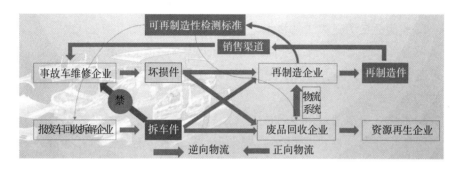

图 3 - 4　产业链条

（四）重点技术

1. 铝镁合金再制造铝合金车门壳整形修复工艺专利技术

铝镁合金再制造铝合金车门壳整形修复工艺是汉科自主研发的专利技术，淘汰了传统的通过介子机热焊接铝铆钉后将撞击部位拉回原位的方法（此方法失败率高达75%，焊接电流过高，则易导致车身熔化，形成孔洞；电流过小，则铆钉焊接不牢，易脱落。即使焊接完好，还需明火加热后复位，对车身件的内外部均有一定损伤）。

汉科采用自主发明的胶粘法固定复位工艺，完成粘接仅需3分钟，之后可承受4000牛顿的拉力，而不脱落。整形复位后，再使用汉科配置的分离剂，使胶与车身分离，对车身原厂涂层和金属本体无任何损伤，无不可控废品产生，快速高效。

在胶粘法固定复位的工艺基础上，汉科研发了系列化的汽车车身件整形机，用于再制造铝合金车门壳整形工艺环节。HKZZS7000 型、HKZZS8000型车身件整形机能够满足 M1 类车门、行李箱盖、翼子板、发动机罩的再制造整形作业。与传统的整形工艺相比，整形机有下列优点：

1.1 实现了车门 360 度旋转、任意调整角度、任意位置固定，满足复杂维修需求。

1.2 避免了维修焊接强电流可能导致的汽车车身电子模块性能问题。

1.3 避免了在车体直接维修产生瞬间高强度拉力，而带来的铰链、锁扣等部件过度疲劳的安全隐患。

1.4 避免了由于车身大量采用铆接、胶粘、强电流、焊接高温导致的胶粘部位疲劳甚至开裂等问题。

2. 表面去应力退火工艺技术

采用石墨烯碳棒进行车身件表面应力处理，快速、无损伤、无残留，达到表面应力处理目的。淘汰了使用传统收火整形机或明火加温的收火处理应力的方法。

3. 液体合金表面填平专利技术

汉科创始人倪胜广先生自行研发的 2355 液体合金，可广泛用于车、船、飞机、航天、高铁等金属表面填平。与传统表面填平材料（主要为原子灰、钣金灰）相比，具有强度高、防腐性强、不吸湿、单位重量填平面积大、纯金属填平、固体含量高达 97%、VOC 排放特低更加环保、填平研磨后具有金属特有光质等优势。

4. 表面研磨工艺

引进德国费斯托车身件无尘防爆研磨系统，研磨速度是传统研磨的 2 倍，平整性好、快速、高效，自吸式无尘研磨，防爆，安全性好。

5. 再制造车门涂装工艺专利技术

引进德国再制造车身件专用 2K 黑色底漆，较传统常用灰色底漆环保性好、VOC 排放低、附着力更强、表面光滑（不会有灰层点附着表面）、免磨（售后修理企业涂装表面色漆时免研磨可直接喷漆）。

6. 成品高精度检验技术

汉科从加拿大引进了高精度车门检测技术、设备、软件，自行设计了满足再制造车门批量检测的工装设备及工具，保证了再制造车门精度。

（五）效益分析

1. 经济效益

铝合金车门的新品售价很高（5000 元～30000 元），再制造铝合金车门售价仅在 2000 元～4000 元，平均每件再制造车门生产成本约 1000 元，具有明显的经济效益产生。

2. 环境效益

（1）资源、能源消耗节约分析

与制造新品相比，再制造铝合金车门平均可节省原材料：铝合金材料

30KG、各种胶水 1.8KG、焊接材料 1.8KG、铆钉铆扣螺栓螺母等附件 0.7KG、涂料 1.3KG；节约电能 75 度，增加了填平材料：0.5KG。

再制造一件车门与制造车门新品相比：平均节约成本 80%、节能 93%、节材 90%。

（2）降低污染物排放分析

每个再制造车门能够避免 200g VOCs 排放和 162g 的有害气体排放。按照公司 2017 年 5400 件的产量，能够避免 1080kg 的 VOCs 排放和 875kg 的有毒气体排放。

3. 社会效益

项目的发展可以有效降低新件用量、节约生产资源，能够有效解决汽车配件行业顽疾，提升我国汽车车身件市场的规范化水平。

（六）推广价值

项目解决了行业铝镁合金车身件修复难题，填补了行业空白。项目市场发展空间巨大，能够有效提升车险理赔业务发展水平。开展事故车车身件可再制造维修鉴定，能够有效减少车险事故理 赔金额，对车险理赔业务的发展优化具有划时代的意义。

三　江苏新长江实业集团有限公司

（一）基本情况

江苏新长江实业集团有限公司自 1998 年成立以来，经过 10 余年的拼搏，发展成为今天拥有 7 亿多元固定资产、1000 多名员工，年产值 15 亿元，厂房面积 8 万余平方米，拥有雄厚的拆船技术力量，完善拆船和废钢铁加工设施，建有万吨级内港拆船码头四个，能同时停靠 10 余艘万吨轮进行拆解，具有年拆解废船 180 万吨、年加工配送废钢铁 200 万吨的能力。2003 年曾成功拆解载重量为 50 万吨的 VLCC "Sea World" 号享誉全球，并创长江航运史之最，是迄今为止进入长江的最大船舶。近十年的废船拆解量如图 3－5 所示。

2016 年废船拆解量 78 万轻吨，循环利用产值 58255 万元，利税 8473.13 万元，已成为世界上规模最大的废船拆解基地。

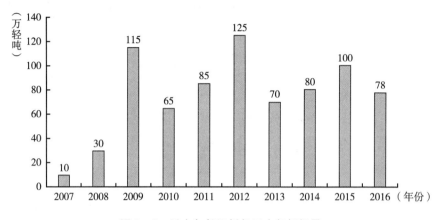

图 3 - 5　近十年长江拆船厂废船拆解量

同时，江苏新长江实业集团有限公司也拥有全国拆解规模最大、拆解能力最强、拆解速度最快的一家现代化大型拆船厂。企业在发挥自身技术优势的同时，加大科技创新，大力挖掘拆船业下游产品开发，对船舶拆解下来的大量金属制品进行深加工，开展综合利用，以求获得环境效益、资源节约效益和经济效益。一方面使企业在行情看好时增加利润，另一方面也可以在行情低迷时对企业的利润减少做有效的缓冲，减轻拆船业市场周期性风险的影响。

（二）循环经济特征

公司牢固树立废物就是资源的理念，实现"三废"的资源化管理，走循环经济发展之路。目前主要循环经济有：将多余的高炉煤气转炉煤气回收利用进行热电联产，年利用高炉煤气 54480 万立方米，转炉煤气 3216 万立方米，发电量达 15876 万千瓦时，折当量标煤 19512 吨，既减少了有毒气体的排放，又提高了企业的经济效益和社会效益。烧结矿余热回收发电，年发电量达 3787 万千瓦时，折当量标煤 4655 吨。高炉水渣磨成微粉，用于水泥的添加剂，年磨微粉 37.8 万吨，既提高水渣的附加值，又增加了企业的经济效益。转炉渣通过破碎、筛分、回收的渣钢根据大小进行分类，分别作为烧结矿、炼铁、炼钢的原料；最后余下的废渣用于制砖原料，作为建筑材料。转炉炼钢，利用高炉铁水加回收废钢，既节省能源消耗，废钢资源得到了利用，又提高了钢水产量。高炉煤气产生的瓦斯灰和公司内各生产单位除尘系统的产生的除尘灰，公司内部炼钢厂、轧钢厂、集团内部长达钢铁和无缝钢管厂等单位产生的氧化铁皮以及含铁污泥进行回收，作为烧结矿的原料。既减少了环境污染，又变废为宝，实现了固体废弃物的100%的循环回收利用。

（三）产业链条

江苏新长江实业集团一直致力于打造绿色循环经济产业链，建设国际一流的船舶拆解废钢回收、炼钢轧制、船舶海工制造基地。构建了从废船拆解、废钢回收、废钢分拣、废钢加工、钢铁冶炼、高端钢材轧制到船舶制造全流程的循环经济产业链，实现集团内部废钢资源的高效循环利用。

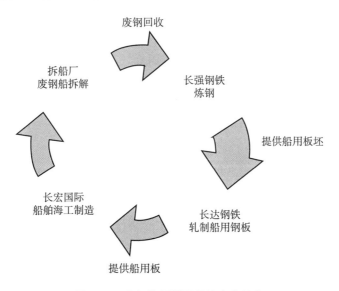

图3-6　废钢资源循环经济产业链条

（四）重点技术

采用首创、国际领先的港池和船坞相结合的绿色拆解拆船技术，实现废旧船舶绿色拆解。船舶绿色拆解技术主要包括拆解前预清理和船体切割拆解两个步骤。拆解前预清理就是在船舶动火切割前，清理船上可能存在的有害物质、易燃易爆等，使拆解后物质对外界环境造成的影响最小。预清理主要包括：清理舱里零散物品、清理舱室家具、清理石棉废物等绝缘隔热材料、清理电缆、清理多氯联苯废物、清理制冷剂、清理残油和油污水、清理危险化学品、清理船上垃圾。经过预清理，基本上清除了船上有毒有害物质，全面降低了健康、安全和环境污染风险；船体切割拆解一般遵循先拆解船首及其相邻货舱，以及该处船底，接着拆解上层建筑，然后拆解船尾和机舱，以及该处船底，再拆解船体中段货舱，最后用拖船将剩余船底移至浮船坞上进行离水拆解的原则。拆解方法采用吊运法，通过氧气－丙烷气火焰切割把船体分割成大块，用大型门式起重机吊离，装在运输车上运至二次拆解场地进行拆解，根据本身形状进行小拆解，最后将拆解的产品拆船板、型材、废钢、废有色金属等分类存放处置。具体的工艺操作流程如下：

（1）废船在进行拆解之前，首先要收集船舶基本资料，根据不同的船舶类型，在船舶资料的基础上制定相应的船舶拆解方案，方案力求既要确保符合安全环保的船舶拆解要求，又要有较强的可操作性。

（2）拆解方案制定后，召集相关管理和拆解人员进行安全环保交底，制定安全环保管理网络，明确各人岗位职责，以确保船舶的绿色安全拆解。

（3）开始作业前，专职安全员对船舶实际情况进行现场交底，对油舱、油柜、密闭舱室等有限空间测氧测爆，对重点部位进行标志标识，专人负责，严格监管。对船上易燃易爆品进行检查收集，确保船上没有直接危害到作业员工的重要危险物品，即船舶具备作业条件。

（4）在船舶具备作业条件后，根据船舶拆解方案，由清舱公司负责对船舶进行清舱作业，清除船上残油、油污水。在此阶段，严禁清舱公司明火作业、交叉作业。拆解组随后安排工作人员对船舶进行预清理作业，对船上家具、电器、木作件等一般固废和荧光灯管、废电池等危险固体废物，根据物件不同性质，分门别类地进行清理作业和存放。

（5）在完成清油作业和环保预清理工作之后，拆解组再次对需要测氧测爆的部位检测并合格后，向公司安环部提出船舶拆解动火申请，经安环部检查批准后进入船舶船体拆解工艺阶段。

（6）船体拆解过程主要分为泊位拆解、船坞拆解和场地拆解和场地清理四个阶段。根据不同阶段的拆解需求，公司配备了浮吊、门机、大排车、叉车、抓钢机、挖掘机、汽吊等一系列起重、运输机械设备，工人通过氧气、丙烷气切割焊枪和液压剪板机实现船体到废钢炉料产品的回收过程。工艺流程见图3－7。

拆船所得产品主要为拆船废钢、废机电设备、废有色金属、非金属物料和其他废物。其中拆船废钢占比95%，一部分供应给新长江集团公司下属企业长强钢铁公司利用，其余部分供应给宝钢、首钢、鞍钢等国内大型钢铁

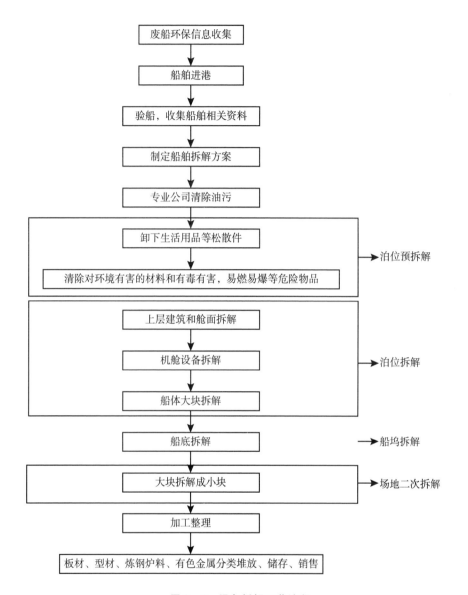

图 3 – 7　绿色拆解工艺流程

厂回炉利用；其中利用废钢再造船板的工艺流程见图 3 – 8。

　　废机电设备占比 2%，销售到旧货市场进行回收再利用；废铜、废铝、废铅及其他有色金属占比 2%，销售给有色金属冶炼企业重新加工冶炼；其中，有色金属加工流程见图 3 – 9。

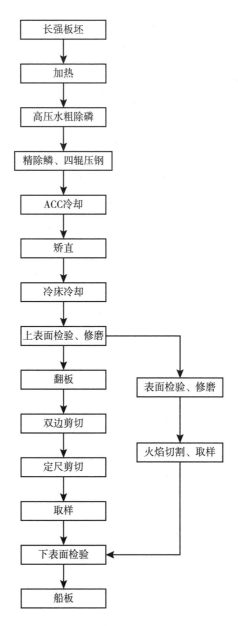

图 3 - 8 船用板工艺流程

木制品、废塑料、废玻璃、废电缆、矿棉等非金属杂物和其他废物占比1%，木制品、废塑料、废玻璃、废电缆外售再利用，矿棉、垃圾、废旧衣物等一般固体废物由江阴三喜再生资源利用有限公司进行收集清运处理，危

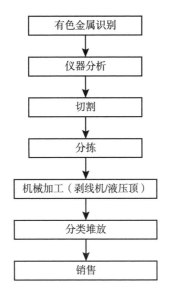

图 3 - 9　有色金属加工工艺流程

废均委托给资质单位进行无害化处置，其中拆船过程中产生的废矿物油及油泥由海安县河润油料有限公司进行处置，含石棉废物、焚烧残渣委托给无锡市固废环保处置有限公司进行处置，含汞废灯管委托给宜兴市苏南固废处理有限公司进行处置，废电池委托给江阴春兴合金有限公司进行处置。拆船整体产业链流程见图 3 - 10。

（五）效益分析

1. 经济效益

2016 年新长江集团旗下长强钢铁年产生铁 137.74 万吨，钢坯 152.71 万吨，棒材 77.68 万吨。完成工业总产值 363237 万元，主营业务收入 311338 万元，上缴利税 49861 万元，实现利润 38479 万元。劳动生产率每人年产钢 663.96 吨。

2. 环境效益

拆船回收的废钢铁是一种绿色低碳资源，用于炼钢可以大量减少"三废"的产生和碳排放。与使用铁矿石相比，用废钢炼钢可节约能源 60%、节水 40%，减少排放废水 76%、废气 86%、废渣 72%。每多用 1 吨废钢，可少用 1.7 吨精矿粉，减少 4.3 吨原生铁矿石的开采。

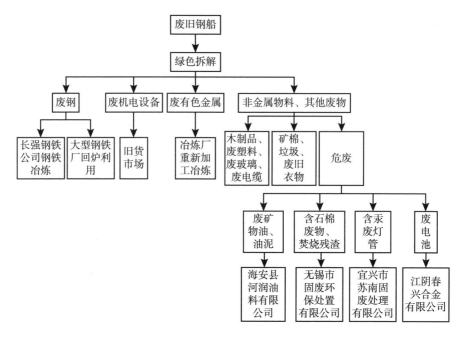

图 3-10 拆船整体产业链流程

2016年吨钢烟（粉）尘排放量为0.135kg/t钢，吨钢二氧化硫排放量为0.179kg/t。在能耗方面，2016年主要能耗指标为：吨钢综合能耗为489.78kgce，吨钢电耗192.21 kW·h，吨钢耗新水3.11m³。烧结工序能耗为46.37 kgce/t，炼铁工序能耗为384.27 kgce/t，转炉工序能耗 -20.69 kgce/t，轧钢工序能耗为36.8 kgce/t。

2007~2016年的十年间，新长江集团旗下长江拆船厂总计购入拆解废旧国内外船舶654艘，共575.83万吨，折算节约588.68万吨精矿粉，减少1551.96万吨原生铁矿石开采，节约181.96万吨标煤、1000.75万吨水耗和96.33万吨溶剂，减少620.78万吨温室气体排放。

3. 社会效益

船舶拆解是一个劳动密集型产业，可以吸纳大批人员就业，目前，公司本工有500人，驻厂外包工人约有1500人。废船拆解下来的废钢是优质废钢，深受钢铁冶炼企业的青睐，除有利于钢铁冶炼和特种钢的生产，船舶拆解还带动下游产业的发展，利用废船废钢可以加工生产模具、法兰盘、集装箱箱角、小五金工具与配件、农机具、铁艺等；废旧木船板可以加工精美的家具；还可以生产浮船坞、沉箱或用于生产维修等，带动下游相关产业数千人就业，发挥了应有的服务保障作用，较大地促进当地的就业和地区社会经济的发展。

（六）推广价值

拆船业属资源环保型产业，国际上把拆船业称为"船舶再循环工业"，或称"无烟冶金工业"。船舶的使用寿命为 25～30 年，使命完成后即拆解以便回收有用资源。废船拆解就是将老龄的报废船舶进入拆船厂进行解体，获得可利用的各类钢铁材料、废钢、废有色金属及部分可直接使用的机器设备、配件等。回收得到的主要产品是优质废钢，它是国民经济建设与发展的战略性和节能型资源，循环使用废钢，可减少在炼钢生产中烧结、焦化、炼铁等高能耗工序环节流程，大幅度降低污染排放和能耗，节省土地占用面积。

综上所述，废船拆解是一项节约能源，资源得到循环再利用的十分有利的工程，同时也是解决国际上的报废船只对海洋污染的环保型产业。

附　　录

附录1
政策汇编

2017年1月至2018年3月，国务院、国家发展改革委、工业和信息化部、税务总局等部门相继出台了《循环发展引领行动》《生产者责任延伸制推行方案》《节能节水和环境保护专用设备企业所得税优惠目录（2017年版）》等一系列法律法规、部门文件，推动循环经济逐步从理念变为行动，有助于促进循环经济产业的快速成长，实现循环经济产业的可持续发展。《循环发展引领行动》的制定，为我国循环发展理念的持续推进添加了又一有力引擎，有助于推动发展方式的转变，大力地提升发展的质量和效益，促进经济绿色转型。《生产者责任延伸制推行方案》的出台，有助于构建完善的废弃物处置利用长效促进制度体系，补足生态文明体制中废弃物处置的制度短板，加快生态文明建设和绿色循环低碳发展，是推进供给侧结构性改革和制造业转型升级，发展循环经济、建设生态文明的重要制度保障。《节能节水和环境保护专用设备企业所得税优惠目录（2017年版）》的发布，调动了企业开展资源综合利用的积极性和主动性，对循环经济的发展能起到积极的推动作用。

出台的法律法规、部门文件见表1。

表 1 循环经济发展相关政策

序号	文件名称	发布单位	发布时间	文件号	部分相关内容
			法律		
1	中华人民共和国水污染防治法	全国人民代表大会	2017年6月27日	根据2017年6月27日第十二届全国人民代表大会常务委员会第二十八次会议《关于修改〈中华人民共和国水污染防治法〉的决定》第二次修正	第四十四条 国务院有关部门和县级以上地方人民政府应当合理规划工业布局，要求造成水污染的企业进行技术改造，采取综合防治措施，提高水的复用率，减少废水和污染物排放量。第四十八条 企业应当采用原材料利用效率高、污染物排放量少的清洁工艺，并加强管理，减少水污染物的产生
			部门规章		
2	农用地土壤环境管理办法（试行）	环境保护部 农业部	2017年9月25日	部令第46号	第十条 从事规模化畜禽养殖和农产品加工的单位和个人，应当按照相关规范要求，确定畜禽养殖废弃物无害化处理方式和消纳场地。县级以上地方环境保护主管部门、农业主管部门应当依据法定职责督导畜禽养殖废弃物综合利用，防止畜禽养殖活动对农用地土壤环境造成污染
3	《农药包装废弃物回收处理管理办法（征求意见稿）》	环境保护部 农业部	2017年12月27日	环办水体函〔2017〕1998号	第九条 【包装物要求】国家鼓励农药生产者使用易回收利用、易处置或者在环境中可降解的包装物，淘汰铝箔包装物，鼓励相关企业针对新型农药经营主体使用大容量包装
4	《国家环境保护环境与健康工作办法（试行）》	环境保护部	2018年1月25日	环办科技〔2018〕5号	各级环境保护主管部门应对其产生环境风险、健康风险的主要环节，依据相关政策法规，结合经济技术可行性采取纳入优先控制化学品名录的化学品，限制使用、鼓励替代，实施清洁生产审核及信息公开制度等风险防控措施，最大限度降低化学品的生产、使用对公众健康和环境的重大影响

续表

序号	文件名称	发布单位	发布时间	文件号	部分相关内容
		国务院和部门文件（国务院）			
5	关于印发生产者责任延伸制度推行方案的通知	国务院	2017 年 1 月 3 日	国办发〔2016〕99 号	工作目标：到 2020 年，生产者责任延伸制度相关政策体系初步形成，产品生态设计取得重大进展，重点品种的废弃产品规范回收利用率平均达到 40%。到 2025 年，生产者责任延伸制度相关法律法规基本完善，重点领域生产者责任延伸制度运行有序，产品生态设计普遍推行，重点产品的再生原料使用比例达到 20%，废弃产品规范回收与循环利用率平均达到 50%。责任范围：（一）开展生态设计。（二）使用再生原料。（三）规范回收利用
6	国务院关于印发"十三五"节能减排综合工作方案的通知	国务院	2017 年 5 月 20 日	国发〔2016〕74 号	五.大力发展循环经济：（十九）全面推动园区循环化改造。（二十）加强城市废弃物有序处理。（二十一）促进资源循环利用产业提质升级。（二十二）统筹推进大宗固体废弃物综合利用。（二十三）加快互联网与资源循环利用融合发展
7	国务院办公厅关于加快推进畜禽养殖废弃物资源化利用的意见	国务院办公厅	2017 年 5 月 31 日	国办发〔2017〕48 号	到 2020 年，建立科学规范、权责清晰、约束有力的畜禽养殖废弃物资源化利用制度，构建种养循环发展机制，规模养殖场粪污处理设施装备配套率达到 95% 以上，大型规模养殖场粪污处理设施装备配套率提前一年达到 100%
8	中共中央办公厅　国务院办公厅印发《关于创新体制机制推进农业绿色发展的意见》	中共中央办公厅国务院办公厅	2017 年 9 月 30 日		到 2020 年，主要农作物化肥、农药使用量实现零增长，化肥、农药利用率达到 40%；秸秆综合利用率达到 85%，养殖废弃物综合利用率达到 75%，农膜回收率达到 80%。到 2030 年，化肥、农药利用率进一步提升，农业废弃物全面实现资源化利用

续表

序号	文件名称	发布单位	发布时间	文件号	部分相关内容
			国家发展改革委和部门文件		
9	关于开展第三批国家低碳城市试点工作的通知	国家发展改革委	2017年1月7日	发改气候〔2017〕66号	以建立健全低碳发展制度，推进能源优化利用，打造低碳产业体系，推动城乡低碳化建设和管理，加快低碳技术研发与应用，形成绿色低碳的生活方式和消费模式为重点，探索低碳发展的模式创新、制度创新、技术创新和工程创新
10	关于印发《节能标准体系建设方案》的通知	国家发展改革委 国家标准委	2017年1月11日	发改环资〔2017〕83号	到2020年，主要高耗能行业和终端用能产品实现节能标准全覆盖，80%以上的能效指标达到国际先进水平，重点领域节能标准更加先进，新发布的节能强制性标准开展质量及效益评估的比例达到50%以上
11	关于组织开展国家重点节能技术和最佳节能实践征集和更新工作的通知	国家发展改革委	2017年4月14日	发改办环资〔2017〕662号	一、关于重点节能技术征集（一）技术范围。煤炭、电力、钢铁、有色、石化、化工、建材、机械、纺织、轻工业等行业，农业、建筑、交通、通信、民用及商用等领域的节能新技术、新工艺
12	关于印发《循环发展引领行动》的通知	国家发展改革委 工信部 科技部 财政部 环保部 国土资源部 住建部 水利部 农业部 商务部 国资委 统计局 税务总局 林业局	2017年4月21日	发改环资〔2017〕751号	到2020年，主要资源产出率比2015年提高15%，主要废弃物循环利用率达到54.6%左右。一般工业固体废物综合利用率达到73%，农作物秸秆综合利用率达到85%，资源循环利用产业产值达到3万亿元。75%的国家级园区和50%的省级园区开展循环化改造，构建循环型产业发展体系，完善城市循环发展体系，壮大资源循环利用产业

续表

序号	文件名称	发布单位	发布时间	文件号	部分相关内容
13	关于组织开展能自愿承诺节能活动的通知	国家发展改革委	2017年5月31日	发改办环资〔2017〕927号	一是主动遵守节能法规和政策要求，二是执行国家和地方强制性节能标准，三是落实节能管理，五是积极开展节能技术改造，四是采用先进节能装备
14	关于开展2017年下半年循环经济各类示范试点中后期监管工作的通知	国家发展改革委 财政部 住建部	2017年9月25日	发改办环资〔2017〕1586号	加强示范试点中后期监管，保障各类循环经济示范点建设顺利开展
15	《关于促进石化产业绿色发展的指导意见》	国家发展改革委 工信部	2017年12月12日	发改产业〔2017〕2105号	推动园区循环经济发展，构建循环产业链，提高产业关联度和循环化程度
16	《关于进一步做好生活垃圾焚烧发电厂规划选址工作的通知》	国家发展改革委 住建部 环保部 国家能源局 国土资源部	2017年12月21日	发改环资规〔2017〕2166号	科学合理确定生活垃圾焚烧发电厂规划与选址，对推进焚烧设施项目顺利实施，提高垃圾无害化处理能力具有重要意义
17	《关于开展秸秆气化清洁能源利用工程建设的指导意见》	国家发展改革委 农业部 国家能源局	2018年1月2日	发改办环资〔2017〕2143号	通过推广秸秆气化清洁能源利用，推动秸秆气化清洁能源利用产业化发展，到2020年，建成若干秸秆气化清洁能源利用实施县，实现区域内秸秆综合利用率达到85%以上，有效替代农村散煤
				工信部和部门文件	
18	关于印发《促进汽车动力电池产业发展行动方案》的通知	工信部 国家发展改革委 科技部 财政部	2017年3月1日	工信部联装〔2017〕29号	倡导全生命周期理念，完善政策法规体系，大力推行生态设计，推动梯级利用和回收再利用体系建设，实现低碳化、循环化、集约化发展

续表

序号	文件名称	发布单位	发布时间	文件号	部分相关内容
19	关于征集涉重金属重点行业清洁生产先进适用技术的通知	工信部	2017年3月6日	工厅节〔2017〕202号	深入推进工业绿色发展，加快推广应用涉重金属重点行业先进适用技术，提升清洁生产水平
20	关于印发《2017年工业节能监察重点工作计划》的通知	工信部	2017年3月10日	工信部节函〔2017〕95号	依据强制性节能标准，推进重点行业、重点用能企业、重点用能设备的节能监管，实施重大工业专项节能监察
21	关于加强工业节能与信息通信业节能减排重点工作的指导意见	工信部	2017年4月19日	工信部节〔2017〕77号	积极推动行业设备研发、制造、运输、回收等全生命周期节能减排，加快构建信息通信业供应链绿色标准体系，提高节能、节水、节地、节材省标准计量及监管工作，不断完善对信息通信设备废弃物的影响，减少对环境的影响，推动绿色循环发展
22	关于推荐2017年工业与绿色发展重点项目的通知	工信部 国家开发银行	2017年5月2日	工信厅联节〔2017〕234号	支持企业实施大宗工业固废综合利用项目和再生资源回收利用项目。重点支持开展废旧新能源汽车动力蓄电池梯级再利用，支持开展水泥窑协同处置生活垃圾等固体废物项目建设，支持废弃电器电子产品高值化利用等
23	关于深入推进工业产品生态（绿色）设计示范企业创建工作的通知	工信部	2017年5月5日	工信厅节函〔2017〕243号	加强绿色设计理念和产品的推广力度，推动形成绿色价值取向、绿色思维方式和绿色生活方式，引导企业增加绿色产品供给，扩大绿色消费市场需求

续表

序号	文件名称	发布单位	发布时间	文件号	部分相关内容
24	工业和信息化部关于印发《工业节能与绿色标准化行动计划(2017~2019 年)》的通知	工信部	2017 年 5 月 19 日	工信部节〔2017〕110 号	针对工业节能与绿色发展面临的新问题,聚焦重点工作,加快单位产品能耗限额、产品能效水效、运行监测试、监督管理、绿色制造相关标准的制定、实施和监督
25	关于发布 2017 年工业转型升级(中国制造 2025)资金工作指南的通知	工信部财政部	2017 年 5 月 24 日	工信厅联规〔2017〕53 号	重点在机械、电子、化工、食品、纺织、家电、大型成套装备等行业,围绕绿色设计平台建设、绿色关键工艺突破、绿色供应链系统构建三个方向,推进绿色制造系统集成工作
26	《印染行业规范条件(2017 年版)征求意见稿》	工信部	2017 年 7 月 14 日	—	印染企业要采用清洁生产技术,提高资源利用效率,从生产源头控制污染物产生量。印染企业要依法定期实施清洁生产审核,按照有关规定开展能源审计,不断提高企业清洁生产水平
27	关于做好已公告再生资源规范企业事中事后监管的通知	工信部	2017 年 8 月 1 日	工信厅节函〔2017〕434 号	加快推进资源综合利用产品增值税、所得税等优惠政策的落地兑现,保障符合规范条件的已公告企业充分享受税收优惠政策
28	关于组织申报第二批工业节能与绿色发展评价中心的通知	工信部	2017 年 8 月 23 日	工信厅节函〔2017〕471 号	面向企业提供能源审计、能效评估、能源检测、环保技术咨询、清洁生产审核,以及资源综合利用咨询等服务,协助行业主管部门开展工业节能和绿色发展政策、标准和规范研究的第三方服务机构、中央企业、国家级科研机构均可申报
29	关于征集第二批绿色数据中心先进适用技术产品的通知	工信部	2017 年 8 月 30 日	—	在绿色数据中心建设中可有效发挥下列一项或多项效能的先进适用技术和产品:(一)提升数据中心能源使用效率;(二)降低碳排放和水资源消耗;等等

续表

序号	文件名称	发布单位	发布时间	文件号	部分相关内容
30	关于加快推进环保装备制造业发展的指导意见	工信部	2017年10月24日	工信部节〔2017〕250号	资源综合利用装备。重点研发基于物联网与大数据的智能型综合利用技术末端装备，研发推广与污染物末端治理相融合的综合利用装备。在尾矿、赤泥、煤矸石、粉煤灰、工业副产石膏、冶炼渣等大宗工业固废利用技术装备。加快研发推广高值化、规模化、集约化的改性改质技术，以及废动力电池、废塑料、废橡胶的改性改质技术，废太阳能电池板的无害化、资源化、成套化处理利用技术装备。在秸秆等农业废弃物领域推广应用饲料化、基料化、肥料化、原料化、燃料化的"五料化"利用技术装备
31	关于增补推荐一批绿色制造体系建设示范（绿色设计产品）名单的通知	工信部	2018年1月31日	—	为加大工作推进力度，现拟增补推荐一批绿色设计产品
32	关于组织开展新能源汽车动力蓄电池回收利用试点工作的通知	工信部	2018年2月22日	工信部联节函〔2018〕68号	鼓励新能源汽车、动力蓄电池生产企业在产品开发阶段优化产品回收和资源化利用的设计；鼓励试点地区将动力电池回收利用工作为落实生态文明建设要求，推动绿色制造产业发展的重要内容及举措
33	关于印发《2018年工业节能监察重点工作计划》的通知	工信部	2018年3月6日	工信部节〔2018〕73号	鼓励重点用能企业定期开展能源审计，推动企业根据审计结果研究实施节能技术改造，持续提升能效

续表

序号	文件名称	发布单位	发布时间	文件号	部分相关内容
			环境保护部/生态环境部和部门文件		
34	关于征求《重点行业和流域排污许可管理试点工作方案（征求意见稿）》意见的函	环保部	2017 年 3 月 18 日	环办水体函〔2017〕378 号	临沂市和济宁市探索在流域排污许可管理中纳入资源化利用、人工湿地净化工程等内容
35	关于印发《京津冀及周边地区 2017 年大气污染防治工作方案》的通知	环保部	2017 年 3 月 29 日	环大气〔2017〕29 号	大力推广使用低 VOCs 含量涂料、有机溶剂、胶黏剂、油墨等原辅材料，配套改造生产工艺
36	关于发布《造纸工业污染防治技术政策》的公告	环保部	2017 年 8 月 2 日	公告 2017 年第 35 号	木材制浆碱回收产生的白泥宜进行煅烧回收生石灰，并循环使用或综合利用；非木材制浆回收产生的白泥宜采用制成轻质碳酸钙等技术予以综合利用
37	关于推进环境污染第三方治理的实施意见	环保部	2017 年 8 月 9 日	环规财函〔2017〕172 号	组织实施园区循环化改造，合理构建企业间产业链，提高资源利用效率，降低污染治理综合成本
38	关于印发《京津冀及周边地区 2017 ～ 2018 年秋冬季大气污染综合治理攻坚行动方案》的通知	环保部　发展改革委　工信部　公安部　财政部　住建部　交通部　工商总局　质检总局　能源局	2017 年 8 月 21 日	环大气〔2017〕110 号	列入升级改造的企业，按照可持续发展和清洁生产要求，对污染治理设施全面提升改造，达全面提高资源综合利用率。强化地方各级人民政府秸秆禁烧主体责任

续表

序号	文件名称	发布单位	发布时间	文件号	部分相关内容
39	关于印发《"十三五"挥发性有机物污染防治工作方案》的通知	环保部	2017年9月14日	环大气〔2017〕121号	大力推进秸秆综合利用，减少秸秆焚烧VOCs排放
			农业部/农业农村部部门文件		
40	关于印发《2017年畜禽养殖标准化示范创建活动工作方案》的通知	农业部办公厅	2017年1月20日	农办牧〔2017〕4号	畜禽粪污处理方法得当，设施齐全且运转正常，实现粪污资源化利用或达到相关排放标准
41	印发关于贯彻落实《土壤污染防治行动计划》的实施意见	农业部科技教育司	2017年3月6日	农科教发〔2017〕3号	加强农药包装废弃物回收处理，强化废旧农膜和秸秆综合利用，支持探索畜禽粪污资源化利用全产业链发展的有效模式
42	关于实施农业绿色发展五大行动的通知	农业部	2017年4月26日	农办发〔2017〕6号	在畜牧大县开展畜禽粪污资源化利用试点，集成推广畜禽粪污资源化利用技术，组织实施种养结合一体化项目，集成推广畜禽粪污资源化利用技术模式
43	关于印发《东北地区秸秆处理行动方案》的通知	农业部	2017年5月16日	农科教发〔2017〕9号	大力推广秸—饲—肥、秸—能—肥、秸—菌—肥等循环利用技术，推动以秸秆为纽带的循环农业发展
44	关于做好畜禽粪资源化利用项目实施工作的通知	农业部　财政部	2017年6月14日	农牧发〔2017〕10号	加快形成可复制推广的畜禽粪污资源化利用机制和模式，大幅提高畜禽粪污资源化利用率
45	加快发展农业生产性服务业的指导意见	农业部　国家发展改革委　财政部	2017年8月22日	农经发〔2017〕6号	推广秸秆育（黄）肥、秸秆膨化、裹包微贮、压块（颗粒）等饲料化技术，促进秸秆资源循环利用

续表

序号	文件名称	发布单位	发布时间	文件号	部分相关内容
46	关于印发《畜禽规模养殖场污染资源化利用设施建设规范（试行）》的通知	农业部	2018 年 1 月 11 日	农办牧〔2018〕2 号	畜禽规模养殖场污染资源化利用应坚持农牧结合、种养平衡，按照资源化、减量化、无害化的原则，对源头减量、过程控制和末端利用各环节进行全程管理，提高粪污综合利用率和设施装备配套率
47	关于印发《畜禽养殖废弃物资源化利用工作考核办法（试行）》的通知	农业部 环保部	2018 年 3 月 16 日	农牧发〔2018〕4 号	考核内容主要是畜禽养殖废弃物资源化利用重点工作开展情况与工作目标完成情况
交通部文件					
48	关于全面深入推进绿色交通发展的意见	交通部	2017 年 11 月 27 日	交政研发〔2017〕186 号	促进资源综合循环利用。积极推动废旧路面、沥青等材料再生利用，推广工业废料和疏浚弃土、建筑垃圾、矿渣、废旧轮胎等钢结构的循环利用，扩大煤矸石、矿用。推进快速包装绿色化、减量化、可循环，鼓励降低客运领域一次性制品使用强度。继续推动高速公路服务区、客运枢纽等开展水资源循环利用
住建部和部门文件					
49	钢铁工业资源综合利用设计规范	住建部	2017 年 5 月 27 日	住建部公告第 1573 号	重介质选矿工艺应设置介质回收设施，分离出的稀相和废液应循环利用。球团生产过程中产生的热烟气、热风等余热应综合利用
50	关于征集建筑节能、绿色建筑及可再生能源建筑应用领域推广应用和限制、禁止使用技术提案的通知	住建部	2017 年 5 月 27 日	建办科函〔2017〕361 号	能量综合利用、材料资源综合利用、垃圾处理等方面技术提案

续表

序号	文件名称	发布单位	发布时间	文件号	部分相关内容
				财政部和部门文件	
51	关于政府参与的污水、垃圾处理项目全面实施PPP模式的通知	财政部 住建部 农业部 环保部	2017年7月1日	财建〔2017〕455号	区域流域环境治理总体方案内外，以及城市、农村的污水、垃圾处理工作得到有效统筹协调，并同生态产业及循环经济发展。面源污染治理有效衔接
52	扩大水资源税改革试点实施办法	财政部 税务总局 水利部	2017年11月29日	财税〔2017〕80号	对回收利用的疏干排水和地热泵取用水，从低确定税额
				能源局和部门文件	
53	关于印发《2018年能源工作指导意见》的通知	国家能源局	2018年2月26日	国能发规划〔2018〕22号	大力发展煤炭洗选加工和矿区循环经济
				规划目录	
54	关于印发农业资源与生态环境保护工程规划（2016~2020年）的通知	农业部	2017年1月9日	农计发〔2016〕99号	开展农业废弃物资源化利用。实施秸秆机械还田、腐熟还田、青黄贮饲料化、食用菌基料化、材料化成型等项目，建立健全秸秆收储运体系
55	关于印发《节水型社会建设"十三五"规划》的通知	国家发展改革委 住建部 水利部	2017年1月17日	发改环资〔2017〕128号	加快技术成果推广应用，重点推广节水、水污染治理及循环利用，雨水收集利用等适用技术。新建园区在规划布局时要统筹供排水、水处理及水梯级循环利用设施建设，实现公共循环共建共享，企业间的串联用水，分质用水，一水多用和循环利用
56	《"十三五"全国城镇污水处理及再生利用设施建设规划》	国家发展改革委 住建部	2017年1月22日	发改环资〔2016〕2849号	鼓励采用能源化、资源化技术手段，尽可能回收利用污泥中的能源和资源

续表

序号	文件名称	发布单位	发布时间	文件号	部分相关内容
57	关于印发《"十三五"全国城镇生活垃圾无害化处理设施建设规划》的通知	国家发展改革委　住建部	2017年1月22日	发改环资〔2016〕2851号	继续推进餐厨垃圾无害化处理和资源化利用能力建设，根据各地餐厨垃圾产生量及分布及产生因素，统筹安排、科学布局，鼓励使用餐厨垃圾生产油脂、沼气、有机肥、土壤改良剂、饲料添加剂等
58	关于印发《全国农村沼气发展"十三五"规划》的通知	国家发展改革委　农业部	2017年1月25日	发改农经〔2017〕178号	认定一批果（菜、茶）沼畜循环农业基地，推动发展生态循环农业
59	关于印发《重点流域农业面源污染综合治理工程建设规划（2016～2020年）》的通知	农业部办公厅	2017年3月24日	农办科〔2017〕16号	到2020年，示范区农药、化肥减量20%以上，村域混合污水及畜禽类污综合利用率达到90%以上，秸秆综合利用率达到85%以上
60	"十三五"环境领域科技创新专项规划	科技部　环保部　住建部　林业局　气象局	2017年4月27日	国科发社〔2017〕119号	构建适应我国固废特征的源头减量与循环利用技术体系及管理解决政策支撑体系，进行典型工业固废大幅源度源头减排与产业循环利用工程示范应用示范
61	关于印发《"十三五"资源领域科技创新专项规划》的通知	科技部　国土资源部　水利部	2017年5月8日	国科发社〔2017〕128号	开展煤系伴生矿产资源协同加工与利用、煤矿井下大型排矸、矿区水绿色循环利用，技术和装备研发。开展再生资源回收利用、伴生资源综合利用、建筑垃圾和道路港口废弃物资源化高值利用、资源循环利用产业支撑体系的研究
62	关于联合开展电子电废物、废轮胎、废塑料、废旧衣服、废电子电器等再生利用行业清理整顿的通知	环保部　国家发展改革委　工信部　公安部　商务部　工商总局	2017年8月2日	环办土壤函〔2017〕1240号	发挥"城市矿产"示范基地、再生资源示范工程、循环经济示范园区的引领作用和回收利用骨干企业的带动作用

续表

序号	文件名称	发布单位	发布时间	文件号	部分相关内容
63	重点流域水污染防治规划（2016～2020年）	环保部 国家发展改革委 水利部	2017年10月22日	环水体[2017]142号	依法实施强制性清洁生产审核。大力发展现代生态循环农业
			技术（产品、设备）目录		
64	国家重点节能低碳技术推广目录（2017年本低碳部分）	国家发展改革委	2017年3月17日	发展改革委公告2017年第3号	农作物秸秆热压制板技术、制冷剂回收与循环利用技术、建筑垃圾中微细粉再生利用技术
65	关于组织修订国家鼓励发展的重大环保技术装备目录（2014年版）的通知	工信部 科技部	2017年4月20日	工信厅联节函[2017]244号	本次申报的范围包括大气污染防治设备、水污染防治设备、固体废物处理及综合利用设备等8类
66	关于发布《进口废物管理目录》（2017年）的公告	环保部 商务部 发展改革委 海关总署 质检总局	2017年8月10日	环保部公告2017年第39号	将来自生活源的废塑料（8个品种）、未经分拣的废纸（1个品种）、钒渣（4个品种）等4类24种固体废物，从《限制进口类可用作原料的固体废物目录》调整列入《禁止进口固体废物目录》
67	关于印发节能节水和环境保护专用设备企业所得税优惠目录（2017年版）的通知	财政部 税务总局 国家发展改革委 工信部 环保部	2017年9月6日	财税[2017]71号	固体废物处置设备：餐厨垃圾自动分选制浆机、电子废物、报废汽车破碎分选机
68	《首台（套）重大技术装备推广应用指导目录（2016年版）》	工信部	2018年1月31日	工信部装函[2018]47号	大型环保及资源综合利用装备

附录 2
标准汇编

循环经济领域是指人们在生产、生活、流通和消费等过程中进行的减量化、再利用以及资源化的总称。发展循环经济是国家经济社会发展的一项重大战略任务，经过十几年的实践，循环经济理念被广泛接受，日益深化，使循环经济的内涵更加丰富。《中华人民共和国循环经济促进法》提出，要建立循环经济标准体系，标志着循环经济发展走向法制化轨道。国务院发布的《循环经济发展战略及近期行动计划》和《国家标准化体系建设发展规划（2016～2020）》均对循环经济标准化提出要求，要求建立健全循环经济标准体系，加大循环经济相关标准制定力度。标准体系是开展循环经济的政策支持，是循环经济先进手段推广的技术支撑，在整个循环经济制度体系建设中具有基础性地位。

表 1   2008～2018 年已发布的循环经济领域国家标准

编号	标准标号	标准名称	标准级别
1	GB/T 28397－2012	煤炭矿区循环经济评价指标及计算方法	国家推荐标准
2	GB/T 31088－2014	工业园区循环经济管理通则	国家推荐标准
3	GB/T 33567－2017	工业园区循环经济评价规范	国家推荐标准
4	GB/T 33751－2017	工业企业和园区循环经济标准体系编制通则	国家推荐标准
5	GB/T 33858－2017	循环经济评价、铝行业	国家推荐标准
6	GB/T 34143－2017	电子电气循环经济产品评价通则	国家推荐标准
7	GB/T 34152－2017	工业企业循环经济管理通则	国家推荐标准
8	GB/T 34345－2017	循环经济绩效评价技术导则	国家推荐标准
9	GB/T 36578－2018	产业园区循环经济信息化公共平台数据接口规范	国家推荐标准
10	GB 16487.2－2017	进口可用作原料的固体废物环境保护控制标准－冶炼渣	国家强制标准

编号	标准标号	标准名称	标准级别
11	GB 16487.3 – 2017	进口可用作原料的固体废物环境保护控制标准 – 木、木制品废料	国家强制标准
12	GB 16487.4 – 2017	进口可用作原料的固体废物环境保护控制标准 – 废纸或纸板	国家强制标准
13	GB 16487.6 – 2017	进口可用作原料的固体废物环境保护控制标准 – 废钢铁	国家强制标准
14	GB 16487.7 – 2017	进口可用作原料的固体废物环境保护控制标准 – 废有色金属	国家强制标准
15	GB 16487.9 – 2017	进口可用作原料的固体废物环境保护控制标准 – 废电线电缆	国家强制标准
16	GB 16487.11 – 017	进口可用作原料的固体废物环境保护控制标准 – 供拆卸的船舶及其他浮动结构体	国家强制标准
17	GB 16487.12 – 017	进口可用作原料的固体废物环境保护控制标准 – 废塑料	国家强制标准
18	GB 16487.12 – 017	进口可用作原料的固体废物环境保护控制标准 – 废汽车压件	国家强制标准
19	GB/T 17947 – 2008	拟再循环、再利用或作非放射性废物处置的固体物质的放射性活度测量	国家推荐标准
20	GB/T 27610 – 2011	废弃产品分类与代码	国家推荐标准
21	GB/T 27945 – 2011	热处理盐浴有害固体废物的管理	国家推荐标准
22	GB/T 32326 – 2015	工业固体废物综合利用技术评价导则	国家推荐标准
23	GB/T 32328 – 2015	工业固体废物综合利用产品环境与质量安全评价技术导则	国家推荐标准
24	GB/T 34911 – 2017	工业固体废物综合利用术语	国家推荐标准
25	GB/T 20491 – 2017	用于水泥和混凝土中的钢渣粉	国家推荐标准
26	GB/T 29514 – 2013	钢渣处理工艺技术规范	国家推荐标准
27	GB/T 28294 – 2012	钢渣复合料	国家推荐标准
28	GB/T 25824 – 2010	道路用钢渣	国家推荐标准
29	GB/T 25029 – 2010	钢渣道路水泥	国家推荐标准
30	GB/T 24766 – 2009	透水沥青路面用钢渣	国家推荐标准
31	GB/T 24765 – 2009	耐磨沥青路面用钢渣	国家推荐标准
32	GB/T 24764 – 2009	外墙外保温抹面砂浆和黏结砂浆用钢渣砂	国家推荐标准
33	GB/T 24763 – 2009	泡沫混凝土砌块用钢渣	国家推荐标准
34	GB/T 50912 – 2013	钢铁渣粉混凝土应用技术规范	国家推荐标准
35	GB/T 203 – 2008	用于水泥中的粒化高炉矿渣	国家推荐标准
36	GB/T 11835 – 2016	绝热用岩棉、矿渣棉及其制品	国家推荐标准

编号	标准标号	标准名称	标准级别
37	GB/T 18046－2008	用于水泥和混凝土中的粒化高炉矿渣粉	国家推荐标准
38	GB/T 18046－2017	用于水泥、砂浆和混凝土中的粒化高炉矿渣粉	国家推荐标准
39	GB/T 27975－2011	粒化高炉矿渣的化学分析方法	国家推荐标准
40	GB/T 29502－2013	硫铁矿烧渣	国家推荐标准
41	GB/T 27682－2011	铜渣精矿	国家推荐标准
42	GB 30183－2013	岩棉、矿渣棉及其制品单位产品能源消耗限额	国家强制标准
43	GB/T 32989－2016	墙体材料中废渣掺加量分析方法	国家推荐标准
44	GB/T 51003－2014	矿物掺合料应用技术规范	国家推荐标准
45	GB/T 6645－2008	用于水泥中的粒化电炉磷渣	国家推荐标准
46	GB/T 26751－2011	用于水泥和混凝土中的粒化电炉磷渣粉	国家推荐标准
47	GB/T 32785－2016	钒钛磁铁矿冶炼废渣处置及回收利用技术规范	国家推荐标准
48	GB/T 27978－2011	水泥生产原料中废渣用量的测定方法	国家推荐标准
49	GB/T 33072－2016	含砷废渣的处理处置技术规范	国家推荐标准
50	GB/T 34500.1－2017	稀土废渣、废水化学分析方法,第1部分:氟离子量的测定,离子选择电极法	国家推荐标准
51	GB/T 34500.2－2017	稀土废渣、废水化学分析方法,第2部分:化学需氧量(COD)的测定	国家推荐标准
52	GB/T 34500.3－2017	稀土废渣、废水化学分析方法,第3部分:弱放射性(α和β总活度)的测定	国家推荐标准
53	GB/T 34500.4－2017	稀土废渣、废水化学分析方法,第4部分:铜、锌、铅、铬、镉、钡、钴、锰、镍、钛量的测定,电感耦合等离子体原子发射光谱法	国家推荐标准
54	GB/T 34500.5－2017	稀土废渣、废水化学分析方法,第5部分:氨氮量的测定	国家推荐标准
55	GB/T 36535－2018	蒸压粉煤灰空心砖和空心砌块	国家推荐标准
56	GB/T 1596－2017	用于水泥和混凝土中的粉煤灰	国家推荐标准
57	GB/T 50146－2014	粉煤灰混凝土应用技术规范	国家推荐标准
58	GB/T 29423－2012	用于耐腐蚀水泥制品的碱矿渣粉煤灰混凝土	国家推荐标准
59	GB/T 27974－2011	建材用粉煤灰及煤矸石化学分析方法	国家推荐标准
60	GB/T 26541－2011	蒸压粉煤灰多孔砖	国家推荐标准
61	GB/T 33600－2017	金属尾矿多孔混凝土夹芯系统复合墙板	国家推荐标准
62	GB/T 31288－2014	铁尾矿砂	国家推荐标准
63	GB 51032－2014	铁尾矿砂混凝土应用技术规范	国家强制标准
64	GB/T 18152－2000	选矿安全规程	国家推荐标准
65	GB/T 32124－2015	磷石膏的处理处置规范	国家推荐标准
66	GB/T 21371－2008	用于水泥中的工业副产石膏	国家推荐标准

编号	标准标号	标准名称	标准级别
67	GB/T 35057－2018	煤矸石烧结砖隧道窑余热利用技术规范	国家推荐标准
68	GB/T 29162－2012	煤矸石分类	国家推荐标准
69	GB/T 29163－2012	煤矸石利用技术导则	国家推荐标准
70	GB/T 33687－2017	煤矸石检验通则	国家推荐标准
71	GB/T 34230－2017	煤和煤矸石淋溶试验方法	国家推荐标准
72	GB/T 35986－2018	煤矸石烧失量的测定	国家推荐标准
73	GB/T 23471－2018	浸渍纸层压秸秆复合地板	国家推荐标准
74	GB/T 27796－2011	建筑用秸秆植物板材	国家推荐标准
75	GB/T 23472－2009	浸渍胶膜纸饰面秸秆板	国家推荐标准
76	GB/T 23471－2009	浸渍纸层压秸秆复合地板	国家推荐标准
77	GB/T 21723－2008	麦（稻）秸秆刨花板	国家推荐标准
78	GB/T 35835－2018	玉米秸秆颗粒	国家推荐标准
79	GB/T 36195－2018	畜禽粪便无害化处理技术规范	国家推荐标准
80	GB/T 28740－2012	畜禽养殖粪便堆肥处理与利用设备	国家推荐标准
81	GB/T 26622－2011	畜禽粪便农田利用环境影响评价准则	国家推荐标准
82	GB/T 25246－2010	畜禽粪便还田技术规范	国家推荐标准
83	GB/T 25169－2010	畜禽粪便监测技术规范	国家推荐标准
84	GB/T 25171－2010	畜禽养殖废弃物管理术语	国家推荐标准
85	GB/T 35795－2017	全生物降解农用地面覆盖薄膜	国家推荐标准
86	GB/T 27860－2011	化学品、高效液相色谱法估算土壤和污泥的吸附系数	国家推荐标准
87	GB/T 27857－2011	化学品、有机物在消化污泥中的厌氧生物降解性、气体产量测定法	国家推荐标准
88	GB/T 25031－2010	城镇污水处理厂污泥处置、制砖用泥质	国家推荐标准
89	GB/T 24602－2009	城镇污水处理厂污泥处置、单独焚烧用泥质	国家推荐标准
90	GB/T 24600－2009	城镇污水处理厂污泥处置、土地改良用泥质	国家推荐标准
91	GB/T 24188－2009	城镇污水处理厂污泥泥质	国家推荐标准
92	GB/T 23486－2009	城镇污水处理厂污泥处置、园林绿化用泥质	国家推荐标准
93	GB/T 23485－2009	城镇污水处理厂污泥处置、混合填埋用泥质	国家推荐标准
94	GB/T 23484－2009	城镇污水处理厂污泥处置、分类	国家推荐标准
95	GB/T 35170－2017	水泥窑协同处置的生活垃圾预处理可燃物	国家推荐标准
96	GB/T 34615－2017	水泥窑协同处置的生活垃圾预处理可燃物燃烧特性检测方法	国家推荐标准
97	GB/T 34552－2017	生活垃圾流化床焚烧锅炉	国家推荐标准
98	GB 18485－2014	生活垃圾焚烧污染控制标准	国家强制标准
99	GB 50869－2013	生活垃圾卫生填埋处理技术规范	国家强制标准
100	GB/T 25180－2010	生活垃圾综合处理与资源利用技术要求	国家推荐标准

续表

编号	标准标号	标准名称	标准级别
101	GB/T 25179－2010	生活垃圾填埋场稳定化场地利用技术要求	国家推荐标准
102	GB/T 25175－2010	大件垃圾收集和利用技术要求	国家推荐标准
103	GB/T 23857－2009	生活垃圾填埋场降解治理的监测与检测	国家推荐标准
104	GB/T 19095－2008	生活垃圾分类标志	国家推荐标准
105	GB 16889－2008	生活垃圾填埋场污染控制标准	国家强制标准
106	GB/T 28739－2012	餐饮业餐厨废弃物处理与利用设备	国家推荐标准
107	GB/T 27860－2011	化学品、高效液相色谱法估算土壤和污泥的吸附系数	国家推荐标准
108	GB/T 27857－2011	化学品、有机物在消化污泥中的厌氧生物降解性、气体产量测定法	国家推荐标准
109	GB/T 25031－2010	城镇污水处理厂污泥处置、制砖用泥质	国家推荐标准
110	GB/T 24602－2009	城镇污水处理厂污泥处置、单独焚烧用泥质	国家推荐标准
111	GB/T 24600－2009	城镇污水处理厂污泥处置、土地改良用泥质	国家推荐标准
112	GB/T 24188－2009	城镇污水处理厂污泥泥质	国家推荐标准
113	GB/T 23486－2009	城镇污水处理厂污泥处置、园林绿化用泥质	国家推荐标准
114	GB/T 23485－2009	城镇污水处理厂污泥处置、混合填埋用泥质	国家推荐标准
115	GB/T 23484－2009	城镇污水处理厂污泥处置、分类	国家推荐标准
116	GB/T 26988－2011	汽车部件可回收利用性标识	国家推荐标准
117	GB/T 26989－2011	汽车回收利用、术语	国家推荐标准
118	GB/T 34600－2017	汽车零部件再制造产品技术规范、点燃式、压燃式发动机	国家推荐标准
119	GB/T 34596－2017	汽车零部件再制造产品技术规范、机油泵	国家推荐标准
120	GB/T 34595－2017	汽车零部件再制造产品技术规范、水泵	国家推荐标准
121	GB/T 32007－2015	汽车零部件的统一编码与标识	国家推荐标准
122	GB/T 28679－2012	汽车零部件再制造、装配	国家推荐标准
123	GB/T 28678－2012	汽车零部件再制造、出厂验收	国家推荐标准
124	GB/T 28677－2012	汽车零部件再制造、清洗	国家推荐标准
125	GB/T 28676－2012	汽车零部件再制造、分类	国家推荐标准
126	GB/T 28675－2012	汽车零部件再制造、拆解	国家推荐标准
127	GB/T 28674－2012	汽车零部件再制造产品技术规范、转向器	国家推荐标准
128	GB/T 28673－2012	汽车零部件再制造产品技术规范、起动机	国家推荐标准
129	GB/T 28672－2012	汽车零部件再制造产品技术规范、交流发电机	国家推荐标准
130	GB/T 27611－2011	再生利用品和再制造品通用要求及标识	国家推荐标准
131	GB/T 22128－2008	报废汽车回收拆解企业技术规范	国家推荐标准
132	GB/T 23384－2009	产品及零部件可回收利用标识	国家推荐标准
133	GB/T 33460－2016	报废汽车拆解指导手册编制规范	国家推荐标准

编号	标准标号	标准名称	标准级别
134	GB/T 26963.1－2011	废旧轮胎常温机械法制取橡胶粉生产线,第1部分:通用技术条件	国家推荐标准
135	GB/T 26963.2－2011	废旧轮胎常温机械法制取橡胶粉生产线,第2部分:检测方法	国家推荐标准
136	GB/T 26731－2011	废轮胎加工处理	国家推荐标准
137	GB/T 4223－2017	废钢铁	国家推荐标准
138	GB/T 15512－2009	评价企业节约钢铁材料技术导则	国家推荐标准
139	GB/T 32662－2016	废橡胶废塑料裂解油化成套生产装备	国家推荐标准
140	GB/T 36577－2018	废玻璃分类及代码	国家推荐标准
141	GB 51092－2015	制浆造纸厂设计规范	国家强制标准
142	GB/T 27714－2011	废纸脱墨浆系统能量平衡及能量效率计算方法	国家推荐标准
143	GB/T 21557－2008	废纸中胶粘物的测定	国家推荐标准
144	GB/T 32885－2016	废弃电器电子产品处理企业资源化水平评价导则	国家推荐标准
145	GB/T 32357－2015	废弃电器电子产品回收处理污染控制导则	国家推荐标准
146	GB 50678－2011	废弃电器电子产品处理工程设计规范	国家强制标准
147	GB/T 23685－2009	废电器电子产品回收利用通用技术要求	国家推荐标准
148	GB/T 32886－2016	电子电气产品可回收利用材料选择导则	国家推荐标准
149	GB/T 32355.1－2015	电工电子产品可再生利用率评价值第1部分:房间空气调节器、家用电冰箱	国家推荐标准
150	GB/T 32355.2－2015	电工电子产品可再生利用率评价值第2部分:洗衣机、电视机和微型计算机	国家推荐标准
151	GB/T 32355.4－2015	电工电子产品可再生利用率评价值第4部分:复印机和打印机	国家推荐标准
152	GB/T 32355.5－2015	电工电子产品可再生利用率评价值第5部分:中小型三相异步电动机	国家推荐标准
153	GB/T 35677－2017	废电冰箱处理企业资源化水平评价技术规范	国家推荐标准
154	GB/T 32884－2016	废电视机资源综合利用评价技术规范	国家推荐标准
155	GB/T 36576－2018	废电池分类及代码	国家推荐标准
156	GB/T 33060－2016	废电池处理中废液的处理处置方法	国家推荐标准
157	GB/T 26493－2011	电池废料储运规范	国家推荐标准
158	GB/T 33059－2016	锂离子电池材料废弃物回收利用的处理方法	国家推荐标准
159	GB/T 33062－2016	镍氢电池材料废弃物回收利用的处理方法	国家推荐标准
160	GB/T 33598－2017	车用动力电池回收利用、拆解规范	国家推荐标准
161	GB/T 34015－2017	车用动力电池回收利用、余能检测	国家推荐标准
162	GB/T 22529－2008	废弃木质材料回收利用管理规范	国家推荐标准
163	GB/T 33759－2017	高炉干法除尘灰回收利用技术规范	国家推荐标准

编号	标准标号	标准名称	标准级别
164	GB/T 32962 – 2016	烧结余热回收利用技术规范	国家推荐标准
165	GB/T 32819 – 2016	土方机械、零部件可回收利用性分类及标识	国家推荐标准
166	GB/T 30964 – 2014	土方机械、可再利用性和可回收利用性、术语和计算方法	国家推荐标准
167	GB/T 31731 – 2015	废弃乐器回收利用通用技术规范	国家推荐标准
168	GB/T 29773 – 2013	铜选矿厂废水回收利用规范	国家推荐标准
169	GB/T 28523 – 2012	通信网络设备可回收利用率计算方法	国家推荐标准
170	GB/T 28522 – 2012	通信终端产品可回收利用率计算方法	国家推荐标准
171	GB/T 19515 – 2015	道路车辆,可再利用率和可回收利用率,计算方法	国家推荐标准
172	GB/T 16716.6 – 2012	包装与包装废弃物,第 6 部分:能量回收利用	国家推荐标准
173	GB/T 16716.5 – 2010	包装与包装废弃物 第 5 部分:材料循环再生	国家推荐标准
174	GB/T 31271 – 2014	包装循环再生率计算规则和方法	国家推荐标准
175	GB 51093 – 2015	钢铁企业喷雾焙烧法盐酸废液再生工程技术规范	国家强制标准
176	GB 51030 – 2014	再生铜冶炼厂工艺设计规范	国家强制标准
177	GB/T 34490 – 2017	再生烧结钕铁硼永磁材料	国家推荐标准
178	GB/T 31980 – 2015	电解铜箔用再生铜线	国家推荐标准
179	GB 31574 – 2015	再生铜铝铅锌工业污染物排放标准	国家强制标准
180	GB/T 26311 – 2010	再生铜及铜合金棒	国家推荐标准
181	GB/T 26055 – 2010	再生碳化钨粉	国家推荐标准
182	GB/T 26054 – 2010	硬质合●再生混合料	国家推荐标准
183	GB/T 23522 – 2009	再生锗原料	国家推荐标准
184	GB/T 23523 – 2009	再生锗原料中锗的测定方法	国家推荐标准
185	GB/T 21651 – 2018	再生锌及锌合金锭	国家推荐标准
186	GB/T 21651 – 2008	再生锌合金锭	国家推荐标准
187	GB/T 21181 – 2017	再生铅及铅合金锭	国家推荐标准
188	GB/T 13460 – 2016	再生橡胶、通用规范	国家推荐标准
189	GB/T 29645 – 2013	塑料、聚苯乙烯再生改性专用料	国家推荐标准
190	GB/T 35503 – 2017	再生异丁烯 - 异戊二烯(IIR)橡胶评价方法	国家推荐标准
191	GB/T 35502 – 2017	再生天然橡胶、评价方法	国家推荐标准
192	GB/T 35452 – 2017	再生黏合软质聚氨酯泡沫塑料	国家推荐标准
193	GB/T 22103 – 2008	城市污水再生回灌农田安全技术规范	国家推荐标准
194	GB/T 22597 – 2014	再生水中化学需氧量的测定重铬酸钾法	国家推荐标准
195	GB/T 29153 – 2012	中水再生利用装置	国家推荐标准
196	GB/T 25499 – 2010	城市污水再生利用、绿地灌溉水质	国家推荐标准
197	GB/T 35209 – 2017	烟气脱硝催化剂再生技术规范	国家推荐标准

编号	标准标号	标准名称	标准级别
198	GB/T 34701 – 2017	再生烟气脱硝催化剂微量元素分析方法	国家推荐标准
199	GB/T 25033 – 2010	再生沥青混凝土	国家推荐标准
200	GB/T 25176 – 2010	混凝土和砂浆用再生细骨料	国家推荐标准
201	GB/T 25177 – 2010	混凝土用再生粗骨料	国家推荐标准
202	GB/T 30754 – 2014	移动式道路施工机械、稳定土拌和机和冷再生机安全要求	国家推荐标准
203	GB/T 28392 – 2012	道路施工与养护机械设备、热风式沥青混合料再生修补机	国家推荐标准
204	GB/T 25697 – 2013	道路施工与养护机械设备、沥青路面就地热再生复拌机	国家推荐标准
205	GB/T 25641 – 2010	道路施工与养护机械设备、沥青混合料厂伴热再生设备	国家推荐标准
206	GB/T 31561 – 2015	黏土砂再生成套设备、技术条件	国家推荐标准
207	GB/T 31551 – 2015	水玻璃砂再生成套设备、技术条件	国家推荐标准
208	GB/T 26659 – 2011	铸造用再生硅砂	国家推荐标准
209	GB/T 28690 – 2012	树脂砂再生成套设备、技术条件	国家推荐标准
210	GB/T 28619 – 2012	再制造、术语	国家推荐标准
211	GB/T 28620 – 2012	再制造率的计算方法	国家推荐标准
212	GB/T 27611 – 2011	再生利用品和再制造品通用要求及标识	国家推荐标准
213	GB/T 28618 – 2012	机械产品再制造、通用技术要求	国家推荐标准
214	GB/T 28615 – 2012	绿色制造、金属切削机床再制造技术导则	国家推荐标准
215	GB/T 31207 – 2014	机械产品再制造质量管理要求	国家推荐标准
216	GB/T 31208 – 2014	再制造毛坯质量检验方法	国家推荐标准
217	GB/T 32809 – 2016	再制造、机械产品清洗技术规范	国家推荐标准
218	GB/T 35978 – 2018	再制造、机械产品检验技术导则	国家推荐标准
219	GB/T 35977 – 2018	再制造、机械产品表面修复技术规范	国家推荐标准
220	GB/T 34631 – 2017	再制造、机械零件剩余寿命评估指南	国家推荐标准
221	GB/T 33947 – 2017	再制造、机械加工技术规范	国家推荐标准
222	GB/T 33221 – 2016	再制造、企业技术规范	国家推荐标准
223	GB/T 32810 – 2016	再制造、机械产品拆解技术规范	国家推荐标准
224	GB/T 32811 – 2016	机械产品再制造性评价技术规范	国家推荐标准
225	GB/T 35980 – 2018	机械产品再制造工程设计、导则	国家推荐标准
226	GB/T 36538 – 2018	再制造/再生静电复印(包括多功能)设备	国家推荐标准
227	GB/T 34868 – 2017	废旧复印机、打印机和速印机再制造通用规范	国家推荐标准
228	GB/T 32801 – 2016	土方机械、再制造零部件、装配技术规范	国家推荐标准
229	GB/T 32802 – 2016	土方机械、再制造零部件、出厂验收技术规范	国家推荐标准

编号	标准标号	标准名称	标准级别
230	GB/T 32802 - 2016	土方机械、零部件再制造、分类技术规范	国家推荐标准
231	GB/T 32803 - 2016	土方机械、零部件再制造、拆解技术规范	国家推荐标准
232	GB/T 32804 - 2016	土方机械、零部件再制造、清洗技术规范	国家推荐标准
233	GB/T 32805 - 2016	土方机械、零部件再制造、通用技术规范	国家推荐标准
234	GB/T 32222 - 2015	再制造内燃机、通用技术条件	国家推荐标准
235	GB/T 19832 - 2017	石油天然气工业、钻井和采油提升设备的检验、维护、修理和再制造	国家推荐标准
236	GB/T 21667 - 2008	二手货品质鉴定通则	国家推荐标准
237	GB/T 30342 - 2013	二手货、分类	国家推荐标准
238	GB/T 33492 - 2017	旧货(二手货)市场经营管理规范	国家推荐标准
239	GB/T 30323 - 2013	二手车鉴定评估技术规范	国家推荐标准
240	GB/T 24320 - 2009	回用纤维浆	国家推荐标准
241	GB/T 22908 * 2008	废旧荧光灯回收再利用技术规范	国家推荐标准
242	GB/T 21453 * 2008	工业清洁生产审核指南编制通则	国家推荐标准
243	GB/T 20106 * 2008	工业清洁生产评价指标体系制定通则	国家推荐标准
244	GB/T 21543 * 2008	工业用水节水、术语	国家推荐标准

表 2　2008～2018 年循环经济领域行业标准

编号	标准标号	标准名称	所属行业
1	HJ 465 - 2009	钢铁工业发展循环经济环境保护导则	环保行业
2	HJ 466 - 2009	铝工业发展循环经济环境保护导则	环保行业
3	JB/T 11836 - 2015	危险固体废物焚烧尾气净化设备、运行维护规范	机械行业
4	DL/T 1281 - 2013	燃煤电厂固体废物贮存处置场污染控制技术规范	电力行业
5	EJ 1042 - 2014	低、中水平放射性固体废物容器钢桶	核工业行业
6	EJ 1076 - 2014	低、中水平放射性固体废物容器钢箱	核工业行业
7	EJ/T 20030 - 2012	低水平放射性可燃固体废物热解焚烧系统设计准则	核工业行业
8	HJ 77.3 - 2008	固体废物、二噁英类的测定、同位素稀释高分辨气相色谱 - 高分辨质谱法	环保行业
9	HJ 557 - 2010	固体废物、浸出毒性浸出方法、水平振荡法	环保行业
10	HJ 588 - 2010	农业固体废物污染控制技术导则	环保行业
11	HJ 643 - 2013	固体废物、挥发性有机物的测定、顶空/气相色谱法 - 质谱法	环保行业
12	HJ 662 - 2013	水泥窑协同处置固体废物环境保护技术规范	环保行业
13	HJ 687 - 2014	固体废物、六价铬的测定、碱消解/火焰原子吸收分光光度法	环保行业

编号	标准标号	标准名称	所属行业
14	HJ 702 – 2014	固体废物、汞、砷、硒、铋、锑的测定,微波消解/原子荧光法	环保行业
15	HJ 711 – 2014	固体废物、酚类化合物的测定、气相色谱法	环保行业
16	HJ 712 – 2014	固体废物、总磷的测定、偏钼酸铵分光光度法	环保行业
17	HJ 713 – 2014	固体废物、挥发性卤代烃的测定、吹扫捕集/气相色谱 – 质谱法	环保行业
18	HJ 714 – 2014	固体废物、挥发性卤代烃的测定、顶空/气相色谱 – 质谱法	环保行业
19	HJ 749 – 2015	固体废物、总铬的测定、火焰原子吸收分光光度法	环保行业
20	HJ 750 – 2015	固体废物、总铬的测定、石墨炉原子吸收分光光度法	环保行业
21	HJ 751 – 2015	固体废物、镍和铜的测定、火焰原子吸收分光光度法	环保行业
22	HJ 752 – 2015	固体废物、铍、镍、铜和钼的测定,石墨炉原子吸收分光光度法	环保行业
23	HJ 765 – 2015	固体废物、有机物的提取、微波萃取法	环保行业
24	HJ 766 – 2015	固体废物、金属元素的测定、电感耦合等离子体质谱法	环保行业
25	HJ 767 – 2015	固体废物、钡的测定、石墨炉原子吸收分光光度法	环保行业
26	HJ 768 – 2015	固体废物、有机磷农药的测定、气相色谱法	环保行业
27	HJ 781 – 2016	固体废物、22 种金属元素的测定、电感耦合等离子体发射光谱法	环保行业
28	HJ 782 – 2016	固体废物、有机物的提取、加压流体萃取法	环保行业
29	HJ 786 – 2016	固体废物、铅、锌和镉的测定、火焰原子吸收分光光度法	环保行业
30	HJ 787 – 2016	固体废物、铅和镉的测定、石墨炉原子吸收分光光度法	环保行业
31	HJ 874 – 2017	固体废物、丙烯醛、丙烯腈和乙腈的测定、顶空 – 气相色谱法	环保行业
32	HJ 891 – 2017	固体废物、多氯联苯的测定、气相色谱 – 质谱法	环保行业
33	HJ 892 – 2017	固体废物、多环芳烃的测定、高效液相色谱法	环保行业
34	HJ 912 – 2017	固体废物、有机氯农药的测定、气相色谱 – 质谱法	环保行业
35	HJ 950 – 2018	固体废物、多环芳烃的测定、气相色谱 – 质谱法	环保行业
36	HJ 951 – 2018	固体废物、半挥发性有机物的测定、气相色谱 – 质谱法	环保行业
37	HJ 2035 – 2013	固体废物处理处置工程技术导则	环保行业
38	CB/T 8530 – 2017	船厂固体废物处置设计规程	船舶行业

续表

编号	标准标号	标准名称	所属行业
39	SN/T 0008－2009	进口可用作原料的固体废物检验检疫行业标准编写基本规定	商品检验行业
40	SN/T 2293.1－2009	进口可用作原料的固体废物分类鉴别、第 1 部分：导则	商品检验行业
41	SN/T 2293.2－2009	进口可用作原料的固体废物分类鉴别、第 2 部分：废塑料	商品检验行业
42	SN/T 2293.3－2009	进口可用作原料的固体废物分类鉴别、第 3 部分：废钢铁	商品检验行业
43	SN/T 2293.4－2009	进口可用作原料的固体废物分类鉴别、第 4 部分：废有色金属	商品检验行业
44	SN/T 2293.5－2009	进口可用作原料的固体废物分类鉴别、第 5 部分：废纸	商品检验行业
45	SN/T 2293.6－2009	进口可用作原料的固体废物分类鉴别、第 6 部分：废五金	商品检验行业
46	SN/T 2293.7－2009	进口可用作原料的固体废物分类鉴别、第 7 部分：废纺织原料	商品检验行业
47	SN/T 2293.8－2009	进口可用作原料的固体废物分类鉴别、第 8 部分：矿渣	商品检验行业
48	SN/T 2298.1－2009	进口可用作原料的固体废物检验检疫通用标准、第 1 部分：术语和定义	商品检验行业
49	SN/T 2298.2－2009	进口可用作原料的固体废物检验检疫通用标准、第 2 部分：抽样法法	商品检验行业
50	SN/T 2298.3－2009	进口可用作原料的固体废物检验检疫通用标准、第 3 部分：卫生除害处理通用技术要求	商品检验行业
51	SN/T 2298.4－2009	进口可用作原料的固体废物检验检疫通用标准、第 4 部分：爆炸物质检验方法	商品检验行业
52	SN/T 2298.5－2011	进口可用作原料的固体废物检验检疫通用标准、第 5 部分：腐蚀性检验方法	商品检验行业
53	SN/T 2884－2011	进口固体废物原料爆炸性检验规程	商品检验行业
54	SN/T 2885－2011	进口固体废物原料易燃性试验方法	商品检验行业
55	SN/T 3011.1－2011	X 射线衍射法鉴别金属矿产类进口固体废物物相、第 1 部分：通则	商品检验行业
56	SN/T 3054.1－2011	进口固体废物原料爆炸性试验方法、第 1 部分：时间/压力试验	商品检验行业
57	SN/T 3054.2－2011	进口固体废物原料爆炸性试验方法、第 2 部分：隔板试验	商品检验行业

续表

编号	标准标号	标准名称	所属行业
58	SN/T 5061－2018	进口冶金类固体废物属性鉴别通用方法	商品检验行业
59	JB/T 11383－2013	钢渣处理用干选机	机械行业
60	JB/T 11384－2013	钢渣处理用磁选机	机械行业
61	JB/T 11385－2013	钢渣处理用磁力多刮条铠装除铁器	机械行业
62	JB/T 12251－2015	钢渣自磨机	机械行业
63	YB/T 022－2008	用于水泥中的钢渣	冶金行业
64	YB/T 061－2017	冶金渣罐技术条件	冶金行业
65	YB/T 140－2009	钢渣化学分析方法	冶金行业
66	YB/T 148－2015	钢渣中全铁含量测定方法	冶金行业
67	YB/T 801－2008	工程回填用钢渣	冶金行业
68	YB/T 802－2009	冶金炉料用钢渣	冶金行业
69	YB/T 4183－2009	冶炼渣粉颗粒粒度分布测定、激光衍射法	冶金行业
70	YB/T 4184－2009	钢渣混合料路面基层施工技术规程	冶金行业
71	YB/T 4186－2009	冶炼渣易磨性试验方法	冶金行业
72	YB/T 4187－2009	道路用钢渣砂	冶金行业
73	YB/T 4188－2015	钢渣中磁性金属铁含量测定方法	冶金行业
74	YB/T 4201－2009	普通预拌砂浆用钢渣砂	冶金行业
75	YB/T 4227－2010	不锈钢钢渣中金属含量测定方法	冶金行业
76	YB/T 4228－2010	混凝土多孔砖和路面砖用钢渣	冶金行业
77	YB/T 4328－2012	钢渣中游离氧化钙含量测定方法	冶金行业
78	YB/T 4329－2012	水泥混凝土路面用钢渣砂应用技术规程	冶金行业
79	YB/T 4480－2015	钢渣中铁磁性物质选取技术规范	冶金行业
80	YB/T 4482－2015	熔融钢渣热闷操作技术规范	冶金行业
81	YB/T 4488－2015	沥青玛蹄脂碎石混合料用钢渣	冶金行业
82	YB/T 4601－2018	发泡混凝土砌块用钢渣	冶金行业
83	YB/T 4602－2018	防火石膏板用钢渣粉	冶金行业
84	JT/T 1086－2016	沥青混合料用钢渣	交通行业
85	JC/T 1082－2008	低热钢渣硅酸盐水泥	建材行业
86	JC/T 1090－2008	钢渣砌筑水泥	建材行业
87	YB/T 804－2009	钢铁渣及处理利用术语	冶金行业
88	YB/T 4553－2017	钢铁渣人工鱼礁	冶金行业
89	JB/T 11649－2013	粉煤灰分选系统	机械行业
90	DL/T 1656－2016	火电厂粉煤灰及炉渣中汞含量的测定	电力行业
91	DL/T 5532－2017	粉煤灰试验规程	电力行业
92	SY/T 7290－2016	石油企业粉煤灰综合利用技术要求	石油行业
93	YS/T 786－2012	赤泥粉煤灰耐火隔热砖	有色金属行业

编号	标准标号	标准名称	所属行业
94	JC/T 239 – 2014	蒸压粉煤灰砖	建材行业
95	JC/T 862 – 2008	粉煤灰混凝土小型空心砌块	建材行业
96	JB/T 10984 – 2010	湿法烟气脱硫装置专用设备、石灰石/石膏旋流器	机械行业
97	JB/T 10982 – 2010	湿法烟气脱硫装置专用设备、真空带式石膏脱水设备	机械行业
98	HG/T 4219 – 2011	磷石膏土壤调理剂	化工行业
99	HG/T 4753 – 2014	双翻盘磷石膏湿渣滤液机	化工行业
100	JC/T 2074 – 2011	烟气脱硫石膏	建材行业
101	JC/T 2437 – 2018	烟气脱硫石膏化学分析方法	建材行业
102	JB/T 11890 – 2014	低中温工业气体余热回收利用成套装备通用技术条件	机械行业
103	HG/T 5016 – 2016	含氟废气中氟含量的测定方法	化工行业
104	HJ 38 – 2017	固定污染源废气、总烃、甲烷和非甲烷总烃的测定 气相色谱法	环保行业
105	HJ 57 – 2017	固定污染源废气二氧化硫的测定定电位电解法	环保行业
106	HJ 538 – 2009	固定污染源废气、铅的测定、火焰原子吸收分光光度法	环保行业
107	HJ 540 – 2016	固定污染源废气、砷的测定、二乙基二硫代氨基甲酸银分光光度法	环保行业
108	HJ 541 – 2009	黄磷生产废气、气态砷的测定、二乙基二硫代氨基甲酸银分光光度法	环保行业
109	HJ 543 – 2009	固定污染源废气、汞的测定、冷原子吸收分光光度法	环保行业
110	HJ 544 – 2016	固定污染源废气、硫酸雾的测定、离子色谱法	环保行业
111	HJ 545 – 2017	固定污染源废气、气态总磷的测定、喹钼柠酮容量法	环保行业
112	HJ 547 – 2017	固定污染源废气、氯气的测定、碘量法	环保行业
113	HJ 548 – 2009	固定污染源废气、氯化氢的测定、硝酸银容量法	环保行业
114	HJ 548 – 2016	固定污染源废气、氯化氢的测定、硝酸银容量法	环保行业
115	HJ 629 – 2011	固定污染源废气、二氧化硫的测定、非分散红外吸收法	环保行业
116	HJ 657 – 2013	空气和废气、颗粒物中铅等金属元素的测定、电感耦合等离子体质谱法	环保行业
117	HJ 684 – 2014	固定污染源废气、铍的测定、石墨炉原子吸收分光光度法	环保行业
118	HJ 685 – 2014	固定污染源废气、铅的测定、火焰原子吸收分光光度法	环保行业
119	HJ 688 – 2013	固定污染源废气、氟化氢的测定、离子色谱法（暂行）	环保行业

编号	标准标号	标准名称	所属行业
120	HJ 690－2014	固定污染源废气、苯可溶物的测定、索氏提取－重量法	环保行业
121	HJ 692－2014	固定污染源废气、氮氧化物的测定、非分散红外吸收法	环保行业
122	HJ 693－2014	固定污染源废气、氮氧化物的测定、定电位电解法	环保行业
123	HJ 732－2014	固定污染源废气、挥发性有机物的采样气袋法	环保行业
124	HJ 734－2014	固定污染源废气、挥发性有机物的测定、固相吸附－热脱附/气相色谱－质谱法	环保行业
125	HJ 836－2017	固定污染源废气、低浓度颗粒物的测定重量法	环保行业
126	HJ 869－2017	固定污染源废气、酞酸酯类的测定、气相色谱法	环保行业
127	HJ 870－2017	固定污染源废气、二氧化碳的测定、非分散红外吸收法	环保行业
128	HJ 917－2017	固定污染源废气、气态汞的测定、活性炭吸附/热裂解原子吸收分光光度法	环保行业
129	HJ 2026－2013	吸附法工业有机废气治理工程技术规范	环保行业
130	HJ 2027－2013	催化燃烧法工业有机废气治理工程技术规范	环保行业
131	HJ 2033－2013	铝电解废气氟化物和粉尘治理工程技术规范	环保行业
132	HJ 2049－2015	铅冶炼废气治理工程技术规范	环保行业
133	YB/T 4243－2011	钢铁企业冷轧板带热处理线和涂镀线工业炉环保节能设计技术规范	冶金行业
134	YB/T 4254－2012	烧结冷却系统余热回收利用技术规范	冶金行业
135	YS/T 1170－2017	再生铅生产废气处理技术规范	有色金属行业
136	JB/T 6931－2010	二次气浮过滤净水器	机械行业
137	JB/T 11390－2013	火力发电厂化学废水处理设备	机械行业
138	JB/T 11392－2013	脱硫废水处理设备	机械行业
139	JB/T 20189－2017	生物废水灭活装置	机械行业
140	HG/T 4552.1－2013	退锡废水中锡含量的测定方法、第1部分：碘酸钾滴定法	化工行业
141	HG/T 4552.2－2013	退锡废水中锡含量的测定方法、第2部分：原子吸收分光光度法	化工行业
142	HG/T 4552.3－2013	退锡废水中锡含量的测定方法、第3部分：电感耦合等离子体发射光谱法	化工行业
143	HG/T 5169－2017	离子交换技术处理重金属废水技术规范	化工行业
144	HG/T 5309－2018	电镀含铜废水处理及回收技术规范	化工行业
145	HG/T 5361－2018	焦化脱硫脱氰废水处理及回收技术规范	化工行业
146	CJ/T 295－2015	餐饮废水隔油器	城建行业

编号	标准标号	标准名称	所属行业
147	DL/T 5046 – 2018	发电厂废水治理设计规范	电力行业
148	DL/T 5724 – 2015	水电工程砂石系统废水处理技术规范	电力行业
149	HJ 471 – 2009	纺织染整工业废水治理工程技术规范	环保行业
150	HJ 520 – 2009	废水类别代码（试行）	环保行业
151	HJ 521 – 2009	废水排放规律代码（试行）	环保行业
152	HJ 523 – 2009	废水排放去向代码	环保行业
153	HJ 575 – 2010	酿造工业废水治理工程技术规范	环保行业
154	HJ 607 – 2011	废矿物油回收利用污染控制技术规范	环保行业
155	JB/T 12442 – 2015	大型秸秆方捆打（压）捆机	机械行业
156	JB/T 12444 – 2015	棉秆联合收割机	机械行业
157	JB/T 12446 – 2015	生物质处理设备、秸秆烘干机	机械行业
158	JB/T 12447 – 2015	生物质处理设备、秸秆解包机	机械行业
159	JB/T 12826 – 2016	农作物秸秆压缩成型机	机械行业
160	NY/T 443 – 2016	生物制气化供气系统技术条件及验收规范	农业行业
161	NY/T 500 – 2015	秸秆粉碎还田机、作业质量	农业行业
162	NY/T 504 – 2016	秸秆粉碎还田机、修理质量	农业行业
163	NY/T 509 – 2015	秸秆揉丝机、质量评价技术规范	农业行业
164	NY/T 1701 – 2009	农作物秸秆资源调查与评价技术规范	农业行业
165	NY/T 1930 – 2010	秸秆颗粒饲料压制机质量评价技术规范	农业行业
166	NY/T 2064 – 2011	秸秆栽培用菌霉菌污染综合防控技术规范	农业行业
167	NY/T 2141 – 2012	秸秆沼气工程施工操作规程	农业行业
168	NY/T 2142 – 2012	秸秆沼气工程工艺设计规范	农业行业
169	NY/T 2372 – 2013	秸秆沼气工程运行管理规范	农业行业
170	NY/T 2373 – 2013	秸秆沼气工程质量验收规范	农业行业
171	NY/T 2374 – 2013	沼气工程沼液沼渣后处理技术规范	农业行业
172	NY/T 2722 – 2015	秸秆腐熟菌剂腐解效果评价技术规程	农业行业
173	NY/T 2771 – 2015	农村秸秆青贮氨化设施建设标准	农业行业
174	NY/T 3020 – 2016	农作物秸秆综合利用技术通则	农业行业
175	NY/T 3021 – 2016	生物质成型燃料原料技术条件	农业行业
176	NB/T 34030 – 2015	农作物秸秆物理特性技术通则	能源行业
177	NY/T 2086 – 2011	残地膜回收机操作技术规程	农业行业
178	JB/T 5421 – 2013	塑料薄膜回收挤出造粒机组	机械行业
179	JB/T 10672 – 2018	废钢破碎生产线	机械行业
180	JB/T 11394 – 2013	重型液压废金属打包机、技术条件	机械行业
181	SB/T 11049 – 2013	废金属回收企业建设与经营规范	商业行业
182	SB/T 11149 – 2015	废塑料回收分选技术规范	商业行业

编号	标准标号	标准名称	所属行业
183	SB/T 10900－2012	废玻璃分类	商业行业
184	SB/T 11108－2014	废玻璃回收分拣技术规范	商业行业
185	SB/T 11058－2013	废纸分类等级规范	商业行业
186	SN/T 4402－2015	入境废纸卫生处理规程	商品检验行业
187	SB/T 10655－2012	商用旧轮胎回收选胎规范	商业行业
188	SB/T 10834－2012	废轮胎回收体系建设规范	商业行业
189	SB/T 11107－2014	废轮胎回收与管理规范	商业行业
190	JT/T 797－2011	路用废胎硫化橡胶粉	交通行业
191	JT/T 860.7－2017	沥青混合料改性添加剂、第7部分:废旧轮胎热解炭黑	交通行业
192	SN/T 4690－2016	进口翻新用旧轮胎缺陷判定技术规范	商品检验行业
193	SN/T 1877.7－2010	旧轮胎中多环芳烃的测定、气相色谱－质谱法	商品检验行业
194	SB/T 11160－2016	报废汽车破碎技术规范	商业行业
195	JB/T 12265－2015	激光再制造、轴流风机、技术条件	机械行业
196	JB/T 12266－2015	激光再制造、螺杆压缩机、技术条件	机械行业
197	JB/T 12267－2015	激光再制造、高炉煤气余压透平发电装置动叶片、技术条件	机械行业
198	JB/T 12268－2015	激光再制造、高炉煤气余压透平发电装置静叶片、技术条件	机械行业
199	JB/T 12269－2015	激光再制造、烟气轮机叶片、技术条件	机械行业
200	JB/T 12272－2015	激光再制造、烟气轮机轮盘、技术条件	机械行业
201	JB/T 12732－2016	再制造内燃机、发电机工艺规范	机械行业
202	JB/T 12733－2016	再制造内燃机、飞轮工艺规范	机械行业
203	JB/T 12734－2016	再制造内燃机、连杆工艺规范	机械行业
204	JB/T 12735－2016	再制造内燃机、零部件表面修复工艺规范	机械行业
205	JB/T 12736－2016	再制造内燃机、喷油泵总成工艺规范	机械行业
206	JB/T 12737－2016	再制造内燃机、喷油器总成工艺规范	机械行业
207	JB/T 12738－2016	再制造内燃机、气缸套工艺规范	机械行业
208	JB/T 12739－2016	再制造内燃机、气门工艺规范	机械行业
209	JB/T 12740－2016	再制造内燃机、曲轴工艺规范	机械行业
210	JB/T 12741－2016	再制造内燃机、凸轮轴工艺规范	机械行业
211	JB/T 12742－2016	再制造内燃机、压气机工艺规范	机械行业
212	JB/T 12743－2016	再制造内燃机、增压器工艺规范	机械行业
213	JB/T 12744－2016	再制造内燃机、起动机工艺规范	机械行业
214	JB/T 12993－2018	三相异步电动机再制造技术规范	机械行业
215	JB/T 13326－2018	再制造内燃机、机油泵工艺规范	机械行业

编号	标准标号	标准名称	所属行业
216	JB/T 13327－2018	再制造内燃机、水泵工艺规范	机械行业
217	JB/T 13339－2018	再制造内燃机、机体工艺规范	机械行业
218	JB/T 13340－2018	再制造内燃机、缸盖工艺规范	机械行业
219	DL/T 903－2015	磨煤机耐磨件堆焊技术导则	电力行业
220	YB/T 4660－2018	夹送辊、助卷辊堆焊复合制造技术规程	冶金行业
221	QC/T 1070－2017	汽车零部件再制造产品技术规范、气缸体总成	汽车行业
222	QC/T 1074－2017	汽车零部件再制造产品技术规范、气缸盖	汽车行业
223	SN/T 2878.2－2011	进出口再制造用机电产品检验规程和技术要求、第2部分：工程机械轮胎	商检行业
224	SN/T 3696－2013	进口再制造用途机电产品检验风险评估方法指南	商检行业
225	SN/T 3837.1－2014	进口再制造用途机电产品检验技术要求、第1部分：鼓粉盒	商检行业
226	SN/T 3837.2－2014	进口再制造用途机电产品检验技术要求、第2部分：载重汽车轮胎	商检行业
227	SN/T 3837.3－2016	进口再制造用途机电产品检验技术要求、第3部分：汽车起动机、发电机	商检行业
228	SN/T 4245－2015	进出口汽车再制造零部件产品鉴定规程	商检行业
229	SN/T 4247－2015	自贸试验区进口再制造用途机电产品检验规程	商检行业
230	HG/T 5019－2016	废电池中镍钴回收方法	化工行业
231	SB/T 10901－2012	废电池分类	商业行业
232	YS/T 1174－2017	废旧电池破碎分选回收技术规范	有色金属行业
233	LY/T 2000－2011	废旧木材破碎机	林业行业
234	LY/T 2558－2015	人造板生产用回收木材检验方法	林业行业
235	LY/T 1822－2009	废弃木材循环利用规范	林业行业
236	CJ/T 96－2013	生活垃圾化学特性通用检测方法	城建行业
237	CJ/T 106－2016	生活垃圾生产量计算及预测方法	城建行业
238	CJ/T 279－2008	生活垃圾渗滤液碟管式反渗透处理设备	城建行业
239	CJ/T 301－2008	垃圾填埋场压实机技术要求	城建行业
240	CJ/T 313－2009	生活垃圾采样和分析方法	城建行业
241	CJ/T 338－2010	生活垃圾转运站压缩机	城建行业
242	CJ/T 369－2011	堆肥自动监测与控制设备	城建行业
243	CJ/T 390－2012	板式垃圾输送机	城建行业
244	CJ/T 391－2012	生活垃圾收集站压缩机	城建行业
245	CJ/T 408－2012	好氧堆肥氧气自动监测设备	城建行业
246	CJ/T 428－2013	生活垃圾渗沥液检测方法	城建行业
247	CJ/T 432－2013	生活垃圾焚烧厂垃圾抓斗起重机技术要求	城建行业

编号	标准标号	标准名称	所属行业
248	CJ/T 460－2014	垃圾滚筒筛	城建行业
249	CJ/T 465－2015	垃圾源臭气实时在线检测设备	城建行业
250	CJ/T 485－2015	生活垃圾渗沥液卷式反渗透设备	城建行业
251	CJ/T 496－2016	垃圾专用集装箱	城建行业
252	CJ/T 499－2016	剪切式垃圾破碎机	城建行业
253	CJ/T 516－2017	生活垃圾除臭剂技术要求	城建行业
254	CJ/T 517－2017	生活垃圾渗沥液厌氧反应器	城建行业
255	CJ/T 531－2018	生活垃圾焚烧灰渣取样制样与检测	城建行业
256	CJJ/T 47－2016	生活垃圾转运站技术规范	城建行业
257	CJJ 52－2014	生活垃圾堆肥处理技术规范	城建行业
258	CJJ 86－2014	生活垃圾堆肥处理厂运行维护技术规程	城建行业
259	CJJ 90－2009	生活垃圾焚烧处理工程技术规范	城建行业
260	CJJ 93－2011	生活垃圾卫生填埋场运行维护技术规程	城建行业
261	CJJ 128－2017	生活垃圾焚烧厂运行维护与安全技术标准	城建行业
262	CJJ 133－2009	生活垃圾填埋场填埋气体收集处理及利用工程技术规范	城建行业
263	CJJ/T 137－2010	生活垃圾焚烧厂评价标准	城建行业
264	CJJ 150－2010	生活垃圾渗沥液处理技术规范	城建行业
265	CJJ/T 156－2010	生活垃圾转运站评价标准	城建行业
266	CJJ/T 172－2011	生活垃圾堆肥厂评价标准	城建行业
267	CJJ 175－2012	生活垃圾卫生填埋气体收集处理及利用工程运行维护技术规程	城建行业
268	CJJ 176－2012	生活垃圾卫生填埋场岩土工程技术规范	城建行业
269	CJJ 179－2012	生活垃圾收集站技术规程	城建行业
270	CJJ/T 204－2013	生活垃圾土土工试验技术规程	城建行业
271	CJJ 205－2013	生活垃圾收集运输技术规程	城建行业
272	CJJ/T 212－2015	生活垃圾焚烧厂运行监管标准	城建行业
273	CJJ/T 213－2016	生活垃圾卫生填埋场运行监管标准	城建行业
274	CJJ/T 214－2016	生活垃圾填埋场防渗土工膜渗漏破损探测技术规程	城建行业
275	CJJ 231－2015	生活垃圾焚烧厂检修规程	城建行业
276	CJJ/T 270－2017	生活垃圾焚烧厂标识标志标准	城建行业
277	DL/T 5475－2013	垃圾发电工程建设预算项目划分导则	电力行业
278	HJ 564－2010	生活垃圾填埋场渗滤液处理工程技术规范（试行）	环保行业
279	JB/T 13166－2017	餐厨垃圾自动分选系统、技术条件	机械行业
280	CJ/T 465－2015	垃圾源臭气实时在线检测设备	城建行业
281	CJJ 184－2012	餐厨垃圾处理技术规范	城建行业

续表

编号	标准标号	标准名称	所属行业
282	QC/T 52 – 2015	垃圾车	汽车行业
283	QC/T 935 – 2013	餐厨垃圾车	汽车行业
284	JG/T 505 – 2016	建筑垃圾再生骨料实心砖	建筑工业行业
285	JC/T 2281 – 2014	道路用建筑垃圾再生骨料无机混合料	建材行业
286	JB/T 8696 – 2013	吸泥机技术条件	机械行业
287	JB/T 11245 – 2012	污泥堆肥翻堆曝气发酵仓	机械行业
288	JB/T 11247 – 2012	链条式翻堆机	机械行业
289	JB/T 11824 – 2014	污泥深度脱水设备	机械行业
290	JB/T 11825 – 2014	城镇污水处理厂污泥焚烧炉	机械行业
291	JB/T 11826 – 2014	城镇污水处理厂污泥焚烧处理工程技术规范	机械行业
292	JB/T 11832 – 2014	污水处理厂鼓式螺压污泥浓缩设备	机械行业
293	JB/T 12578 – 2015	叠螺式污泥脱水机	机械行业
294	JB/T 13171 – 2017	污泥干化用桨叶式干燥机	机械行业
295	HG/T 5364 – 2018	含铜污泥中铜含量测定方法	化工行业
296	CJ/T 309 – 2009	城镇污水处理厂污泥处置、农用泥质	城建行业
297	CJ/T 314 – 2009	城镇污水处理厂污泥处置、水泥熟料生产用泥质	城建行业
298	CJ/T 362 – 2011	城镇污水处理厂污泥处置、林地用泥质	城建行业
299	CJ/T 507 – 2016	重力式污泥浓缩池周边传动浓缩机	城建行业
300	CJ/T 508 – 2016	污泥脱水用带式压滤机	城建行业
301	CJ/T 510 – 2017	城镇污水处理厂污泥处理、稳定标准	城建行业
302	CJJ 131 – 2009	城镇污水处理厂污泥处理技术规程	城建行业
303	HJ 576 – 2010	厌氧 – 缺氧 – 好氧活性污泥法、污水处理工程技术规范	环保行业
304	HJ 577 – 2010	序批式活性污泥法污水处理工程技术规范	环保行业
305	HJ 578 – 2010	氧化沟活性污泥法污水处理工程技术规范	环保行业
306	HJ 2013 – 2012	升流式厌氧污泥床反应器污水处理工程技术规范	环保行业
307	HJ 2023 – 2012	厌氧颗粒污泥膨胀床反应器废水处理、工程技术规范	环保行业
308	HY/T 168.1 – 2013	大生活用海水后处理设计规范、第 1 部分:活性污泥法	海洋行业

表 3　已发布循环经济领域团体标准

编号	标准号	名称	归口单位
1	T/CACE 002 – 2016	全国循环经济科技成果评价指南 第 2 部分:软科学类	中国循环经济协会
2	T/CACE 004 – 2016	全国循环经济工程实验室评价指南	中国循环经济协会

编号	标准号	名称	归口单位
3	T/CACE 001 – 2016	全国循环经济科技成果评价指南 第1部分：技术研发类	中国循环经济协会
4	T/CACE 003 – 2016	全国循环经济技术中心评价指南	中国循环经济协会
5	T/CACE 005 – 2016	全国循环经济科技计划项目管理指南	中国循环经济协会
6	T/CACE 009 – 2016	清洁生产管理体系　要求	中国循环经济协会
7	T/CACE 007 – 2016	路用硫化橡胶粉/聚合物复合改性沥青	中国循环经济协会
8	T/CACE 008 – 2016	路用高掺量硫化橡胶粉改性沥青	中国循环经济协会
9	T/CACE 006 – 2016	路用硫化橡胶粉改性沥青	中国循环经济协会
10	T/CACE 001 – 2018	高速度级汽车轮胎再制造技术要求	中国循环经济协会
11	T/SACE 001 – 2018	废旧塑料回收利用体系建设规范	山东循环经济协会
12	T/ATCRR 01 – 2018	废旧动力蓄电池综合利用企业生产通用要求	北京资源强制回收环保产业技术创新战略联盟
13	T/ATCRR 02 – 2018	废旧锂离子电池中锂的湿法回收技术规范	北京资源强制回收环保产业技术创新战略联盟
14	T/CAEE 001 – 2018	废旧移动终端信息清除安全管理规范	中国电子装备技术开发协会
15	T/CRGTA 004 – 2017	二手平板电脑收购和销售　检测鉴定	中国旧货业协会
16	T/CRGTA 003 – 2017	二手笔记本电脑收购和销售　检测鉴定	中国旧货业协会
17	T/CRGTA 002 – 2017	二手手机收购　检测鉴定	中国旧货业协会
18	T/CRGTA 01 – 2017	销售二手手机检测鉴定规范	中国旧货业协会
19	T/SDBX 4 – 2017	生活垃圾清扫、收集、运输管理规范	佛山市顺德区标准化协会
20	T/CNHA 1007 – 2017	家庭厨余垃圾处理器	中国五金制品协会
21	T/XJQGX 001 – 2017	建筑垃圾运输车辆加装顶灯标识、车厢密闭装置技术要求	新疆维吾尔自治区汽车改装（装潢）协会
22	T/CRRA 0215 – 2018	报废汽车回用件分类分级标准　起动机	中国物资再生协会
23	T/CRRA 0214 – 2018	报废汽车回用件分类分级标准　行李箱盖	中国物资再生协会
24	T/CRRA 0213 – 2018	报废汽车回用件分类分级标准　发动机罩	中国物资再生协会
25	T/CRRA 0212 – 2018	报废汽车回用件分类分级标准　发电机	中国物资再生协会
26	T/CRRA 0211 – 2018	报废汽车回用件分类分级标准车门系统	中国物资再生协会
27	T/SHST 000001 – 2018	建筑废弃混凝土再生处理临时场所建设与技术标准	上海石材行业协会
28	T/SGX 004 – 2018	进口再生塑料颗粒与进口固体废塑料的快速鉴别方法	深圳市高分子行业协会

编号	标准号	名称	归口单位
29	T/SLTSA 009 – 2016	废弃物管理规范	石林彝族自治县烤烟专业化服务协会
30	T/HFJX 2014 – 2018	混凝土输送泵再制造	合肥市机械行业协会
31	T/HFJX 2013 – 2018	再制造履带式推土机　技术条件	合肥市机械行业协会
32	T/HFJX 2012 – 2018	轮胎式装载机再制造	合肥市机械行业协会
33	T/HFJX 2011 – 2018	再制造　柴油改液化石油气叉车	合肥市机械行业协会
34	T/HFJX 2010 – 2018	工程机械液压系统再制造　液压多路阀	合肥市机械行业协会
35	T/HFJX 2009 – 2018	挖掘机液压系统再制造　液压手柄阀	合肥市机械行业协会
36	T/HFJX 2008 – 2018	工程机械液压系统再制造　液压油缸	合肥市机械行业协会
37	T/HFJX 2007 – 2018	工程机械液压系统再制造　液压柱塞马达	合肥市机械行业协会
38	T/HFJX 2006 – 2018	工程机械液压系统再制造　液压柱塞泵	合肥市机械行业协会
39	T/HFJX 2005 – 2018	工程机械传动系统再制造　行星减速机	合肥市机械行业协会
40	T/HFJX 1006 – 2018	产品再制造技术导则类标准编制规定	合肥市机械行业协会
41	T/HFJX 0005 – 2018	合肥再制造生态圈体系结构参考模型	合肥市机械行业协会
42	T/HFJX 1005 – 2018	再制造机电产品远程在线监测系统技术要求	合肥市机械行业协会
43	T/HFJX 2004 – 2018	土压平衡盾构机再制造	合肥市机械行业协会
44	T/HFJX 1004 – 2017	再制造　产品技术条件编写要求	合肥市机械行业协会
45	T/HFJX 1003 – 2017	合肥再制造产品标识信息与条码标印要求	合肥市机械行业协会
46	T/HFJX 0001 – 2017	合肥再制造团体标准编号规则	合肥市机械行业协会
47	T/HFJX 1002 – 2017	合肥再制造企业统一代码编制规则	合肥市机械行业协会
48	T/HFJX 0002 – 2017	合肥再制造企业认定要求	合肥市机械行业协会
49	T/HFJX 1001 – 2017	合肥再制造产品统一代码编制规则	合肥市机械行业协会
50	T/HFJX 0003 – 2017	合肥再制造产品认定要求	合肥市机械行业协会
51	T/HFJX 0004 – 2017	合肥再制造统一代码登记管理要求	合肥市机械行业协会
52	T/HFJX 2001 – 2017	再制造平衡重式叉车　技术条件	合肥市机械行业协会
53	T/HFJX 2002 – 2017	再制造履带式沥青混凝土摊铺机　技术条件	合肥市机械行业协会
54	T/HFJX 2003 – 2017	再制造垂直振动压路机　技术条件	合肥市机械行业协会
55	T/BTSA 002 – 2016	汽车零部件再制造企业评价规范	首都科技服务业协会
56	T/CBFIA 14001 – 2017	厌氧颗粒污泥	中国生物发酵产业协会
57	T/ZZB 0172 – 2017	污泥脱水用隔膜压滤机	浙江省浙江制造品牌建设促进会
58	T/CPF 0007 – 2018	易回收塑料编织袋	中国包装联合会

编号	标准号	名称	归口单位
59	T/CAS 311.5－2018	电器电子产品绿色供应链管理　第5部分：回收和综合利用	中国标准化协会
60	T/GDES 19－2018	制冷类家电产品易拆卸回收设计规范	广东省节能减排标准化促进会广东省节能减排标准化促进会
61	T/ATCRR 02－2018	废旧锂离子电池中锂的湿法回收技术规范	北京资源强制回收环保产业技术创新战略联盟
62	T/ATCRR 01－2018	废旧动力蓄电池综合利用企业生产通用要求	北京资源强制回收环保产业技术创新战略联盟
63	T/CCFA 00006－2016	循环再利用化学纤维（涤纶）行业绿色采购规范	中国化学纤维工业协会
64	T/CCFA 00005－2016	循环再利用聚酯（PET）纤维鉴别方法	中国化学纤维工业协会

附录 3
绿色专利

　　中国专利奖是我国唯一的专门对授予专利权的发明创造给予奖励的政府部门奖，由中国国家知识产权局和联合国世界知识产权组织（WIPO）共同主办，在国际上也有一定的影响，每年评选一届。评奖标准不仅强调项目的专利技术水平和创新高度，也注重其在市场转化过程中的运用情况，同时还对其保护状况和管理情况提出要求。2008～2017 年，奖项设置中国专利金奖及中国专利优秀奖、中国外观设计金奖及中国外观设计优秀奖。中国专利金奖及中国专利优秀奖从发明专利和实用新型专利中评选产生，中国专利金奖项目不超过 20 项。

　　2008～2017 年，中国专利金奖和优秀奖的授奖总数为 3733 件，其中循环经济领域获奖专利数为 106 件，年均约 11 件，获奖专利领域主要包括再生资源利用（30 件）、工业废水处理（25 件）、工业固废处理（20 件）、工业废弃处理（14 件）、工业节能（7 件）、危废处理（5 件）和农林废物利用（4 件）。（具体获奖清单附后）其中，中国循环经济协会推荐 11 项专利获得中国专利优秀奖。

表 1 2008～2017 年循环经济领域"中国专利奖"获奖项目清单

序号	专利号	专利名称	专利权人	获奖类别
		2008 年（优秀奖 2 项）		
1	ZL200510018271.0	拜尔法赤泥基质改良技术	中国铝业股份有限公司、北京矿冶研究总院	优秀奖
2	ZL200510041491.5	平流吸收塔集成式烟气脱硫装置	孙克勤,江苏苏源环保工程股份有限公司,徐海涛	优秀奖
		2009 年（优秀奖 2 项）		
3	ZL03113958.2	一种环保型防翘曲高效阻燃增强碳酸酯聚酯树脂及其制备方法	金发科技股份有限公司、上海金发科技发展有限公司	优秀奖
4	ZL200610072800.X	一种干式内外双循环流化床脱硫装置及其脱硫方法	中国科学院过程工程研究所	优秀奖
		2010 年（优秀奖 8 项）		
5	ZL200510127614.7	循环技术生产超细钻粉的制造方法与设备	荆门市格林美新材料有限公司	优秀奖
6	ZL200610061204.1	废弃电池分选拆解工艺及系统	深圳市格林美高新技术股份有限公司	优秀奖
7	ZL200710063303.8	利用玉米芯或木林废弃物制备木糖醇的方法	安徽丰原发酵技术工程研究有限公司	优秀奖
8	ZL200610171599.0	一种用于新型干法水泥生产线的余热发电系统	北京市琉璃河水泥有限公司,张高佐	优秀奖
9	ZL200410051230.7	废纸造纸废水的处理方法	华南理工大学	优秀奖
10	ZL200610150760.6	一种处理废乳液的方法	江西理工大学	优秀奖
11	ZL200610018062.0	一种油田废弃泥浆污染资源化处理方法	濮阳市天地人环保工程技术有限公司	优秀奖
12	ZL200510053511.0	一种环保型可燃粉体净化气化装置	北京航天万源煤化工工程技术有限公司	优秀奖
		2011 年（优秀奖 6 项）		
13	ZL200710011243.5	落地油泥综合处理利用方法	辽河石油勘探局	优秀奖
14	ZL200710030952.8	净化有机废气的金属氧化物混合催化剂及其制备方法	华南理工大学	优秀奖
15	ZL200620111322.4	垃圾中转站用的装载设备	重庆耐德新明和工业有限公司	优秀奖
16	ZL200720085267.0	高效烟气脱硫循环泵	襄樊五二五泵业有限公司	优秀奖
17	ZL200920066021.8	废旧电冰箱无害化处理与资源高效回收生产线设备	湖南万容科技有限公司	优秀奖
18	ZL200920258606.X	含铬电镀废水处理和铬离子回收的新设备	江门市普润水处理技术中心有限公司	优秀奖

续表

序号	专利号	专利名称	专利权人	获奖类别
		2012 年（优秀奖 2 项）		
19	ZL00136119.8	一种植物混凝土护砌板块及其制作方法	上海嘉洁生态型混凝土草坪有限公司	优秀奖
20	ZL200710123964.5	一种环境友好的镍/钴/铁合金生产工艺及系统	荆门市格林美新材料有限公司	优秀奖
		2013 年（金奖 1 项，优秀奖 11 项）		
21	ZL201010269356.7	采用餐厨废弃物制备化腐植酸的技术与工艺	北京嘉博文生物科技有限公司	金奖
22	ZL200810018102.0	一种利用苹果枝体及淘汰果树生产纤维板的方法	陕西中兴林产有限责任公司	优秀奖
23	ZL200910231044.4	报废汽车拆解清流水线设备	青岛新天地环保护有限责任公司	优秀奖
24	ZL200910016248.6	废石就地回填能并能提高矿石回收率的采矿方法	山东黄金矿业（莱州）有限公司焦家金矿	优秀奖
25	ZL200610131965.X	利用玉米芯工残渣发酵生产纤维素酒精的方法	山东大学,山东龙力生物科技股份有限公司	优秀奖
26	ZL200910014308.0	一种环保型瓷塑高分子复合材料的配方及制备方法	山东华之业新材料科技有限公司	优秀奖
27	ZL200610082384.1	废润滑油的再生加工装置	新疆福克油品股份有限公司	优秀奖
28	ZL02108916.7	污泥浓缩脱水处理装置	大庆油田建设设计研究院	优秀奖
29	ZL200610018030.0	一种低能耗高品质硫酸铵化肥回收的湿式氨法脱硫工艺	史选增	优秀奖
30	ZL00134681.4	环保型胶合板生产工艺	中国林业科学研究院木材工业研究所	优秀奖
31	ZL200710077817.9	一种废渣选透铜尾矿处理方法	江西铜业股份有限公司	优秀奖
32	ZL201010574832.6	一种多晶硅生产中还原尾气热能回收利用的方法和装置	新特能源股份有限公司	优秀奖
		2014 年（优秀奖 10 项）		
33	ZL201110108644.9	节能节资型气相淬冷法蜜胺生产系统及其工艺	四川金象赛瑞化工股份有限公司,北京烨晶科技有限公司	优秀奖
34	ZL00114693.9	一种污水处理方法及装置	中国科学院水生生物研究所,深圳市环境科学研究所	优秀奖

续表

序号	专利号	专利名称	专利权人	获奖类别
35	ZL200910115349.9	一种污泥产量低的污水处理工艺	江西金达莱环保股份有限公司	优秀奖
36	ZL200910235451.2	一种利用电石渣浆的湿法脱硫烟气脱硫的方法及装置	中国科学院过程工程研究所	优秀奖
37	ZL200710144075.7	喷涂漆有机废气净化回收治理方法及装置	蔡志煌	优秀奖
38	ZL201110102410.3	一种处理废旧印刷电路板的方法	深圳市格林美高新技术股份有限公司	优秀奖
39	ZL200910011602.6	一种冶金废料产品作为转炉冷却剂及其使用方法	鞍钢股份有限公司	优秀奖
40	ZL201080001468.2	污泥处理方法和装置及其在污水生物处理中的应用	李进民、周连奎、李大勇	优秀奖
41	ZL200710326855.8	城市污水一体化组合工艺处理反应器	华南理工大学	优秀奖
42	ZL200920026358.6	废弃（旧）电冰箱综合拆解、资源再利用处置线	青岛新天地环境保护有限责任公司	优秀奖
2015 年（优秀奖 14 项）				
43	ZL03102255.3	利用有机废弃物制造生物发酵活性有机肥料的综合处理装置	阳光盛景（北京）生态科技股份有限公司	优秀奖
44	ZL200410021472.1	含盐有机废水处理成套装置	中国中化股份有限公司、沈阳化工研究院设计工程有限公司、沈阳化工研究院设计工程有限公司	优秀奖
45	ZL200510041181.3	危险废物焚烧处理成套装置	江苏福昌环保科技集团有限公司	优秀奖
46	ZL200610035301.3	一种多晶硅生产过程中副产物的综合利用方法	广州吉必盛科技实业有限公司	优秀奖
47	ZL200710111413.7	从生产多晶硅所产生的尾气中回收氢气的方法	中国恩菲工程技术有限公司	优秀奖
48	ZL200810101269.3	利用钢铁企业烧结电除尘灰生产氯化钾的方法	唐山汇鑫嘉德节能减排科技股份有限公司、北京科技大学	优秀奖
49	ZL200910010504.0	一种含锌含铁尘、泥的回收利用方法	鞍钢股份有限公司	优秀奖
50	ZL201010115201.8	掺再生建筑垃圾的环保型外墙挂板及其制备方法	中国建筑材料科学研究总院	优秀奖

续表

序号	专利号	专利名称	专利权人	获奖类别
51	ZL201010126189.0	秸秆制浆造纸过程中的循环利用方法	山东泉林纸业有限责任公司	优秀奖
52	ZL201010171783.1	一种处理重金属废水化学沉淀后的固液分离系统以及处理方法	江西金达莱环保股份有限公司	优秀奖
53	ZL201010227575.9	一种化学机械制浆废水的生物处理减排方法	中国林业科学研究院林产化学工业研究所	优秀奖
54	ZL201010534620.5	一种尾矿污水快速沉淀浓缩罐	厦门环资矿业科技股份有限公司	优秀奖
55	ZL201010539158.8	蓄热体旋转换热装置	北京神雾环境能源科技集团股份有限公司	优秀奖
56	ZL201110444508.7	一种焦化废水处理回用的方法	昆明钢铁控股有限公司	优秀奖
		2016 年（优秀奖 28 项）		
57	ZL201010132513.X	一种废润滑油全加氢型再生催化剂及其制备方法和应用	抚顺新瑞催化剂有限公司，罗继刚	优秀奖
58	ZL201010151375.X	烧结冷却机废气的余热利用方法及其装置	中冶长天国际工程有限责任公司	优秀奖
59	ZL201010194555.6	无氰全湿成套工艺绿色回收废旧电路电路板的方法	北京科技大学	优秀奖
60	ZL201110062940.X	一种放射性废物处理方法及装置	中广核研究院有限公司，中国广核集团有限公司	优秀奖
61	ZL201110124858.5	一种铝酸盐水泥固化放射性废树脂的方法	清华大学	优秀奖
62	ZL201210381749.6	柠檬酸色谱提取法处理废液再利用的方法	江苏国信协联能源有限公司	优秀奖
63	ZL201520338390.3	一种废旧轮胎再生的智能化控制生产线	中胶橡胶资源再生（青岛）有限公司	优秀奖
64	ZL200710060391.6	移动式放射性废气回收处理设备	核工业理化工程研究院华核新技术开发公司，毛宝生，刘锋，毕鉴华	优秀奖
65	ZL200810061444.0	危险废物回转式流化冷渣三段焚烧炉	浙江大学	优秀奖
66	ZL200910042490.0	用于处理重金属废水的电化学装置	长沙华时捷环保科技发展股份有限公司	优秀奖
67	ZL200910169851.8	一种采用二次吸附废气回收方法	江苏天保环保科技有限公司	优秀奖
68	ZL201410056665.4	一种芬顿流化床处理装置及其废水处理方法	南京环保产业创新中心有限公司	优秀奖

续表

序号	专利号	专利名称	专利权人	获奖类别
69	ZL201310728829.9	制备电石的方法	神雾环保技术股份有限公司	优秀奖
70	ZL200810098470.0	多分裂母线	广东日昭电工有限公司	优秀奖
71	ZL200810025709.1	脂肪酸甲酯生产工艺	江门市江海区嘉诺化工发展有限公司	优秀奖
72	ZL201420154908.3	一种用于城市集中供热的铜厂低品位余热回收系统	清华大学,赤峰和然能源科技股份有限公司	优秀奖
73	ZL201320277273.1	造纸锅炉的尾气热能回收系统	广东松炀再生资源股份有限公司	优秀奖
74	ZL201310393532.1	一种蓄电池电能分离系统	浙江天能电源材料有限公司	优秀奖
75	ZL201210160572.7	工作装置势能回收液压系统	山河智能装备股份有限公司	优秀奖
76	ZL200920172990.1	地埋式高效率低运行费生活污水处理成套装置	四川立蓝环保技术开发有限公司	优秀奖
77	ZL201010194658.2	一种生活垃圾综合处理系统及其方法	广州振发环保科技有限公司	优秀奖
78	ZL201110083643.3	一种熔融钢渣余热有压热网处理方法	中冶建筑研究总院有限公司,中国京冶工程技术有限公司,中冶节能环保有限责任公司	优秀奖
79	ZL201110176328.5	一种用污水压榨泥制造的环保瓷质砖	广东新明珠陶瓷集团有限公司	优秀奖
80	ZL201210179777.X	无苯卡纯棉弹力织物的低碳节能环保后整理方法	江苏联发纺织股份有限公司	优秀奖
81	ZL201010285132.5	一种垃圾焚烧炉专用药芯电弧喷丝材	江西恒大高新技术股份有限公司	优秀奖
82	ZL201210491103.3	一种生活垃圾综合处理与二次污染控制的方法	中国环境科学研究院	优秀奖
83	ZL201210512351.1	垃圾分选系统和方法	长沙中联重科环卫机械有限公司	优秀奖
84	ZL201310359790.8	熔铝炉余热利用系统	广东工业大学	优秀奖

2017年（优秀奖21项）

85	ZL200510036864.X	一种利用废瓷制得的瓷釉及其制备方法	林伟河	优秀奖
86	ZL201010194681.1	废纸脱墨浆生产瓦楞页包装纸的制造方法	泉州华祥纸业有限公司	优秀奖
87	ZL201110134106.7	一种利用废润滑油生产汽柴油的方法	大连理工大学	优秀奖

续表

序号	专利号	专利名称	专利权人	获奖类别
88	ZL201110205614.X	基于电化学还原辅助的生物吸附—一体化反应器及含六价铬废水的处理方法	中国科学院生态环境研究中心	优秀奖
89	ZL201110310586.8	一种农药生产含磷废料的处理方法及由该方法得到的产物	浙江新安化工集团股份有限公司	优秀奖
90	ZL201210096851.1	一种喷漆有机废气的净化装置及溶剂回收方法	泉州市天龙环境工程有限公司	优秀奖
91	ZL201210115200.2	2-萘酚生产废水综合治理与资源化利用工艺	中蓝连海设计研究院	优秀奖
92	ZL201210518327.9	一种煤托合成废水在煤炭间接液化生产中循环利用系统及方法	内蒙古伊泰煤制油有限责任公司	优秀奖
93	ZL201310174198.0	一种废气涡轮增压器及方法	浙江吉利汽车研究院有限公司杭州分公司,浙江吉利汽车研究院有限公司,浙江吉利控股集团有限公司	优秀奖
94	ZL201410071403.5	一种级碱沙滤池及其废水处理方法	环境保护部南京环境科学研究所	优秀奖
95	ZL201210488862.4	从环氧丙烷—二氧化碳共聚物洗涤液中回收环氧丙烷的设备及方法	中国化学赛鼎宁波工程有限公司	优秀奖
96	ZL201310569193.8	一种电子级多晶硅生产中回收氢气的净化处理工艺	新特能源股份有限公司	优秀奖
97	ZL201410757187.X	一种从生物预氧化—炭浆法提金尾渣中浮选回收金的方法	江西一元再生资源有限公司	优秀奖
98	ZL201410768644.5	工业余热资源综合梯级利用方法	上海宝钢节能环保技术有限公司	优秀奖
99	ZL201220400360.7	一种印刷凹版润版液过滤循环使用、零排放系统	上海川鼎国际贸易有限公司	优秀奖
100	ZL201210033722.8	燃气—蒸汽联合循环惰性气体保护控制系统	武汉都市环保工程技术股份有限公司	优秀奖
101	ZL201510421699.4	垃圾处理系统及其处理方法	北京神源环保有限公司	优秀奖
102	ZL201510017763.1	一种水泥窑协同处理生活垃圾系统	江苏鹏飞集团股份有限公司	优秀奖
103	ZL201520020439.0	一种远程节能物联网终端控制系统	烟台智慧云谷云计算有限公司	优秀奖
104	ZL201010579253.0	供热系统热量计量自动热量节能控制方法	烟台东方智能环源控制有限公司	优秀奖
105	ZL200810304123.9	一种具有整流元件的烟气脱硝方法及其装置	北京国电龙源环保工程有限公司	优秀奖

附录 4
科技奖励

国家科学技术奖是我国科技奖励体系中的最高奖项，由国务院设立，旨在奖励在科学技术进步活动中做出突出贡献的公民、组织，调动科学技术工作者的积极性和创造性，加速科学技术事业的发展，提高综合国力。国家科学技术奖包含 5 个奖项：国家最高科学技术奖、国家自然科学奖、国家技术发明奖、国家科学技术进步奖和中华人民共和国国际科学技术合作奖。国家科学技术奖每年评审一次，并在人民大会堂隆重举办国家科学技术奖励大会，由党和国家领导人亲自为获奖代表颁奖，并发表重要讲话。2008～2017年，国家技术发明奖和国家科学技术进步奖通用项目授奖总数为 2137 项，其中循环经济领域获奖 78 项。（具体获奖清单附后）

"中国循环经济协会科学技术奖"（国科奖社证字第 0202 号）是中国循环经济协会于 2009 年经国家科技奖励工作办公室批准设立的，授予循环经济领域内从事科技研发及成果推广应用的公民或组织，每年评奖一次，授奖领域涵盖钢铁、有色金属、冶金、煤炭、建材、化工、再生资源等。2012年，中国循环经济协会（原中国资源综合利用协会）作为第四完成单位参与的项目"木塑复合材料挤出成型制造技术及应用"荣获国家科技进步奖二等奖；据统计，截至 2018 年国家科技奖获奖项目中有 12 项曾获中国循环经济协会科技奖。

表 1　近十年循环经济领域国家奖获奖项目清单（2008～2017 年）

序号	获奖名称	主要完成单位	获奖类别
	2008 年（技术发明奖二等奖 2 项，科技进步奖二等奖 3 项）		
1	废旧沥青再循环利用的成套关键技术	—	国家技术发明奖二等奖
2	电厂锅炉多种污染物协同脱除半干法烟气净化技术	—	国家技术发明奖二等奖
3	稠油污水循环利用技术与应用	中国石油天然气股份有限公司辽河油田分公司，同济大学，辽宁华孚环境工程有限公司（原盘锦市华意环境工程公司）	国家科学技术进步奖二等奖
4	钢铁企业副产煤气利用与减排综合技术	宝山钢铁股份有限公司，东北大学，北京科技大学	国家科学技术进步奖二等奖
5	农业废弃物气化燃烧能源利用技术与装置	中国科学院广州能源研究所，广州中科华源科技有限公司	国家科学技术进步奖二等奖
	2009 年（技术发明奖二等奖 4 项，科技进步奖 11 项）		
6	化工园区工业废水处理新技术及工程应用	—	国家技术发明奖二等奖
7	涂料工业清洁生产工艺和方法	—	国家技术发明奖二等奖
8	油气集输的节能减排和安全高效关键工艺及装备	—	国家技术发明奖二等奖
9	难处理氧化铜矿资源高效冶炼新技术	—	国家技术发明奖二等奖
10	废纸造纸废水资源化利用关键技术研发与应用	华南理工大学	国家科学技术进步奖二等奖
11	L 系列环保节能节材型电冰箱压缩机	黄石东贝电器股份有限公司	国家科学技术进步奖二等奖
12	节能环保型球团链箅机关键制造技术及应用	江苏宏大特种钢机械厂，江苏大学	国家科学技术进步奖二等奖
13	高性能尾气净化器柔性制造关键技术及成套装备	上海交通大学，上海联能电有限公司，无锡威孚力催化净化器有限责任公司	国家科学技术进步奖二等奖
14	受污染水体生态修复关键技术研究与应用	中国科学院水生生物研究所，北京大学，长江水资源保护科学研究所，中国市政工程中南设计研究院，深圳市环境科学研究院，浙江大学，武汉理工大学	国家科学技术进步奖二等奖

序号	获奖名称	主要完成单位	获奖类别
15	低能耗膜－生物反应器污水资源化新技术与工程应用	清华大学，中国科学院生态环境研究中心，同济大学，北京碧水源科技股份有限公司	国家科学技术进步奖二等奖
16	焦化过程主要污染物控制关键技术与应用	武汉科技大学，武汉钢铁（集团）公司，四川省达州钢铁集团有限责任公司，河南中鸿实业集团，大连神和机械有限公司，大连海顺重工环保设备有限公司	国家科学技术进步奖二等奖
17	畜禽养殖废弃物生态循环利用与污染减控综合技术	浙江大学，浙江省沼气太阳能科学研究所，江苏省农业科学院，福建农林大学	国家科学技术进步奖二等奖
18	干旱沙区土壤水循环的植被调控机理、关键技术及其应用	中国科学院寒区旱区环境与工程研究所，中国林业科学研究院林业研究所	国家科学技术进步奖二等奖
19	SBR 法污水处理工艺与设备及实时控制技术	北京工业大学，哈尔滨工业大学，东北师范大学，安徽国祯环保节能科技股份有限公司，杭州杭氧环保成套设备有限公司，杭州能源环境工程有限公司	国家科学技术进步奖二等奖
20	磷化工全废料自胶凝充填采矿技术	贵州开磷（集团）有限责任公司，中南大学	国家科学技术进步奖二等奖
2010 年（科技进步奖二等奖 3 项）			
21	废弃钴镍材料的循环再造关键技术及产业化应用	深圳市格林美高新技术股份有限公司，北京工业大学，中南大学，荆门市格林美新材料有限公司	国家科学技术进步奖二等奖
22	有机废水碳氮硫同步脱除新技术及工程应用	哈尔滨工业大学，南昌航空大学，华北制药集团环保研究所，长春工程学院，黑龙江科技学院	国家科学技术进步奖二等奖
23	含钒页岩高效提取在线循环资源化新技术及工业应用	武汉科技大学，武汉都市环保工程技术股份有限公司，武汉钢铁（集团）公司，武汉理工大学，华西能源工业股份有限公司，合肥中亚建材装备有限责任公司	国家科学技术进步奖二等奖

续表

序号	获奖名称	主要完成单位	获奖类别
		2011年(科技进步奖二等奖9项)	
24	免助燃有机化工废渣焚烧处理技术及应用	江苏福昌环保科技集团有限公司	国家科学技术进步奖二等奖
25	高品质镁合金集成与循环应用技术	重庆大学,重庆长安汽车股份有限公司,山西闻喜银光镁业(集团)有限责任公司,重庆硕龙科技有限公司,重庆科学技术研究院,重庆理工大学	国家科学技术进步奖二等奖
26	铝高效清洁冶金及资源循环利用关键技术与产业化	河南豫光金铝股份有限公司,中南大学,长沙有色金属设计研究院	国家科学技术进步奖二等奖
27	盐湖钾镁资源高效开发与可持续利用关键技术	华东理工大学,青海盐湖工业集团股份有限公司	国家科学技术进步奖二等奖
28	固体废弃物循环利用新技术及其在公路工程中的应用	北京建筑工程学院,北京市政路桥建材集团有限公司,华南理工大学,哈尔滨工业大学,河南中原高速公路股份有限公司,北京市市政工程研究院,浙江勤业建工集团有限公司	国家科学技术进步奖二等奖
29	工业连续化废橡胶废塑料低温裂解资源化利用成套技术及装备	济南友邦恒誉科技开发有限公司,青岛科技大学	国家科学技术进步奖二等奖
30	大型高含硫气田安全开采及硫磺回收技术	中国石油天然气股份有限公司西南油气田分公司,中国石油集团工程设计有限责任公司	国家科学技术进步奖二等奖
31	有机固体废弃物资源化与能源化综合利用系列技术及应用	中国科学院广州能源研究所,中国农业大学,中国科学院成都生物研究所,广东省生态环境与土壤研究所,广东省昆虫研究所,华南农业大学,广东温氏食品集团有限公司	国家科学技术进步奖二等奖
32	化工废气超重力净化技术的研发与工业应用	中北大学,天脊煤化工集团股份有限公司,甘肃银光化学工业集团有限公司	国家科学技术进步奖二等奖

续表

序号	获奖名称	主要完成单位	获奖类别
	2012年（技术发明奖二等奖3项，科技进步奖一等奖1项，二等奖8项）		
33	综合机械化固体废弃物密实充填与采煤一体化技术	—	国家技术发明奖二等奖
34	秸秆清洁制浆及其废液肥料资源化利用新技术	—	国家技术发明奖二等奖
35	高性能聚偏氟乙烯中空纤维膜制备及在污水资源化应用中的关键技术	—	国家技术发明奖二等奖
36	复杂难处理镍钴资源高效利用关键技术与应用	金川集团有限公司，中国恩菲工程技术有限公司，昆明理工大学，北京矿冶研究总院，中南大学，东北大学，西北冶研究院	国家科学技术进步奖一等奖
37	木塑复合材料挤出成型制造技术及应用	东北林业大学，中国林业科学研究院木材工业研究所，南京林业大学，中国资源综合利用协会，南京赛征科技发展有限公司，湖北普辉塑料科技发展有限公司，青岛华盛高新科技有限公司	国家科学技术进步奖二等奖
38	熔融钢渣热闷处理及金属回收技术与应用	北京工业大学	国家科学技术进步奖二等奖
39	多晶硅高效节能环保生产新技术、装备与产业化	中国恩菲工程技术有限公司，洛阳中硅高科技有限公司	国家科学技术进步奖二等奖
40	水泥窑纯低温余热发电成套工艺技术及装备	中信重工机械股份有限公司，西安交通大学，杭州锅炉集团股份有限公司	国家科学技术进步奖二等奖
41	激光表面复合强化与再制造关键技术及其应用	浙江工业大学，杭州汽轮机股份有限公司，上海电气电站设备有限公司，杭州博华激光技术有限公司，浙江栋斌橡胶机械杆有限公司	国家科学技术进步奖二等奖
42	节能环保型柴油机关键技术及产业化	广西玉柴机器股份有限公司	国家科学技术进步奖二等奖
43	湿法高效脱硫及硝采控制一体化关键技术与应用	浙江大学，浙江蓝天求是环保集团有限公司，浙江大网新机电工程有限公司，蓝天环保设备工程股份有限公司，广东电网公司电力科学研究院	国家科学技术进步奖二等奖

续表

序号	获奖名称	主要完成单位	获奖类别
44	城市固体废弃物填埋场环境土力学机理与灾害防控关键技术及应用	浙江大学,中国市政工程华北设计研究总院,上海市政工程设计研究院(集团)有限公司	国家科学技术进步奖二等奖
	2013 年(技术发明奖 1 项,科技进步奖 5 项)		
45	工业铬废渣与重金属氨氮废水资源化关键技术和应用	—	国家技术发明奖二等奖
46	钢铁企业低压余热蒸汽发电和钢渣改性气淬处理技术及示范	河北联合大学,唐山钢铁集团有限责任公司,中国钢研科技集团有限公司,北京科技大学	国家科学技术进步奖二等奖
47	环保型路面建造技术与工程应用	长安大学,哈尔滨工业大学,中国建筑材料科学研究总院,北京市市政工程设计研究总院,深圳海川工程科技有限公司	国家科学技术进步奖二等奖
48	生活垃圾能源化与资源化关键技术及应用	同济大学,南京大学,上海市环境工程设计科学研究院,中国环境科学研究院,中国市政工程中南设计总院有限公司,上海海川工程有限公司,大连理工大学	国家科学技术进步奖二等奖
49	农业废弃物成型燃料清洁生产技术与成套设备	河南省科学院能源研究所有限公司,北京奥科瑞丰新能源股份有限公司,河南农业大学,大连理工大学	国家科学技术进步奖二等奖
50	秸秆成型燃料高效清洁生产与燃烧关键技术装备	农业部规划设计研究院,合肥天焱绿色能源开发有限公司,北京盛昌绿能科技有限公司	国家科学技术进步奖二等奖
	2014 年(技术发明奖二等奖 3 项,科技进步奖二等奖 2 项)		
51	有机废弃物生物强化腐植酸高效提取循环利用技术	—	国家技术发明奖二等奖

续表

序号	获奖名称	主要完成单位	获奖类别
52	重大化工装置中细颗粒污染过程碱排新技术研发与应用	—	国家技术发明奖二等奖
53	大掺量工业废渣混凝土高性能活性激发与协同调制关键技术及应用	—	国家技术发明奖二等奖
54	有色冶炼含砷固废治理与清洁利用技术	中南大学,彬州市金贵银业股份有限公司,锡矿山闪星锑业有限责任公司,长沙有色冶金设计研究院有限公司,铜陵有色金属集团控股有限公司,彬州丰越环保科技股份有限公司	国家科学技术进步奖二等奖
55	复杂难处理钨矿高效分离关键技术及工业化应用	广东工业技术研究院,北京有色金属研究总院,湖南柿竹园有色金属有限责任公司,湖南有色金属股份有限公司黄沙坪矿分公司,甘肃新洲矿业有限公司	国家科学技术进步奖二等奖
	2015年（技术发明奖1项，科技进步奖2项）		
56	燃煤烟气选择性催化脱硝关键技术及应用	—	国家技术发明奖二等奖
57	废轮胎修筑高性能沥青路面关键技术及工程应用	交通运输部公路科学研究所,北京市政路桥建材集团有限公司,长沙理工大学,中海油沥青开发利用公司,中国石油大学(华东),重庆交通大学,广西交通投资集团有限公司	国家科学技术进步奖二等奖
58	农林废弃物清洁热解气化多联产关键技术与装备	天津大学,山东大学,山东理工大学,山东省科学院能源研究所,山东百川同创能源有限公司,张家界三木能源开发有限公司,广州迪森热能技术股份有限公司	国家科学技术进步奖二等奖
	2016年（技术发明奖1项，科技进步奖7项）		
59	木质纤维生物质多级资源化利用关键技术及应用	—	国家技术发明奖二等奖
60	机械化秸秆还田技术与装备	河北豪丰机械制造有限公司	国家科学技术进步奖二等奖

续表

序号	获奖名称	主要完成单位	获奖类别
61	造纸与发酵典型废水资源化和超低排放关键技术及应用	广西大学，江南大学，广西博世科环保科技股份有限公司，青岛啤酒股份有限公司，广西理文造纸有限公司，广西农垦明阳生化集团股份有限公司	国家科学技术进步奖二等奖
62	水泥窑高效生态化协同处置固体废弃物成套技术与成套装备	华新水泥股份有限公司，武汉理工大学	国家科学技术进步奖二等奖
63	高性能玻璃纤维低成本大规模生产技术与成套装备开发	巨石集团有限公司	国家科学技术进步奖二等奖
64	城市循环经济发展共性技术开发与应用研究	清华大学，江苏维尔利环保科技股份有限公司，中国标准化研究院，东江环保股份有限公司，苏州伟翔电子废弃物处理技术有限公司，中胶资源再生（苏州）有限公司，江苏仕德伟网络科技股份有限公司	国家科学技术进步奖二等奖
65	难降解有机工业废水治理与毒性减排关键技术及装备	南京大学，江苏省环境科学研究院，郑州大学，江苏南大环保科技有限公司，南京大学盐城环保技术与工程研究院	国家科学技术进步奖二等奖
66	有色金属共伴生硫铁矿资源综合利用关键技术及应用	昆明理工大学，北京矿冶研究总院，云南冶金集团股份有限公司，铜陵化工集团新桥矿业有限公司，江西铜业股份有限公司德兴铜矿，南京银茂铅锌矿业有限公司，深圳市中金岭南有色金属股份有限公司凡口铅锌矿	国家科学技术进步奖二等奖
2017年（技术发明奖2项，科技进步奖10项）			
67	燃煤机组超低排放关键技术研发及应用	—	国家技术发明奖一等奖
68	建筑废弃物再生骨料关键技术及其规模化应用	—	国家技术发明奖二等奖
69	工业排放烟气用聚四氟乙烯基过滤材料关键技术及产业化	浙江理工大学，浙江格尔泰斯环保特材科技股份有限公司，西安工程大学，天津工业大学，浙江宇邦滤材科技有限公司	国家科学技术进步奖二等奖

续表

序号	获奖名称	主要完成单位	获奖类别
70	高汽油收率低碳排放系列催化裂化催化剂工业应用	中国石油天然气股份有限公司石油化工研究院,中国石油化工研究院兰州石化分公司,中国石油大学(北京),中国石油天然气股份有限公司广西石化分公司,中国石油天然气股份有限公司大港石化分公司,中国石油天然气股份有限公司哈尔滨石化分公司,中国石油天然气股份有限公司玉门油田分公司	国家科学技术进步奖二等奖
71	冶金渣大规模替代水泥熟料制备高性能生态胶凝材料科技研发与推广	西安建筑科技大学,西安德龙新型建筑材料科技有限责任公司	国家科学技术进步奖一等奖
72	高效节能环保烧结技术及装备的研发与应用	中冶长天国际工程有限责任公司,宝山钢铁股份有限公司,中南大学,内蒙古包钢稀土钢板材有限责任公司	国家科学技术进步奖二等奖
73	填埋场地下水污染系统防控与强化修复关键技术及应用	中国环境科学研究院,上海环境卫生工程设计院有限公司,清华大学,北京高能时代环境技术股份有限公司,南京万德斯环保科技股份有限公司,力合科技(湖南)股份有限公司,北京环境工程技术有限公司	国家科学技术进步奖二等奖
74	流域水环境重金属污染风险防控理论技术与应用	中国环境科学研究院,华南理工大学,环境保护部华南环境科学研究所,南方科技大学,广西壮族自治区环境监测中心站	国家科学技术进步奖二等奖
75	膜集成城镇污水深度净化技术与工程应用	清华大学,北京碧水源科技股份有限公司	国家科学技术进步奖二等奖
76	高铝粉煤灰提取氧化铝多联产技术开发与产业示范	内蒙古大唐国际再生资源开发有限公司,大唐国际发电股份有限公司	国家科学技术进步奖二等奖
77	危险废物回转式多段热解焚烧及污染物协同控制关键技术	浙江大学,杭州大地环保工程有限公司,中国市政工程华北设计研究总院有限公司,中国环境科学研究院,浙江物华天宝能源环保有限公司	国家科学技术进步奖二等奖
78	气液固凝并吸收抑制低温腐蚀的烟气深度冷却技术及应用	西安交通大学,青岛达能环保设备股份有限公司	国家科学技术进步奖二等奖

图书在版编目（CIP）数据

中国循环经济发展报告 . 2018 / 中国循环经济协会

主编 . -- 北京：社会科学文献出版社，2019.9

ISBN 978 - 7 - 5201 - 5448 - 2

Ⅰ.①中⋯　Ⅱ.①中⋯　Ⅲ.①中国经济 - 循环经济 -

经济发展 - 研究报告 - 2018　Ⅳ.①F124.5

中国版本图书馆 CIP 数据核字（2019）第 184160 号

中国循环经济发展报告（2018）

主　　编 / 中国循环经济协会

出 版 人 / 谢寿光
组稿编辑 / 周　丽　王玉山
责任编辑 / 周　丽
文稿编辑 / 朱椰琳

出　　版 / 社会科学文献出版社·经济与管理分社（010）59367226
　　　　　地址：北京市北三环中路甲 29 号院华龙大厦　邮编：100029
　　　　　网址：www. ssap. com. cn
发　　行 / 市场营销中心（010）59367081　59367083
印　　装 / 三河市东方印刷有限公司

规　　格 / 开本：787mm × 1092mm　1/16
　　　　　印张：18.5　字数：314 千字
版　　次 / 2019 年 9 月第 1 版　2019 年 9 月第 1 次印刷
书　　号 / ISBN 978 - 7 - 5201 - 5448 - 2
定　　价 / 128.00 元

本书如有印装质量问题，请与读者服务中心（010 - 59367028）联系